全国地方金融第二十二次论坛（2018）年会主会场

全国地方金融第二十二次论坛（2018）年会——自贸区金融合作专题

全国地方金融第二十二次论坛（2018）年会——金融科技与乡村振兴专题

全国地方金融第二十二次论坛（2018）年会——康医养与旅游金融专题

亚洲金融合作协会秘书长杨再平

为"嘉兴银行杯、富滇银行杯、苏州银行杯、黑河农商银行杯"征文一等奖获奖作者颁奖

中国地方金融研究院副院长齐逢昌、秘书长向祥盛

为"嘉兴银行杯、富滇银行杯、苏州银行杯、黑河农商银行杯"征文二等奖获奖作者颁奖

金融时报社社长邢早忠、中国地方金融研究院副院长唐忠民

为"嘉兴银行杯、富滇银行杯、苏州银行杯、黑河农商银行杯"征文三等奖获奖作者颁奖

金融时报社社长邢早忠、中国地方金融研究院副院长汤烫

为"嘉兴银行杯、富滇银行杯、苏州银行杯、黑河农商银行杯"征文组织奖获奖单位颁奖

全国地方金融论坛秘书长张宏伟为中国地方金融（2017）十佳支持"三农"银行颁奖

中国地方金融研究院副院长唐忠民、海南银行董事长王年生
为中国地方金融（2017）十佳支持小微企业银行颁奖

金融时报社社长邢早忠、中国地方金融研究院副院长汤烫
为中国地方金融（2017）十佳科技创新银行颁奖

亚洲金融合作协会秘书长杨再平、中国地方金融研究院副院长齐逢昌
为中国地方金融（2017）十佳成长性银行颁奖

中俄金融合作联络组组长赫然为中国地方金融（2017）十佳竞争力银行颁奖

中国地方金融研究院秘书长向祥盛为中国地方金融（2017）十佳农村商业银行颁奖

亚洲金融合作协会秘书长杨再平、中国地方金融研究院副院长唐忠民
为中国地方金融（2017）十佳城市商业银行颁奖

中国地方金融研究院副院长汤烫为中国地方金融（2017）十佳年度人物颁奖

金融时报社社长邢早忠、中国（海南）改革发展研究院院长迟福林、中国地方金融研究院副院长汤烫、海南银行董事长王年生分别代表4家单位共同签署合作共建海南南海金融研究院框架协议

全国地方金融第二十三次论坛（2019）年会承办杯交接仪式

出席全国地方金融第二十二次论坛的
部分领导专家与发言代表

第十一届全国政协副主席、中国生态文明
研究与促进会会长陈宗兴做报告

海南省人民政府副省长沈丹阳致辞

国家金融与发展实验室理事长李扬演讲

中国（海南）改革发展研究院院长迟福林演讲

金融时报社社长邢早忠主持论坛开幕式

亚洲金融合作协会秘书长杨再平主持专题会议

海南银行董事长王年生出席会议

中国银行业协会副秘书长周更强致辞

北京金融资产交易所董事长王乃祥主持专题

俄罗斯银行（VTB）首席代表
伊利亚（ILYA）介绍经验

中国地方金融研究院副院长
唐忠民主持闭幕式环节

中国地方金融研究院副院长齐逢昌
宣读第二十三次论坛承办决定

武汉农商银行董事长徐小建做主题发言

广西北部湾银行董事长罗军做专题发言

苏州银行董事长王兰凤出席论坛

邯郸银行董事长郑志瑛做主题发言

全国地方金融论坛秘书长
张宏伟宣读表彰文件

中国地方金融研究院秘书长向祥盛发布
《中国中小银行发展报告》

中俄金融合作联络组组长
赫然介绍经验

嘉兴银行董事长夏林生主持专题会议

天津金城银行董事长高德高做专题发言

武汉众邦银行董事长晏东顺做主题发言

江苏沭阳农商银行董事长王昌林做专题发言

大连农商银行行长张信柱做专题发言

汉口银行董事长陈新民出席论坛

自贡银行副行长付忠财做专题发言

中科聚信特邀专家刘志玲做专题发言

株洲农商银行董事长刘运年介绍经验

海口农商银行行长耿智祥做专题发言

响水农商银行董事长张维贤做专题发言

海南大学教授王丽娅做专题发言

灌云农商银行董事长尚修国介绍经验

锡林浩特农村合作银行董事长
格日勒图介绍经验

招商银行同业部副总经理段云飞做专题发言

路桥农商银行行长郭丽娅做专题发言

南昌农商银行行长陈迎宾介绍经验

泗阳农商银行董事长朱彩涛介绍经验

如皋农商银行董事长钱海标介绍经验

昆山鹿城村镇银行董事长杨懋劼介绍经验

乌审旗包商村镇银行董事长王淑芝介绍经验

丹阳保得村镇银行董事长毛玉飞介绍经验

湖南省联社娄底办事处副主任马勇辉介绍经验

全国地方金融第二十二次论坛文集

草根金融

稳定力　强底气　向质量要未来

主编　汤　烫

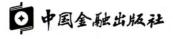

中国金融出版社

责任编辑：曹亚豪
责任校对：李俊英
责任印制：张也男

图书在版编目（CIP）数据

草根金融：稳定力 强底气 向质量要未来/汤烫主编．—北京：中国金融出版社，2019.9
ISBN 978-7-5220-0196-8

Ⅰ.①草… Ⅱ.①汤… Ⅲ.①地方金融事业—研究—中国 Ⅳ.①F832.7

中国版本图书馆 CIP 数据核字（2019）第 164306 号

草根金融：稳定力 强底气 向质量要未来
Caogen Jinrong：Wen Dingli Qiang Diqi Xiang Zhiliang Yao Weilai

出版
发行   中国金融出版社

社址   北京市丰台区益泽路 2 号
市场开发部   （010）63266347，63805472，63439533（传真）
网 上 书 店   http://www.chinafph.com
              （010）63286832，63365686（传真）
读者服务部   （010）66070833，62568380
邮编   100071
经销   新华书店
印刷   北京市松源印刷有限公司
尺寸   169 毫米×239 毫米
印张   19
插页   8
字数   380 千
版次   2019 年 9 月第 1 版
印次   2019 年 9 月第 1 次印刷
定价   60.00 元
ISBN 978-7-5220-0196-8
如出现印装错误本社负责调换   联系电话(010)63263947

编 委 会

目　录

防范风险篇

转型升级篇

"三农"与小微金融篇

砥砺前行篇

发挥地方金融在乡村振兴战略中的重要作用

第十一届全国政协副主席、中国生态文明研究与促进会会长 陈宗兴

实施乡村振兴战略，是以习近平同志为核心的党中央作出的重大决策部署，是决胜全面建成小康社会、全面建设社会主义现代化国家的重大历史任务。作为根植城乡基层，服务农业、农村、农民的重要金融力量，积极投身乡村振兴战略实施是地方金融的责任和天然使命。

一、地方金融服务乡村振兴战略要以习近平新时代中国特色社会主义思想为引领

党的十八大以来，我国农业农村发展取得了历史性成就，但城乡发展不平衡、农业农村发展不充分问题仍显突出。乡村振兴战略是解决"三农"发展不平衡不充分问题的重要抓手。

党的十九大报告首次提出"实施乡村振兴战略"，一年来，习近平总书记几乎月月提及"乡村振兴"，从不同层面对推动战略落实提出具体要求。他强调，各地区各部门要充分认识实施乡村振兴战略的重大意义，把实施乡村振兴战略摆在优先位置，让乡村振兴成为全党全社会的共同行动。

习近平总书记在全国金融工作会议上明确指出，金融要把为实体经济服务作为出发点和落脚点，全面提升服务效率和水平。他强调，金融是实体经济的血脉，为实体经济服务是金融的天职，是金融的宗旨。乡村振兴战略的主要目标是实现农业农村现代化。地方金融服务乡村振兴战略的实质就是服务实体经济发展。地方金融服务乡村振兴战略要以创新、协调、绿色、开放、共享的新发展理念为指引，以创新增强驱动力，以协调促进新发展，以绿色实现环境优美，以开放注入新的活力，以共享提升获得感。

二、地方金融服务乡村振兴战略要以破解"三农"发展不平衡不充分问题为工作重点

当前，我国正处在全面建成小康社会的决胜阶段，需要下大力气补短板、强弱项，全力推进乡村振兴。地方金融扎根地方、服务地方，担负着促进地方

经济发展的重要责任，要找准支持乡村振兴的切入点和聚焦点，推动地方经济繁荣。

一是重点围绕农民脱贫致富，在做好金融精准扶贫工作上下功夫。生活富裕是乡村振兴的出发点和落脚点，地方金融要围绕着"生活富裕"主线，全力开展金融精准扶贫，做好农户信贷服务，支持农村产权制度改革，推动县域幸福产业发展，拓展消费信贷和民生金融业务，拓宽农民就业增收渠道，为人民群众追求美好生活提供全方位、高质量金融服务。

二是重点围绕农业产业创新，在服务农业农村优先发展上下功夫。农村发展需要兴旺的产业支撑。农村只有因地制宜、发挥优势，形成可持续发展的现代农业产业体系，才能保持发展活力。当前，我国正在加速推进农业产业化，努力探索农业产业与金融的融合形式，是金融服务农业农村优先发展地方金融面临的重大课题，更是地方金融应当承担的历史责任。要围绕着"产业兴旺"这个主线，大力支持高效绿色种养业、农产品加工流通业、休闲农业和乡村旅游业、乡村信息产业发展，促进农村一二三产业融合发展，加快构建适应"三农"特点的现代产业体系，为促进乡村产业兴旺、带动乡村全面振兴提供强有力的金融保障。

三是重点围绕农村环境治理，在服务农村生态环境建设上下功夫。生态文明建设是关系中华民族永续发展的根本大计。生态兴则文明兴，生态衰则文明衰。习近平总书记在全国生态环境保护大会上强调，要自觉把经济社会发展同生态文明建设统筹起来，加大力度推进生态文明建设，推动我国生态文明建设迈上新台阶。近年来，我国生态环境修复和治理取得了显著成绩，但总的来看，生态文明建设的短板在农村，重点也在农村。良好的生态环境是农村最大的优势和宝贵财富。乡村振兴，生态宜居是关键。地方金融要围绕"生态宜居"，积极支持农村基础设施建设、特色小镇建设、美丽乡村建设、生态环境建设和环境保护产业发展，不断提升"三农"绿色发展水平，保护好绿水青山，为打造乡村生态宜居环境贡献金融力量。

三、地方金融服务乡村振兴战略要以全面提升自身金融服务能力为基础

地方金融服务乡村振兴战略，要抢抓机遇，创新驱动，围绕"产业兴旺、生态宜居、乡风文明、治理有效、生活富裕"的总要求，前瞻性布局，全面推进金融服务"三农"工作。

一是进一步建立完善适应乡村振兴战略要求的发展理念。明确新时期服务"三农"发展的方向、重点和相关政策，坚持"三农"业务优先发展的战略定位，主动加强乡村振兴战略的金融服务，将支持"三农"发展作为履行社会责任和推动自身业务发展的重要手段，成为金融服务乡村振兴的主力军。

二是进一步建立完善适应乡村振兴战略要求的机制体制。建立适合"三农"特点的金融服务体系，设置金融服务乡村振兴的考核指标，加强内部联动和外部合作，把更多金融资源配置到农村经济社会发展的重点领域和薄弱环节，着力打造乡村振兴发展的金融引擎。

三是进一步建立完善适应乡村振兴战略要求的产品服务体系。围绕乡村振兴的重点领域和关键环节，加大金融产品、服务模式、金融工具的创新力度，提升农村金融供给的配置效率和服务水平，扩大农村金融服务规模和覆盖面，更好地满足乡村振兴多样化的金融需求。

乡村振兴战略为地方金融机构发展壮大提供了难得的历史机遇。我们希望各个地方金融机构能够携手并进，深入"三农"、了解"三农"、服务"三农"，开创服务乡村振兴的新格局，努力为实现农业强、农村美、农民富积极贡献我们的力量。

"小康不小康，关键看老乡。"5年前，习近平总书记视察海南时的谆谆嘱托，为新时代海南"三农"工作定向导航。在"4·13"讲话中，习近平总书记提出海南要打造国家热带现代农业基地、热带风情精品小镇，为海南乡村振兴指明方向。海南实现乡村振兴，不仅是建设美好新海南的重要内容，更是海南自由贸易试验区和中国特色自由贸易港建设的重要内容。海南是一个相对独立的自然地理单元，沿海和中部山区以及中西两岸在生态环境、社会经济发展方面差异很大，因此，生态保护、生态扶贫等方面的任务大、责任重。扶贫要因地制宜，要精准扶贫，更要因人而异、因人施策。我们相信，海南始终牢记总书记的嘱托，深入学习领会习近平总书记系列重要讲话精神，切实把思想和行动统一到党中央的重大决策部署上来，切实抓好乡村振兴战略，推动地方金融创新，实现绿色发展，让老百姓有更多获得感和幸福感。

海南将以更加开放姿态支持金融机构开展业务

海南省人民政府副省长　沈丹阳

海南经过 30 年的发展，2017 年地区生产总值达 4462.5 亿元，党的十八大以来迈上两千亿元台阶，相较于 1987 年增长了 22 倍；地方一般性公共预算收入增长了 226.8 倍；城乡居民收入分别增长 30 倍和 25 倍。海南经济社会发展不仅实现了全面腾飞和结构转型，而且让人民有机会参与并共享开放包容发展的丰硕果实。

服务业对经济增长的贡献率达 79.5%，其中金融业增长值占全省地区生产总值的比重已经达到 7.1%，作为全省 12 个重点发展产业之一，金融业的发展势头迅猛。

2018 年 4 月 13 日，习近平总书记出席"庆祝海南建省办经济特区 30 周年"大会并发表重要讲话，郑重宣布支持海南全岛建设自由贸易试验区，逐步探索稳步推进中国特色自由贸易港建设。随后中央 12 号文件对外发布，对中央支持海南全面深化改革开放作出了部署。10 月 16 日，国务院印发《中国（海南）自由贸易试验区总体方案》；11 月 5 日，习近平总书记在首届中国国际进口博览会上发表重要讲话时提出，加快研究建设中国特色自由贸易港的政策和制度体系，积极推进探索建设中国特色自由贸易港的进程。面对这千载难逢的历史机遇，海南全省上下紧紧围绕党中央赋予海南全面深化改革开放试验区、国家生态文明试验区、国际旅游消费中心和国家重大战略服务保障区"三区一中心"的定位，高标准高质量扎实有效推进各项工作。

金融改革开放创新是党中央赋予海南全面深化改革开放的重要任务，金融业全面健康发展也是海南自由贸易试验区和自由贸易港建设的题中之义，海南省委省政府始终坚持深入贯彻落实党的十九大精神，落实习近平总书记"4·13"重要讲话和中央 12 号文件精神，坚持以习近平新时代中国特色社会主义思想为指导，扩大金融业开放，引导和支持金融机构认真践行新发展理念，积极防范和化解金融风险，为全岛范围贸易投资便利化提供优质的金融服务。地方金融根植地方，服务地方经济，是"三农"和小微企业发展不可或缺的力量。海南省政府以更加开放的姿态，一如既往地支持国内外金融机构到海南开展业务，与海南本土金融机构在更宽更广的领域寻求合作机遇，实现互利共赢，为海南全面深化改革开放注入更多更强的金融力量。

聚焦实体经济结构性问题

中国社会科学院学部委员、国家金融与发展实验室理事长　李　扬

距国际金融危机爆发已逾十年，但危机的阴影一直拂之不去。从问题来看，全球融资条件因美联储政策改变而收紧、贸易摩擦加剧、经济全球化退潮、大宗商品价格疲软、地缘政治紧张等，都对投资者信心产生了负面影响，从而影响经济复苏。中美贸易摩擦的持续、加剧及其扩大化，也构成全球经济复苏的最大负面冲击。从全球而言，金融运行日渐"疏离"实体经济运行的状况仍在加剧。具体表现就是"经济增长的债务密集度"上升，也就是说，为了支持某一水平的 GDP 增长，需要越来越大规模的新增债务。这一状况在实体经济领域中的映射，就是资本产出弹性持续下降。债务密集度上升，给各国货币政策乃至货币金融理论提出了挑战。

同时，债务风险仍在积累。IMF、NIFD 的数据显示，截至 2018 年 4 月，全球债务水平高达 320 万亿美元，远超 2007 年底的 237 万亿美元，同比增长了 83 万亿美元。全球债务规模高达全球 GDP 三倍以上。

全球经济增长依然乏力，债务持续激增，使得债务违约、信用危机和流动性危机的可能性不断增大，随时可能引发新的经济危机。

2018 年 9 月底以来，全球金融市场进入新一轮的风险释放阶段，美债收益率飙升，新兴市场货币急贬，全球股市普遍下跌，风险偏好全面下降。

全球杠杆率（债务/GDP）仍在上升，国际金融危机进入下半场。2007 年开始的国际金融危机，如今只是进入了下半场，今后面临的任务更为深刻、更为艰巨、更为复杂。主要表现在四个方面：一是继续去除造成此次百年不遇全球危机的各类问题，特别是实体经济层面的结构性问题，关键是要调整经济结构、寻找新的增长点、提高潜在增长率，克服人口危机；二是消除危机以来大规模"超常规"宏观调控政策带来的副作用；三是使用更多的政策资源，用于解决收入分配不公等社会问题；四是寻求多重意义的全球"再平衡"。

中国经济的实体面："新常态"持续

从 1978 年到 2017 年的这四十年，中国经济年均增长 9.5%。到了 2018 年，

经济处于延续下行的趋势。随着中美贸易摩擦对实体经济及预期影响的加深，中国经济下行压力持续加大，在这种背景下，部分企业经营困难明显加剧。同时出现了消费和投资疲软、对外部门萎缩、"双顺差"格局不再、就业开始出现问题、货币供给内生性收缩、M_2、M_1 增速降至历史低位、各个口径的社会融资总量增速均明显下降、潜在经济增长率仍在下行通道的现象。

中国经济的金融面：去杠杆问题

去杠杆的重点，对国企来说，应该把降杠杆作为重中之重，特别要抓好处置"僵尸企业"工作。对地方政府来说，应该厘清政府和市场的关系，厘清中央政府和地方政府的事权、财权关系，督促地方政府树立正确的政绩观。此外，应加强对"大资管"行业的监管；完善风险管理框架，强化风险内控机制建设，推动金融机构真实披露和及时处置风险资产。"去杠杆，千招万招，管不住货币都是无用之招。"这意味着，货币政策趋紧将是主要趋向。

去杠杆是一项长期战略，要把握好时机、节奏、步调、协调。清产能和去杠杆，为的是杜绝危机发生。然而，倘若操之过急，很可能自我制造出"明斯基时刻"；即便整个去杠杆过程可控，由于体量庞大、结构复杂、牵涉面广，也很难保证风险不产生系统性蔓延；经济危机史已经证明，金融周期的塌缩，都是来自内部或者外部货币政策和监管政策的收紧；中国也不例外，从单纯去杠杆，到结构性去杠杆，再到稳杠杆，中国去杠杆政策已渐趋稳健、理性、可持续。

中美贸易摩擦是最大的不稳定因素

2017 年末，特朗普政府在《国家安全报告》中将中俄定义为竞争对手，美国参众两院全票通过触及中美关系底线的《台湾旅行法》并高票通过对中兴公司进行制裁。美国国防部长 2018 年 6 月在"香格里拉对话"上提出了针对中国的亚太战略四原则。6 月 15 日，美国政府开始对中国出口产品加征关税，且逐步扩大。

在美国，对华政策已经形成新共识。美国对中国政策由"接触"调整为"规锁"。前者的核心是接纳中国为国际社会正式成员，承认中国是国际社会中的"利益攸关方"；后者则视中国为异类，因而要运用综合手段塑造中国的发展路径，锁定中国的发展空间。

习近平主席在 2018 年博鳌亚洲论坛上说："我们不断研究新情况、解决新问题、总结新经验，成功开辟出一条中国特色社会主义道路。中国人民的成功实践昭示世人，通向现代化的道路不只一条，只要找准正确方向、驰而不息，条条大路通罗马。"

中美两国增长对全球贡献率的此长彼消，是中美贸易摩擦的经济基础。这个过程始自2001年。那时，中国经济运行融入了WTO体系。

目前，中美贸易摩擦显著地对我国的"战略机遇期"造成了负面冲击。这是否意味着我国的战略机遇期已经消失？抑或产生了新的因素？无论怎样，中国再次需要对自己未来的发展道路作出选择，冷静面对冲击。

面对美国不断加码的压力，中国的态度明确且坚决：不愿打，不怕打，打起来便奉陪到底。习近平主席强调：中美双方对彼此的战略意图要有准确的判断。一段时间以来，美国国内涉华消极声音增多，值得关注。中国坚持走和平发展道路，仍然致力于发展不冲突不对抗、相互尊重、合作共赢的中美关系，愿同美方在平等互利基础上，本着互谅互让的精神，通过友好协商妥善解决两国关系发展中出现的问题。同时，美方也应尊重中方按照自己选择的道路发展的权利和合理权益，同中方相向而行，共同维护中美关系的健康稳定发展。

同时，切实落实十八届三中全会决定及党的十八大、十九大以来的一系列改革战略，积极推进改革，将自己的事做好。一是产权制度：真正尊重产权，切实同等保护公有产权和非公有产权、保护知识产权。二是国企：落实十八届三中全会决定"管资本，不管企业"的战略；落实混合所有制改革战略；实施"竞争中性"原则和"所有制中性"原则。三是遵循市场化原则，加强创新。四是尽快落实财政改革方案，深化金融改革，理顺经济治理体制机制，推进治理机制现代化。五是厘清政府的作用，切实处理好政府与市场、企业的关系。六是基于市场原则，加快对外开放。

以改革心态办地方金融

汤 烫

地方金融是社会变革与发展的产物，地方金融的萌芽与成长对社会经济的发展都会产生影响，地方金融的阶段性改革也深刻影响着社会经济的各层面变化。城市信用社改制为城商银行，农信社改制成农商银行，以及村镇银行、民营银行的设立，不仅逐步找到了地方金融的市场定位，壮大了地方金融的力量，更对社会经济尤其是地方经济的发展起到了巨大的推动作用。当前，地方金融面临罚款多、业务难做、利润难增的情况，有的中小银行甚至对发展失去了信心。这种只能开顺风船，不能在逆风中前进的行为，实际上还是一种缺乏市场意识、创新意识、忧患意识的经营观。

召开全国地方金融第 22 次论坛的目的就是想在彷徨、埋怨的气氛下推动一种新的思维，形成一种新的气象。因此，我们对本次会议议程进行了全面改革，把实用的、方向性的、前瞻性的东西充实到会议中，把对工作指导性不强的东西进行了调整，有近 20 位中小银行的董事长、行长做专题交流，尤其在自由贸易区金融、科技金融、康医养与旅游金融等专题里邀请国内外的实力派专家和科技人员做专业介绍。大家反映，参加今年的年会比往届收获更大。比如大家对科技金融和金融科技两者的理解和实践更为直接：科技金融是以科技的手段支持金融发展，金融科技是以金融的发展促进科技进步。当前很多银行青睐于采用科技的手段通过网上渠道获客，比如武汉众邦银行是一家成立不到 2 年的民营银行，它没有分支机构，主要通过网上获客，与驴妈妈、去哪儿网等合作，每天新增客户几万户，存款几亿元。因此，我们要在经济下行压力下有新抓手，找突破点，广泛采用科技和互联网手段做好大众消费和大众服务。

一、要全面理解和把握监管政策

从理论角度和宏观经济运行看，金融监管是长期存在的，有时和经济发展周期相伴而行，有时和经济发展周期吻合，有时又是错配的，通俗地讲，金融监管一直存在硬周期和软周期两种表现形式。现在是宏观经济下行、疲软、调整末端，金融的强势监管的硬周期也已到末端。一般来说，强硬监管周期来临于经济爆发式增长并在某些领域产生破坏性影响发迹之后和金融杠杆的持续推动作用基本释放但余波尚存的时期，此时，国家一般都要用金融的监管措施进行硬性干预，这既是表明政策导向，也是一种态度，更是监管职责。我们的一些银行习惯于有主管无约束经营，顺风顺水就洋洋得意，遇到问题则埋天怨地。但有的银行坚持走市场化道路，按市场规则经营，不跟风、不取巧，因而也不惧任何外界影响。江苏长江商业银行、宁波鄞州农村商业银行等中小银行既不抢金融监管软周期，也不怕金融监管硬周期，在审批机构设置放宽、贷款扩张、同业盛行的金融监管软周期里，它们没有投机取巧，在金融监管硬周期里，它们坚持按照自身思路扎扎实实开展小微服务。这就是在对待外部环境和监管中表现出来的定力。金融监管两个周期不断轮番出现的时候，一家银行凭借自身的定力和经营模式，如果可以对强监管"削峰"，就证明其是成熟的，研究一家银行的成熟度就是看其在硬周期、软周期中是否具备"削峰"与"平谷"的能力，是否能做到不管风吹浪打胜似闲庭信步！我们从宏观、中观、微观的角度，对多家银行进行过反复的探讨与研究，发现多数中小银行都能冷静应对监管硬周期，各种监管限制和罚单对其发展并没有产生多大影响。

二、在经济下行压力中创造性办地方银行

当前的经济下行，既是国家的主动调整，也有外部影响和客观因素。改革开放后的几十年粗放式高速发展，释放了太多政策和资源红利，造就了泡沫性财富，突然推行新增长方式，企业难办了，资源难得了，钱难赚了；监管罚单多了，优质客户少了，存款难增了，资金业务不让做了，有效贷款萎缩了，由此觉得银行没法搞了，甚至出现了银行"末日论"。这时就需地方银行有定力和创造性思维。一是要对国家的宏观政策有信心。"三去一降一补"是优化经济结构、提质增效的重要抓手，通过经济增长方式的优化，将有利于金融资源的有效配置，有利于提高资产质量。二是要紧跟中央支农惠农和全面支持中小微企业的政策导向，做好支持"三农"和小微企业大文章。三是要在支持乡村振兴中发挥地方银行的独特优势；地方金融起源于地方，立足地方，与地方经济休戚与共，要发挥自身人熟、地熟、情况清、语言通、习俗同、接地气的优势，继承农信人深入田间地头帮助农民干农活、收存款、放贷款的实干精神，发扬老农信人炕头谈心、一个锅吃饭的鱼水深情，不忘初心、扎根本源做乡村振兴规划制定的参谋，为乡村振兴培养金融人才，做落实乡村振兴规划的吹鼓手，做乡村经济的理财师和"财神爷"，为乡村振兴争取政策、项目和资金。四是要抢抓各种机会，努力强身健体。从历史经验看，金融政策的调整周期和变化往往快于国家的大政方针调整，一些本可正常执行的政策，有时往往莫名

其妙地中止，而一些正常来看根本不可能推行的政策，却被不可思议地推出执行，因此地方金融要善于捕捉机会，抓住对自己有利的时机和政策。五是要把科技兴行、文化兴行、培训兴行作为地方金融当前的重要工作。通过科技手段提高工作效率、开发金融产品、增加获客渠道，通过企业文化的培育形成优良的银行理念和团队意识，通过各层次的全员培训，增强员工综合素质、服务能力和全员战斗力。

三、地方银行应正视中美贸易摩擦的影响

中美贸易摩擦是有政治背景、历史背景、军事背景的，是一个世界话语权、全球主导权争夺问题，从中国经济发展到世界第二开始，美国就视中国为强劲对手。美国为了巩固自身的国际地位，为了维护其霸主地位，必然要兴风作浪，压制中国。前几年没有爆发贸易摩擦，是因为美国被欧洲、中东地区相关事件分散了精力，中国经济也趁此间隙得到较快发展。因为中国有强烈的发展意愿和民族意志，加上在亚洲的影响，美国便提出了亚太再平衡战略。客观地看，中美贸易摩擦对中国的影响是有限的，即使把出口美国的贸易全部暂停，对国内生产总值的影响也只有 0.5 个百分点，对我国经济指标的影响不具有真正的杀伤力，主要是在心理、情绪等方面产生影响，具体包括决策思考、战略布局、竞争环境等。因此，中美贸易摩擦很大程度上是心理战、情绪战、美国全球霸主地位的巩固战，从人口经济学的角度研究，一个国家在 1 亿～3 亿人，资源配置齐全的情况下，竞争力最强，目前具有这种条件的只有美国和俄罗斯，因此中国现在并不是强国。对我们来说，最重要的是淡化中美贸易摩擦的实际影响，坚持把自己的事情做好。作为地方银行，美国再怎么制裁既不会对我们的经营产生直接影响，也不会因制裁了一些产业和企业而大面积波及地方金融的业务，只要我们坚守本源，保持定力，以市场为基点，以自身的工作为基点，既不故步自封、停滞不前，也不追求高指标、高利润，以良好的心态和战略思维做好自己的事情，地方银行的前景一定是光明的。

海南从自由贸易试验区走向中国特色自由贸易港的探讨

中国（海南）改革发展研究院院长　迟福林

海南如何更好地分步骤、分阶段建立自由贸易港政策和制度体系？如何从自由贸易试验区走向中国特色自由贸易港？应从四个方面进行分析。

一、以服务重大国家战略为目标

1. 重大战略定位：全面深化改革开放试验区、国家生态文明试验区、国际旅游消费中心、国家重大战略服务保障区。

2. 重大战略目标：到 2020 年，自由贸易试验区建设取得重要进展，国际开放度显著提高；到 2025 年，自由贸易港制度初步建立，营商环境达到国内一流水平；到 2035 年，自由贸易港的制度体系和运作模式更加成熟，营商环境跻身全球前列；到 21 世纪中叶，率先实现社会主义现代化，形成高度市场化、国际化、法治化、现代化的制度体系，成为综合竞争力和文化影响力领先的地区。

3. 重大责任和使命：习近平总书记在"庆祝海南建省办经济特区 30 周年"大会上说："党中央对海南改革开放发展寄予厚望，最近研究制定了《关于支持海南全面深化改革开放的指导意见》，赋予海南经济特区改革开放新的重大责任和使命，也为海南深化改革开放注入了强大动力。这是海南发展面临的新的重大历史机遇。""海南是我国最大的经济特区，地理位置独特，拥有全国最好的生态环境，同时又是相对独立的地理单元，具有成为全国改革开放试验田的独特优势。海南在我国改革开放和社会主义现代化建设大局中具有特殊地位和重要作用。"这体现了建设自由贸易试验区的重大责任和使命：第一，在海南全岛建设自由贸易试验区、稳步推进中国特色自由贸易港建设，不是海南的"自娱自乐"，也不主要是地区经济发展战略，而是习近平总书记亲自谋划、亲自部署、亲自推动、亲自宣布的重大国家战略；第二，从发展基础看，今天的海南已经不能与 30 年前同日而语了。无论是经济基础还是人员素质，都有很大提高；第三，海南的区位、地理优势凸显在国家战略中。

二、以建设中国特色自由贸易港为主题

海南与国内其他 11 个自由贸易试验区的最大不同，是明确了以自由贸易港为发展目标。以中国特色自由贸易港为目标高标准、高质量建设自由贸易试验区，既要学习借鉴其他 11 个自由贸易试验区的成功经验，又要突出自身特色，大胆探索，重点突破。

1. 高标准高质量建设自由贸易试验区

（1）改善营商环境要有重大突破，重点在三个方面下大力气：第一，改善营商环境的突出矛盾是市场活力不足与政府效率低下；第二，改善营商环境的当务之急是明显提高政府办事效率；第三，改善营商环境的主要目标是法治化、国际化、便利化。

（2）把提高资源利用效益作为全面深化改革开放的重要目标之一。海南拥有区位、资源、生态环境等独特优势，具备“更好发展起来”的诸多条件。从现实看，把潜在的巨大资源优势转化为现实的竞争优势是高标准高质量建设自由贸易试验区的重中之重。在这方面，海南需要付出巨大努力。

——从岛屿比较看，海南与台湾的土地面积差不多，海南约 2/3 是平原，台湾约 2/3 是丘陵和山地，海南的地质条件比台湾要好得多；但 2017 年，海南每平方公里土地产出的 GDP 只有台湾的 11.7%。

——从海洋资源利用效益看，海南管辖的海洋面积占全国的 2/3，但 2017 年海南的海洋经济产值仅为浙江的 16.6%、山东的 8.5%、广东的 7%。

——从热带农业资源利用效益看，热带农业是海南的一大优势。

（3）建设具有世界影响力的国际旅游消费中心要有实质进展，首先要解决两个方面的问题：一是解决国际化产品与服务供给不足成为突出问题，二是培育旅游消费新热点。具体措施包含：第一，加快海南免税购物政策的重大调整。第二，以健康医疗市场全面开放为重点培育旅游消费新热点。努力争取进口药品、医疗器械市场开放的重要突破，率先在海南免征进口药品增值税；争取支持海南引进美国、欧盟的药品质量安全标准，将在欧盟、美国、日本已批准上市但在国内尚未获准注册的药品审批权下放给海南；争取在以癌症治疗为主的医疗器械进口方面实行零关税；争取将博鳌乐城国际医疗旅游先行区的某些开放优惠政策扩大到全省；鼓励发展与国际接轨的各类商业医疗健康保险，探索建立长期护理保险制度。这些措施的关键之举是与香港合作建设国际旅游消费中心。

2. 借鉴国际先进经验，建立开放水平最高、范围最广、全球最大的自由贸易港

（1）充分借鉴国际自由贸易港的先进经验。凡是自由贸易港中不可或缺的要素，积极在海南探索实施；凡是自由贸易港不可或缺的制度，如财税制度、事中事后监管制度、法律法规，在海南积极探索。

（2）全岛布局，重点突破。稳步推进自由贸易港建设，明确全岛的功能区划和产业重点。结合区域特点，在全岛划分不同功能区域，布局不同产业；率先在海口、三亚、琼海等重点地区取得重大突破。

（3）做好从"区"到"港"的有效衔接。未来 2~3 年，海南要努力以自由贸易试验区的重要突破，为全面推动自由贸易港建设打下重要基础。

3. 加快研究设计海南自由贸易港的制度框架

（1）以简税制、低税率、零关税为突出特点构建自由贸易港的财税制度。一是推进税制转型，加快形成以直接税为主体的简税制。二是实行法定低税率，大幅降低企业所得税率和个人所得税率。三是全面实行"绝大多数商品免征关税"制度。

（2）以实现资本自由流动为目标构建自由贸易港金融体制。资金进出自由是实现投资贸易自由化便利化的重要保障。建设海南自由贸易港，需要在金融市场开放、跨境投融资、货币兑换、国际结算、外汇交易、金融监管等金融制度安排上有重大突破。

（3）构建"一线彻底放开、二线高效管住、区内高度自由"的海关监管体制。按照"境内关外"的通行规则，改革海关管理体制，大幅提高投资贸易通关便利化水平。

（4）构建适应自由贸易港建设的法律法规制度。加快推进海南自由贸易港的立法工作，以特别法的形式明确海南自由贸易港的法律定位；尽快出台海南自由贸易港的配套法律规范。

三、以服务贸易为主导产业

1. 把握服务贸易创新发展的大趋势

（1）以服务贸易为主导符合经济全球化大趋势。全球服务贸易快速增长，不仅成为全球贸易发展的重要动力，也成为双边、多边贸易投资协定关注的焦点。

（2）以服务贸易为主导符合我国开放转型的要求。随着消费结构的升级，老百姓对文化、娱乐、医疗、健康、教育、旅游、信息产品等方面的需求，也就是服务贸易需求比以往要大得多。但我国服务贸易发展水平相对滞后，在有些方面甚至严重滞后。

（3）海南以服务贸易为主导，适应经济全球化的大趋势，是我国引领经济全球化的一个重要抓手。

2. 以服务贸易创新发展为主导，形成海南自由贸易港的鲜明特点和突出优势

（1）海南完全有条件在服务业市场开放和服务贸易创新上推出重大举措，形成独特优势。2017 年，海南服务业占比为 55.7%，高出全国平均水平 4.1 个百分点；海南服务业对经济增长的贡献率为 79.5%，高出全国平均水平 20.7 个百分点。海南发展服务贸易潜力巨大。

（2）海南要加快在服务贸易发展上大胆突破。学习借鉴国际自由贸易港的成熟做法，只要符合海南发展趋势就可以大胆探索。

3. 以服务贸易创新发展为重点形成海南负面清单的总体框架

考虑海南的负面清单，不只是数量的减少，还要突出服务贸易创新发展的需要，并由此设计负面清单总体框架及具体内容，这样才能走出一条新路子，把海南打造成以服务贸易为重点的对外开放新高地。为此，以服务贸易创新发展为重点构建海南负面清单框架，基本要求是大幅放宽服务业市场准入，提高负面清单可操作性、透明度和可预期性，由此形成海南的鲜明特点和突出优势。

四、以开放为先，以制度创新为核心

1. 加快服务业市场全面开放的重大突破

（1）以建设具有世界影响力的国际旅游消费中心破题旅游发展。实现这一目标，不是再多建几个免税店的问题，也不是免税购物额度再提高多少的问题，而是通过加快服务业市场全面开放，提供国际化产品和国际标准的服务。

（2）以全面放开健康医疗市场破题服务业市场开放。要处理好局部发展和全岛发展的关系。在加快把博鳌乐城打造成为国际化高端医疗合作中心的同时，尽快把国家赋予博鳌乐城医疗旅游先行区的某些政策向全岛推开。

（3）以区块链、大数据应用为重点破题高新技术产业发展。把区块链技术和海南自由贸易试验区自由有机结合起来，以区块链技术实现货物、资金、人员在区内的"有痕流动"，既实现"区内自由"，又可以有效管住。若海南能抓住这个机会，形成新高地，就能吸引一批企业和资金。

2. 以提高资源配置效率为重点深化"多规合一"改革

（1）深化"多规合一"改革，着力提升全省资源配置效率和利用效率。按照"全岛一个大城市"格局推进行政区划调整，创新城乡融合的体制机制，从而打破区域、城乡体制壁垒，形成海南发展的整体优势。

表1   2017 年海南、北京、上海、广东地区生产总值

单位：亿元/平方公里

地区	海南	北京	上海	广东
地区生产总值	0.13	1.71	4.75	0.5
海南/其他地区	—	7.6%	2.7%	26%

表2   2020 年海南地区生产总值预测

项目	达到广东水平	达到北京水平的50%	达到上海水平的30%
地区生产总值（万亿元）	1.77	3.03	5.0
海南省生产总值预测（亿元）	17700	12390	8850
相当于2017年海南省生产总值（倍）	3.97	2.78	1.98

（2）加快行政区划调整，形成"六个统一"的整体布局。在全省规划统一的基础上，加快推进土地利用统一、基础设施统一、产业布局统一、城乡发展统一、环境保护统一、社会政策统一，由此显著提升全省资源利用效率，在全岛形成东西南北中区域性中心城市，提升全岛土地、旅游等重要资源的综合利用效益，并形成海南发展的整体优势。

（3）创新城乡融合发展的体制机制。海南自由贸易港的一个突出特点就是有广大农村。从海南的发展前景看，最大潜力和后劲在农村。海南有条件在城乡融合发展、乡村振兴上走在全国前列。例如，海南有条件率先取消城乡二元户籍制度，实施全省统一的居住证管理制度；率先建立城乡统一的建设用地市场，赋予农民更多财产权利；率先探索走出一条建设城乡融合、建立美丽乡村的新路子。

3. 人才引进要形成独特优势

习近平总书记指出："吸引人才、留住人才、用好人才，最好的环境是良好体制机制。"建省之初的"十万人才下海南"，主要原因在于打破了引、用人才的体制束缚，使海南在经济社会发展水平还相当落后的情况下，成为青年人创业的热土。今天，海南吸引各类人才，仍是要以体制机制创新为重点，形成具有吸引力的独特优势。

按照党中央的要求，在各方面的大力支持下，海南发扬"敢闯敢试、敢为人先、埋头苦干"的特区精神，就一定会担负起高标准高质量建设自由贸易试验区和稳步推进中国特色自由贸易港建设的历史重任。

发挥企业党建在基层治理中的积极作用

吴　川①

　　沈阳农村商业银行股份有限公司是辽宁省首家地市级农村商业银行（以下简称沈阳农商银行）、沈阳市第二家总部银行，网点覆盖沈阳市大部分城区、城乡接合部和周边农村乡镇、行政村。2017 年 6 月以来，沈阳农商银行党委不断强化企业在地区治理中的责任担当，大力推进企业发展和基层治理融合共建，深入开展党组织和党员"走进社区共建共荣"，以"融联帮建"工作为抓手，以助力辽宁经济腾飞为己任。搭建起了企业服务基层治理、党组织服务社区、党员服务群众的长效机制平台，推动全行各项事业快速发展。

一、强化统筹融合，构建企业"大党建"格局，增强引领力

　　沈阳农商银行党委主动把加强党的领导写入公司章程、嵌入业务管理、融入社会治理，推行党务业务社会事务一体化建设。一是把党建工作与金融业务工作紧密融合。不断强化党建工作与金融业务工作"同源"意识，开展"业务大练兵　技能大比拼""优质文明服务流动红旗""微笑服务之星""创业立功巾帼标兵"等业务竞赛活动，制定印发了"党建工作十大措施"，将党建工作考核结果纳入关键绩效指标进行考核，充分发挥党委的领导作用，确定党建引领战略的核心地位，实现党建工作与经营业绩同提升。二是把党员教育管理与员工成长紧密融合。强化党员日常教育管理，有效推进"两学一做"学习教育常态化制度化，开通沈阳农商银行线上党校，搭建党员学习教育课程体系和可视化平台，为每名党员建立个人学习档案，全行 67 个党支部累计组织集中学习938 次，党组织书记讲党课 201 次，组织 67 个党支部书记参加省联社集中培训，每名党员每年接受学习教育超过 40 学时。通过设立党员示范岗，努力实现党的要求、企业的需求和员工的追求相统一。三是把党建工作与社区党建紧密融合。沈阳农商银行党委从党的建设高度出发，从党的作用发挥入手，主动融入到社区党建中，发挥企业在人才、资源等方面的优势，坚持"项目合作，社区共

---

　　① 作者系沈阳农商银行董事长。

建"，在党建规范化、党建活动开展、党建人才互通互促等方面加强合作，强化共享，并通过多渠道、多种类合作，实现"协同发展，多方共赢"的"社区银行"金融服务新模式，不断拓展企业党建服务社区的途径，以融入促带动，以带动促和谐。已签约共建社区、医院、企业、学校 587 家，在践行党的宗旨中凝聚客户、服务社区，实现党建工作与社区建设共建共促。

二、强化联动协同，最大限度发挥党建功能，提升组织力

加强各级党组织的组织力建设，建立联动协同机制，打通农商银行各类型组织、各业务板块、各行动主体、各方面资源之间联结联动的通道，实现全行"一盘棋"、上下"一股劲"、区域"一家亲"。一是上下联系。持续强化作风建设，建立总行领导部门联系支行、支行领导部门联系分行、党组织联系社区、党员联系群众"四联系"制度，推行基层需求全响应服务承诺，把联系情况作为考核党组织党建工作的重要指标。二是内外联动。积极推进邻近区域内各支行、分行的工作联动，推动各部门之间的业务联动，推进区域内各行业联动，先后与华商晨报社、省市供销社、恒大辽宁、省农担、市农经委、市农产品进出口协会、省社保基金理事会、银联辽宁分公司等95家单位签署全面合作战略协议，丰富了合作渠道，深入推进智慧银行、普惠金融建设，实现资源联享、信息共享。三是社区联建。深化各行党组织与社区党委的联合共建模式，创新开展"走进社区共建共荣，打造社区金融服务平台"活动，响应市委市政府"幸福沈阳共同缔造"工作部署，配备了 10 台社区普惠金融服务专车，从社区最急需、最紧要的问题入手，发挥支行纽带作用，协调各方、整合资源，创新开展党建活动，助力社区党组织开展好党建工作，构建起各行与各社区之间最紧密、最稳固的联建关系。

三、强化帮扶共享，履行社会责任和义务，增强公信力

不断强化社区帮扶工程，为社区群众解难事、办实事，协助推进养老驿站、社区儿童教育中心、便民商业等配套建设，为基层党员、社区居民多做实事，增强百姓实实在在的获得感。一是思想帮教。围绕党的十九大精神学习，协助社区党组织开拓意识形态宣传阵地建设，加强网络阵地建设，引导居民群众向上向善。沈阳农商银行党委坚持走进社区，利用宣传栏、宣传展板、广播等宣传方式，为居民讲解支付账户风险防范、电信网络诈骗识别、反假币、反非法集资等金融常识。截至目前，共开展各类宣传活动 300 余次。二是公益帮扶。发起成立社区扶贫基金和阳光基金，对地方政府扶贫工作给予一定支持，组建地区性公益联盟，组织党员开展公益活动，沈阳农商银行党委联合共建社区的

党支部、社区志愿者，采取企业与困难家庭结对子等方式开展一系列公益帮扶活动，连接起沈阳农商银行和社区百姓的亲情纽带，提高品牌认同感。三是实事帮做。围绕居民群众的衣食住行、"一老一小"服务便捷化等日常需求，实施"1＋N"精准服务工程。以群众个性化、差异化需求为导向，"一家统筹"，把设定目标、标准制定与具体服务主体相分离，由"N"家社会组织具体执行制定标准、过程考核、结果导向，多方协力，实现服务的精准供给。四是科技助力。加快智慧银行建设，推动智慧城市发展。利用沈阳作为全省"便民移动支付示范工程"试点城市的有利契机，在学校、社区、农贸市场大力推广移动支付业务和"一元购"等活动。19台智能柜台、16台多媒体一体机、13台移动发卡机等智能设备投入使用，全行电子金融渠道替代率为67.76%，构建起一张服务全市城乡居民的普惠金融服务网。

四、强化长效建设，搭建常态化服务机制和平台，激发内动力

大力实施普惠金融工程，提供移动金融服务，最终实现以社区共建合作为主导，做好社区综合服务、普惠金融智能化、民生项目落实、便民惠民"最后一公里"工作。一是建立金融服务平台。充分发挥"本地银行服务本地百姓"的特点，开发便民手机银行和微信银行系统，包含附近网点提醒、便民缴费、免费转账、个人贷款、助农取款、紧急挂失等一系列差异化服务，使180余万名百姓足不出户就能享受到优质服务。二是按照"三走进三服务"要求，坚持"走进社区共建共荣，打造社区金融服务平台"工作常态化。召开"融联帮建"座谈会和推进会，明确新时代社区综合服务平台的实施路径。三是扩大社区类网点及共建社区的辐射范围。装修升级27家社区类网点，建立30家普惠金融服务站，签约共建社区、医院、企业、学校587家，强化客群的定向导入，重点社区、社群综合贡献度不断显现。四是按照随时、随身、随地原则，构建"总行＋支行＋共建社区＋移动金融服务车"四位一体的普惠金融体系。丰富社区银行营销手段，提高服务效率，延长服务半径，惠及社区居民8435户。五是精准实施"社区金融管家＋社区共建大使"协同配合机制，招募社区共建大使216名，大力推动社区共建、金融知识宣讲、社群营销、客流导引等工作。六是聚焦社区民生项目。社区金融服务卡、智能门禁卡、沈阳新社区综合服务微信平台等项目有效推进。七是引导城乡居民树立正确、理性的金融消费意识。积极组织"金融下乡""金融知识进万家""普及金融知识，守住'钱袋子'"等公益活动40余场，发放宣传资料4万份，受众客户量达13万人次，提升城乡居民金融安全意识。八是联合沈阳公安系统在全市开展22场"防范金融犯罪"的专场活动，受众群体达到数万人，通过宣传知识，切实推动平安沈阳、

平安社区的建设。

五、强化战略合作，搭建综合服务平台，提升服务力

广泛开展合作，引进辽宁省人才创新创业促进会和小企业孵化器、小企业金融服务基地，助力辽宁经济腾飞。一是成立人才创新创业促进会。受辽宁省委组织部委托，发起成立辽宁省人才创新创业促进会。明确了总体发展思路并设立人才双创办公室及六大服务中心；初步构建了高端人才资源集群、金融资本资源集群和园区企业资源集群；完成了金融资本服务一站式、社会化服务一站式和政府服务一站式的平台建设；代表辽宁省人才创新创业促进会与省内140 余名市人才办主任和区、县常委组织部部长及全省 100 余名省级以上工(产)业园区管委会主任参加的学习班并授课；开展了"进企业、进高校、进院所"集中宣讲活动；批量获取了两院院士、长江学者、千人计划、万人计划等全省 47 万名高端人才，批量储备了全省高校和科研院所的众多科技项目，打开了获取高端客户的新渠道；争取到省财政 3000 万元人才贷风险补偿资金，通过创新产品"人才贷"，推动壮龙无人机、隆泰生物等企业科技成果转化步伐，取得了良好的社会效益和经济效益。二是成立小微企业金融服务基地。由辽宁银监局和辽宁省银行业协会发起设立辽宁省银行业小微企业金融服务基地。未来将着力打造国家级产业基地，为辽宁省传统产业的优势企业和战略性新兴产业中的优质小微企业提供企业融资、经营管理、信息咨询等综合性金融服务。打造小企业"个转企、小升规、规改股、股上市"闭环式孵化链条，促进省内产业链、信息链的高度融合，沈阳农商银行小微业务必将走出沈阳、辐射全省，为全省经济的腾飞发展注入全新动能。

以新思想引领新发展　以新作为开启新征程

格日勒图①

浩渺行无极，扬帆但信风。自 2017 年 9 月 27 日锡林浩特农村合作银行（以下简称锡林农合行）新一届领导班子成立以来，以新思想引领新发展，以新作为开启新征程，充分发挥边疆少数民族地区农信机构的优势，积极把握经济发展进入新时代特征，坚持战略引领、科技支撑、服务转型，在困难面前求发展，在发展中求突破，紧紧围绕乡村振兴和"三支银行"发展战略，全面加大重点领域金融支持力度，努力走出一条质量更高、效益更好、结构更优、优势充分释放的农村金融发展之路。

制定战略目标，实现可持续发展

不忘初心，牢记使命。初心就是情怀，使命就是担当。为使锡林农合行能够立足长远，全面推进改革与发展，完成股份制改造，顺利实现向农村商业银行的转变，结合锡林农合行实际情况，合理制定了 2018 年至 2020 年三年全行发展规划。通过与地方党委、政府进行沟通，及时了解辖区产业布局和资金投向，对辖区经济发展有了初步研判预测，使三年战略规划符合当前辖区经济金融形势和锡林农合行的自身发展情况，为下一步存款、贷款、中间业务等各项业务发展抢占先机。通过制定战略目标，实现资金实力不断壮大、中间业务稳步增长、信息化建设水平全面提升、员工队伍整体素质得到明显提升等十大目标。同时，高举服务"三农三牧"和服务实体经济的大旗，坚持在农牧业领域精耕细作，在"三农三牧"、小微企业和民生领域加强服务，结合地方政府"增牛减羊"政策，持续加大信贷投放，促进农牧业增长、农牧民增收。针对老百姓理财需求日益旺盛，对资金增值追求日益增长的现状，创新发展思路，转变盈利模式，加大富余资金的有效利用，邀请区内外金融机构、媒体机构联合召开业务拓展及创新交流会，通过"请进来""走出去"的方法，共话农信，加强合作，使业务经营有一个新的突破、新的高度，为改制农商银行奠定基础。

---

① 作者系锡林浩特农村合作银行党委书记、董事长。

践行绿色金融，助推农牧业增产增收

积极贯彻"绿水青山就是金山银山"理念，从战略高度推进绿色信贷发展，加大绿色信贷投放力度，积极打造农牧区绿色信贷主力银行，进一步做好"三农三牧"领域的绿色金融服务。在金融服务中进一步普及环保意识，倡导绿色消费，形成共建生态文明、支持绿色金融发展的良好氛围。以支持农业供给侧结构性改革为主线，培育农牧区发展新动能。持续加大对生态建设、"三农三牧"和小微企业的信贷支持力度，探索研发更多符合生态建设、"三农三牧"和小微企业特点的产品，拓展服务渠道，提升服务水平，不断满足日益增长的多元化金融需求。2018年，锡林农合行牢牢把握支持生态建设和实体经济发展的本质要求，进一步加大小微企业信贷支持力度，在原有的信贷产品和经验做法的基础上，进一步创新贷款担保方式，研发了适合当前辖区市场需要的金融信贷产品，如适合农牧民专业合作社的"合作财富通"、支持林业经济发展的"青松林权贷"、支持草牧生态保护和建设的"绿色草原贷"等10余种，进一步践行绿色金融理念。截至10月末，锡林农合行各项贷款余额为17.24亿元，比年初增加2.06亿元，增长13.57%，累计发放各项贷款10.34亿元。同时，在有效满足农牧民信贷需求的前提下，与锡林郭勒盟就业局合作，共同发放就业贷款1704万元，涉及全盟大学生、失业人员、下岗再就业人员175人。创业就业贷款余额达到938笔、7061万元。

锡林农合行秉承"支农扶小"不动摇的信贷投放原则，2018年，锡林农合行全力支持农牧业和涉农涉牧项目，加大对现代农牧业和产业化龙头企业的支持力度，努力满足农副产品生产、收购、加工和流通等第一产业资金需求，积极支持已形成一定规模的优势特色产业集群，对产业集群或相应的个体私营经济，以创新金融产品和信贷业务运作方式积极介入和支持。截至10月末，涉农涉牧贷款余额为8.4亿元，累计发放农牧业贷款4.1亿元。针对新型农牧业经营主体有信贷需求但缺少抵押物的实际情况，锡林农合行采取"小微企业联盟贷"的信贷方式，即"保证金＋企业联保"模式，充分满足了种养大户和专业合作社的大额贷款需求。发放了白音锡勒牧场的三家农牧民专业合作社联保体的贷款，其中，发放锡林浩特市阿拉腾吉雅农机专业合作社贷款130万元；发放锡林浩特市鑫丰瑞种植牧民专业合作社贷款200万元；发放锡林浩特市沃沣源农牧民专业合作社贷款400万元。并采取"循环授信，一次三年，随用随贷，周转使用"的信贷方式。信贷资金主要用于扶持其进行马铃薯、莜麦、苜蓿及油菜等农牧物的规模化种植。2018年通过推进会对接的方式，向各级农牧业产业化龙头企业累计发放贷款11780万元。进一步加大对辖区农牧业龙头企业的信贷支持力度，有效发挥龙头企业的带动作用，帮助农牧民进一步增产增收。

采取"扶贫＋扶智"，提高农牧民算账理财能力

农信社的根基在农村，发展在农村，离开"三农"，农信社将成为无源之水、无本之木。锡林农合行秉承服务"三农三牧"的宗旨，为草原广大农牧户提供全方位、深层次的金融服务。据统计，辖区各嘎查（村）之间相距大约60公里，牧区每平方公里平均仅有1个人，近4平方公里才有1家住户。由于地广人稀，金融基础环境薄弱，锡林农合行在各苏木嘎查设立了助农金融服务点49个，金融服务覆盖辖区4个苏木（镇）、6个国营农牧场及分场和锡林浩特市区，实现金融服务全覆盖。同时，锡林农合行也是辖区金融网点最多、辐射范围最广的地方性金融机构。2018年，锡林农合行在无物理网点的金融服务空白区巴彦宝力格苏木、宝力根苏木、朝克苏木、贝力克牧场、白音锡勒牧场的助农服务点中选取店面大、客流量大、经营好、信誉高的3~5家商户作为"农信驿站"，印制了电子银行类、信贷类、"拒绝高利贷诱惑　远离非法集资"等蒙汉双语宣传折页并放在"农信驿站"的宣传展架中，设置了便民信息专栏，配置了便民座椅等。借助"农信驿站"，向广大农牧户开展了抗旱减灾金融服务、综合整治高利贷宣传活动，并告诉他们，如需要生产生活资金，要及时通过正规渠道申请贷款，远离高利贷，购买饲草饲料、牲畜防疫等生产生活时到锡林农合行会给予积极的信贷支持，并实施贷款优先受理、优先审批、优先放贷政策。

定期深入农牧区和农牧户进行金融知识宣传，帮助大家提高家庭算账理财能力，引导他们合理使用资金，减少盲目消费，提高风险防范意识和识别能力。2018年8月，锡林农合行与阿尔善镇新满都拉嘎查共同开办了牧民那达慕大会，与乌兰牧骑合作开展了"乌兰牧骑颂金融"活动，通过开展各种活动，将偏远农牧民聚集在一起，现场向大家讲解金融知识，广泛传播关系农牧民群众切身利益的反假币、防范非法集资和民间高利贷以及征信等金融知识，进一步强化其风险防范意识。这种有效的宣传方式，极大地提高了广大农牧民的金融知识能力，切实做到了守土有责、守土负责。

践行社会责任，提高影响力和竞争力

一是扶贫帮困化解高利贷。近几年，锡林郭勒盟受畜牧业市场经济低迷因素影响，牧民收入大幅减少，入不敷出，高利贷现象普遍，农牧民生产生活受到影响。锡林农合行结合自身实际，进一步做实、做细民间高利贷摸排调查工作，在总行一楼大厅设置了锡林浩特市首家金融机构开设的牧区民间借贷服务

工作站。为能够顺利开展工作，配备了两名蒙汉兼通的工作人员，加强与牧户的沟通联系。在依法合规的前提下，通过追加授信置换高利贷，进一步挤压高利贷生存空间，切实做到守土尽责。截至目前，已化解高利贷金额达 100.35 万元。

二是加大抗旱减灾信贷力度支持。2018 年 7 月之前，锡林郭勒盟天气持续干旱，锡林农合行作为地方性金融机构，面对干旱现状，想农牧民之所想，急农牧民之所急，积极行动，全力开展了抗旱减灾金融服务工作。通过加大对辖区农牧民、农牧业的信贷支持力度，有效保证了畜牧业生产的连续性，减少旱灾影响，充分发挥"农村信用社就是农牧民自己的银行"的作用。截至目前，发放抗旱减灾信贷资金 3806 万元，涉及 367 户农牧户。对因旱灾出现还款困难的农牧民，做到不抽贷、不压贷、不停贷，通过采取续贷、展期、贷款重组等措施，使贷款户在经济上得到缓冲，保证正常的生产生活。截至 10 月末，重组贷款 176 笔、2250 万元，展期贷款 166 笔、8913 万元，续贷 46 笔、1015 万元，减免加罚复利 101 笔、279 万元，有效保证了广大农牧民正常的生产生活。同时，对贫困农牧户开展帮扶救助工作，为贫困户购买饲草饲料，倡议全行员工参与抗旱减灾爱心捐款活动，及时帮助贫困农牧户和受灾农牧户减少经济开支，渡过难关。

三是赞助公益活动，促进社会和谐稳定。锡林农合行作为老百姓家门口的银行，积极履行社会责任，承担本地银行的责任担当。为支持锡林浩特市城市建设，向锡林浩特市三队便民市场无偿捐赠了 180 个便民货架，总价值约 10 万元。彻底改变了三队便民市场脏、乱、差的形象，解决城市管理便民服务之需，为民办实事，提高民生质量，把群众需要放在第一位。为积极履行社会责任，践行企业担当，向锡市教育局捐款 10 万元，用于支持青少年足球事业及教育事业发展。冠名协办全盟"锡林农合杯'三农三牧'脱贫攻坚知识竞赛"活动。锡林农合行新一届领导班子成立以来，全方位、多举措加大"三农三牧"支持力度，积极履行社会责任，助力脱贫攻坚，得到了社会各界的认可和赞扬，无形中提高了锡林农合行的影响力和竞争力，从而带动各项业务快速发展。

打造智慧银行，实现智能化服务

改变掌控未来，奋斗永无止境。巴彦宝拉格支行既是锡林农合行成立的首家智慧银行，也是锡林浩特市的首家智慧银行，还是一家传统和高科技高度融合的银行。客户既能办理传统业务，也能体验到智慧银行带来的非凡享受和人文关怀。同时，该行的设立又填补了巴彦宝拉格苏木及周边的金融服务空白。巴彦宝拉格支行是锡林农合行新一届领导班子组建以来打造的首家集人性化、科技化、智能化、特色化于一体的智慧银行，是锡林农合行在打造精品网点征程中迈向新目标、实现新跨越的一个重要举措。通过智慧银行打造并融入蒙元元素，逐渐搭建起立体化民族特色银行的体系架构。在蒙元文化展示上，厅堂播放着悠扬的草原乐曲，服务人员身着精美的蒙古族特色服饰，目光所及之处充满民族风情的字画、摆件与小工艺品，业务区域所有服务标识均使用蒙、汉、英三种语言，在特色服务流程上，厅堂近三分之一工作人员能流利地用蒙汉双语微笑接待不同需求的客户。同时，搭建了儿童体验区、智慧诊疗区，为客户进一步提供便利。蒙元文化特色银行打造，进一步提升了锡林农合行的客户满意度和忠诚度以及银行品牌和地区品牌知名度。

精准扶贫，帮助贫困户扩大经营生产

习近平总书记讲到："在扶贫路上，不能落下一个贫困家庭，不能丢下一个贫困群众。"扶贫工作任重道远。锡林农合行为了做好精准扶贫工作，使帮扶的6户贫困户早日脱贫，通过前期走访帮扶户进行精准调查摸底、征求意见，制订了2018—2020年帮扶计划，建立了帮扶档案，研究制定了健康帮扶、产业帮扶和经济资助三方面帮扶措施，帮助贫困户改善健康状况，增加经济收入，改善生活状况，提高生活质量，确保实现精准脱贫。11月13日，将精选购买的50只乌珠穆沁生产母羊，无偿送给有生产经营能力的阿拉坦图拉古尔等5户帮扶户，每户10只，价格在14000元左右，实施产业帮扶策略，用于贫困户扩大生产规模。并且计划在今后的两年内（2019年、2020年）逐年帮助贫困户增加生产母羊，实现脱贫致富。对于另外一家贫困户，考虑其不在牧区居住生产生活，且已丧失基本劳作能力，锡林农合行将采取资金支持的方式助其脱贫。同时做好信贷扶持工作，截至目前，已为5户帮扶户发放扶贫贷款73.9万元。针对已形成不良贷款的2户帮扶户，在信贷资金上做到不抽贷，并帮助他们制定发展规划，提高理财能力，早日实现精准脱贫，步入小康生活。

打造"红色阵地"，实现以党建促经营

实施乡村振兴战略，是党的十九大作出的重大决策部署，是决胜全面建成小康社会、全面建设社会主义现代化国家的重大历史任务，是新时代"三农"工作的总抓手。锡林农合行作为边疆少数民族地区农村金融服务主力军，通过"党员之家进嘎查"联学联建活动，将党建与业务结合，从而加大与牧民群众间的信任度与忠诚度，在共学共建过程中，促进双方发展和共同提升。2018年，锡林农合行在全盟率先开展了"党员之家进嘎查"联学联建活动，以习近平总书记曾经到过的宝力根苏木希日塔拉嘎查为联学联建活动推动业务开展试

点，在宝力根苏木希日塔拉嘎查牧民巴雅斯古楞家的蒙古包设立牧区党员联学联建点。围绕春耕备耕、接羔保育、生产生活等的资金需求特点，锡林农合行早谋划、早部署，深入实际调研摸实需求，通过联学联建工作掌握第一手资料，为下一步开展经营工作打下基础。同时，对辖区内的新兴产业、规模产业、朝阳产业给予信贷倾斜，助力业务延伸发展。

农牧区是锡林农合行植根成长的沃土，农牧民是锡林农合行的衣食父母，坚守支农支牧主阵地，秉承"三农三牧"服务宗旨，锡林农合行将组织好、开展好学习宣传贯彻党的十九大精神主题教育活动，依托联学联建工作进一步推动习近平新时代中国特色社会主义思想更加深入人心，切实做到以党建为抓手，以党建带经营，以党建促经营，将基层党建与业务经营工作深度融合，发挥党建在经营中的关键作用，不忘初心，牢记使命，切实把党的十九大精神融入到农信社的实际工作中。

如何托起明天的太阳

——以江都农商银行选拔和培养年轻干部为例

周加琪[①]

发展之要，首在用人。打造一支有理想、有才干、有作为、有活力的年轻干部队伍，是推进干部队伍新老交替，保障农商银行持续稳定健康发展的一项重要工作。立足江都农商银行实际，笔者深切感受到抓好年轻干部队伍建设的重要性和紧迫性，为此进行了专题调研，深入研究进一步加强我行年轻干部队伍建设的办法和措施。

一、江都农商银行年轻干部选拔和培养的现状

近年来，经过不懈努力，我行的年轻干部队伍建设取得了一些成效，陆续有多名年轻同志走上基层行行长、副行长、行长助理、后备干部、内勤主管等岗位。年轻干部给农商银行注入了更多新鲜的活力，为农商银行的未来发展带来了更大的希望。但与周边农商银行相比，我行在选拔和培养年轻干部过程中仍然存在一些不足，主要有以下几个方面。

一是干部队伍人员配置仍有待进一步完善。2017 年选拔的 15 名中层后备管理人员中来自支行的仅有 1 人，其余均来自各个部室，在基层一线工作的人员较少。目前，我行 35 周岁及以下的中层干部仅占中层干部队伍的 5% 左右，而目前在职的"80 后"大学生员工占全行在职员工的 33%，这些人大部分在基层一线工作，从基层一线选拔的人数太少容易挫伤他们的积极性。

二是选拔标准的科学性仍有待进一步提高。如何实现选拔的科学性一直是一个难题。因为每一种选拔方式都不可能十全十美，都有其优缺点。例如，目前我行采用先笔试后面试最后根据综合成绩排名的方法，其优点在于便于筛选、公开透明，但也有弊端，其一，笔试题目主要在省联社合规题库中选择，虽然公开透明但通过一张试卷难以较全面地了解一名干部的知识储备，很有可能出现只要认真复习就能取得高分的情况；其二，以客观题为主的笔试很难反映出

---

① 作者系江都农商银行党委书记、董事长。

干部的特长，容易使部分有专长的优秀人才在第一关即淘汰出局；其三，面试主要采用演讲的形式，3~5分钟的演讲并不能完全体现竞聘者的素质；其四，考核竞聘员工业绩指标时，侧重于存款业绩指标。

三是培养措施的针对性和系统性仍有待进一步增强。所谓"夫子教人，各因其才"，但在实际工作中，由于种种原因，仍然存在集中性居多的现象，很难做到因人而异，很难根据年轻干部不同的工作经历进行差别化培养。培训仍以内部培训为主，"走出去"力度有待加大，到省内农商银行、股份制商业银行开阔视野的机会更是少之又少。在年轻干部的选拔培养上，由于部门人手少、精力有限等客观因素，培养工作的系统性、连续性不够，培养方式的随意性较大。

四是提拔使用的力度仍有待进一步加大。目前我行干部队伍"能进不能出，能上不能下"的局面没有得到根本转变，虽然我行一直提倡选拔后备干部，但受制于年龄、级别、职位空缺等因素，优秀人才难以脱颖而出。后备干部的备用期限为两年，有部分后备干部至两年后备期满后仍得不到提拔使用，在一定程度上影响了年轻人对组织的信任，挫伤了后备干部的积极性，导致思想上出现了思变、思迁。

二、新时期年轻干部选拔培养模式探讨

选拔和培养年轻干部，努力造就一大批能担当重任的优秀领导人才，是摆在我们面前的一项紧迫而又艰巨的任务。从实践中我们感受到，传统的选人用人观念仍是培养选拔年轻干部的主要障碍。为此，笔者与部分年轻干部及员工进行了交流，了解当前年轻人的所想、所求、所盼，进一步抓紧抓好干部队伍建设，为江都农商银行事业持续健康发展提供组织保证。

（一）扩大视野，拓宽渠道，优化年轻干部选拔机制

注重引入竞争机制，开辟多种渠道，发现、储备更多的优秀年轻干部。

一是明确选拔标准。选拔年轻干部要看"德能勤绩"四个方面。"德"，即品德、道德。对银行从业人员来讲，要以德为先，要坚持党的基本路线，忠于国家、单位，遵纪守法，办事公道，行为廉洁，品德高尚。"能"，即能力或才能，作为农商银行的中层干部，应具备一定的组织能力、专业知识和沟通能力，能力不仅要看学历、看证书，更要看实际工作水平的高低。"勤"，指的是工作尽心尽力、勤奋不息、甘于奉献。俗话说得好，"天道酬勤"，既要看是否有勤奋踏实、任劳任怨的老黄牛精神，更要看是否有锲而不舍的开拓创新精神。银行一线员工更应注重"三勤一微"，即"眼勤""手勤""嘴勤"和"微笑服务"。"绩"，指的是一个人的工作实绩。应该包括工作指标上的绩、工作效率

上的绩、工作效益上的绩。

二是侧重基层一线。在选拔时要合理配置来自基层和机关人员的数量，可以适当增加基层一线工作经历等条件，将在基层一线工作中能力突出、业绩完成好的年轻员工选拔出来充实到干部队伍中，这样才能不断增强基层一线对年轻员工的吸引力。

三是定期集中选拔。选拔数量和条件应该公开透明、具体明确，笔试的内容除了一定的客观题外，还要有一定比例的主观题，重点考察当前经济社会热点问题、农商银行经营发展思路方面的内容。在面试方面，打破仅凭一篇演讲稿决定面试成绩的现状，短短 3～5 分钟的演讲不能完全体现竞聘者的素质。可以就农商银行发展的关键问题展开阐述或者讨论，全面考察其综合分析、逻辑思维、语言表达、解决实际问题的能力以及举止仪表等基本素质。

四是创新选拔模式。在选拔年轻干部时，每个人的工作业绩与实际表现都难以衡量，而简单地以组织资金等某项指标作为依据也不够公平。可以探索积分制模式，如对柜员和客户经理定级考试给予相应积分，对获得省联社、银监局等外部表彰和行内表彰的优秀员工给予相应积分，对年度测评中从普通员工选出来的先进或优秀人员给予相应积分，取得一定积分的可以直接进入后备人才库进行重点考察。这样将选拔环节与日常工作充分结合，改变一份试卷、一场面试定终身的局面。

（二）注重实效，实践育人，健全年轻干部培养机制

造就年轻干部，选拔是结果，培养是根本。要破解"拉夫凑数""就汤下面"的窘境，必须提高年轻干部培养的计划性、针对性和实效性。

一是强化培训。年轻干部主要应有政治素质、理论基础、业务素质和道德品质。其一，对于理论素养、理想信念的培养教育，我行年轻干部中绝大部分是中共党员，要继续加强党性修养培训，有条件的话可以去党校系统学习，达到政治上过硬。其二，对于业务素质、企业管理的培训，可以将年轻干部外派到其他股份制商业银行、外资银行或省内兄弟单位交流培训，汲取外部先进经验。鼓励年轻干部利用业余时间加强学习，攻读更高学位或报考含金量高的资格证书。建立年轻干部工作思想交流平台，以微信等社交平台为载体，实时分享工作中的心得体会。召开座谈交流会，邀请某领域经验丰富的干部或员工与年轻干部交流座谈，讨论工作中遇到的难点，分享经验。其三，对于党性原则、纪律作风和道德品质的培训，要帮助他们正确看待名利、权力和地位，正确对待顺利和困难、成功与挫折、赞扬与批评。

二是实践锻炼。实践锻炼是年轻干部培养的重要环节，强化实践锻炼，要求形式上多样化、途径上多渠道，关键是根据年轻干部成长规律、发展方向和

不同岗位、职位的锻炼效果，设计规划好锻炼培养途径。可以采取三种模式进行培养：第一种是上挂下派锻炼。有计划、有步骤地选派支行年轻干部到部室、部室年轻干部到支行接受锻炼，来自支行的年轻干部到部室锻炼其管理能力，来自部室的年轻干部到支行锻炼其营销能力，通过上挂下派的方式培养年轻干部的综合素质。第二种是多岗交流。让年轻干部跳出原有的工作圈子，剪断原有的思维定势，从全新的角度去观察、考虑和解决新问题，拓宽实践锻炼的领域。人的潜力是无穷的，特别是年轻人，要破除定向思维，不能一个岗位干到头。第三种是重点岗位培养。在多岗位培养考察中，应结合个人情况选择重点培养方向，对于营销能力强、善于沟通的人应安排在营销部门；善于思考、精于管理的人可安排在中后台管理岗位；专业性高、政策性强、肯沉下心埋头钻研的人应培养其成为业务骨干。

三是结对帮扶。在我行现有的挂钩经理制度下，根据工作岗位相近原则，安排班子成员或中层干部，采取以老带新的方式，经常和所帮带年轻干部沟通交流，挂钩经理每月在挂钩支行督查工作时可一并带上年轻干部，让年轻干部有机会近距离学习他们的管理经验、工作方法。年轻干部也要主动定期向所帮带领导汇报思想工作情况。通过师带徒结对活动，在工作和思想上形成互补，互相影响，相互促进，年轻干部可以少走弯路错路，老干部可以更新观念，形成良好的师徒氛围。

四是助理培养。助理培养，即先担任一个阶段的助理，如行长助理或总经理助理，在行长、总经理的具体指导下开展工作。到期进行考察，对在工作中存在的不足，指出问题及时改正。如确不能胜任，则回原岗位或另行安排工作。助理制在一般情况下，对拟定近期上岗的年轻干部比较适当。年轻干部经过助理形式的培养，能够很快适应工作。

五是提前谋划。"凡事预则立，不预则废"。做好职业生涯规划是引人、育人、用人、留人的有效手段。借助职业生涯规划，领导者可以客观全面了解干部员工个人发展目标以及职业诉求，发现每一位员工的特长和潜能。职业生涯设计前要做好动员和辅导，根据员工岗位（前、中、后台）、职级（中层干部、后备干部、普通员工）或不同年龄（青、中、老）分步骤进行，采取不同形式的职业生涯设计。职业生涯设计时可双向进行，在员工填写评估表的同时，其直接领导填写主管对下属的评估表，两者结合参考，客观具体地帮助每名员工成长。

（三）知人善用，量才使用，畅通年轻干部使用机制

任用干部尤其是年轻干部，要打破任用常规，要相信年轻干部的魄力和思路，更注重年轻干部的发展潜力和德才素质，不拿老同志的工作经验和成熟程

度与年轻干部进行简单比较。

一是领导重视。牢固树立"一把手抓第一资源"的观念，研究制定年轻干部管理办法，提出目标措施，并进行层层落实。在年轻干部的管理上要加强协调与沟通，定期分析年轻干部情况，将年轻干部的任免、奖惩、学习培训、民主测评、年度考核、思想动态、学历职称变化等情况及时报给行党委，以便行党委及时全面了解、掌握年轻干部的思想、学习和工作情况。

二是放手压担。由于目前年轻干部基本立足原岗，在支行或部门基本没有制订方案、改革创新的决策权，久而久之，形成了没担当、无威信的现状。没有压力，实际上也就没有得到锻炼。如果换种思路，让年轻干部担任行长或总经理，让年轻人冲在前线，去承受营销的压力、风险管理的压力，让有经验的老干部担任副职，起辅导把关的作用，这样就会让年轻干部得到较大的锻炼。实践中，由于老同志更看重待遇，而年轻同志更看重职位上的晋升，可以对老干部降低职位但待遇不减或略减，对年轻干部职位提升但待遇不增或少增。

三是因岗使用。不同的岗位需要不同类型的年轻干部，特殊岗位（如自助区负责人等）应不拘一格降人才，动员思想活跃、敢打敢拼的年轻同志勇敢顶上；无信贷支行以存款为本，同等条件下倾向于组织资金比较充沛、资源渠道多的年轻干部；全功能支行对年轻干部考量的维度就要增加，重点关注选拔对象营销攻关、沟通协调、风险控制以及掌握的资源等；前台部门注重对选拔对象业务能力、营销技巧、服务水平、沟通能力进行考量；中后台部门侧重选拔专业能力拔尖的年轻干部。

四是后续评价。为保证年轻干部队伍的生机与活力，必须突出三项制度建设。第一，定期汇报制度。年轻干部要定期向所在支行（部室）负责人和组织人事部门书面或口头汇报自己的思想状况、工作状况、学习状况，自觉接受教育和监督。第二，定期谈话制度。班子成员或组织人事部门要以对事业发展负责的态度落实谈心谈话制度，及时了解年轻干部的所思所想、所有所盼，给予指导，及时"纠偏"。第三，定期考核制度。推行年轻干部常态化考核，每季度公开，民主地对年轻干部的"德能勤绩"进行综合评价，形成考核意见，并在年轻干部中进行横向比较，为优秀年轻干部的及时发现、快速成长提供条件。对在工作中无法胜任的年轻干部进行退出，并及时补充新鲜血液，通过维持一定的流动性不断激发他们自我提升、自我完善的能力。

以党建为引领　谱写普惠金融新篇章

张　军①

近年来，邳州农商银行党委在实际工作中注重党建引领作用的发挥，将党建工作与业务工作深度融合，持续丰富、创新党建工作载体，开创了以党建引领业务发展、党建引领企业文化建设、党建引领社会责任践行的良好局面，为邳州农商银行的高质量发展和普惠金融的深入推进提供了坚强的政治保障。

一、"党建 +" 新模式激发新活力

（一）"党建 + 政银互派干部" 开启服务乡村振兴新篇章

为更好地服务 "三农"，全面支持乡村振兴战略，年初，邳州农商银行同邳州市委组织部，联合开展政银互派干部挂职活动。双方互派 29 名干部挂职交流，挂职期限为一年，双方共同管理并制订了详细的考核方案。挂职期间，双方将定期开展挂职干部工作交流和金融业务培训，帮助挂职干部及时熟悉政策、掌握重点、互通信息，不断提高挂职干部服务群众的能力和水平，真正落实党赋予的 "最后一公里" 任务，全面助推乡村振兴战略实施。截至目前，通过政银互派挂职干部，已累计支持现代农业 21 户，金额 1.81 亿元，投放新型农业经营主体 232 户，金额 9.34 亿元，"政银互挂" 为双方干部队伍建设注入了新活力，激发了推动经济发展提升金融服务的新动力。

（二）"党建 + 校企合作" 打造普惠金融 "产学研" 合作新模式

为深入推进农村金融体系研究，紧跟 "三农" 新形势、新变化，深耕 "三农" 市场，对农村经济变化进行系统研究，邳州农商银行与上海交通大学安泰高管教育中心签订战略合作框架协并为 "普惠金融研究中心实践基地" 揭牌，双方依托各自资源、结合自身特色、发挥各自优势，通过战略合作达到资源共享、优势互补、相互支持，共同推进农村金融事业的发展。保证邳州农商银行能紧跟农村经济产业结构变化，更好地把握发展机遇，也为全行做好长远战略规划提供理论基础。

---

① 作者系邳州农商银行党委书记、董事长。

（三）"党建＋业务"助推经营高质量

年初以来，邳州农商银行相继出台《邳州农商银行党建工作考核办法》《邳州农商银行"五好党支部"及支部书记"五个一"工作方案》，创造性地把绩效管理引入党建工作，使党支部绩效考核具体化、明晰化。充分发挥党员先锋模范作用和党支部的战斗堡垒作用，设立党员先锋岗，与业务经营工作紧密结合。同时，以不良压降等经营发展的难点、重点问题为切入点，以党员带头攻坚克难为手段，广泛开展党员"挂牌攻坚"活动，把党员的先进性体现在争创一流业绩、推动经营发展上来。截至6月底，各项存款达214.88亿元，各项贷款余额达到144.64亿元，存贷款业务保持全市银行业领先。有力地支持了本地客户，实现了自身效益与社会效益的双赢。

（四）"党建＋精准扶贫"完善脱贫攻坚新体系

坚持走"精准化"扶贫道路，结合网点分布广的优势，要求客户经理进村遍访贫困农户，对贫困农户开展深入调查。对贫困户建档立卡，将及时获得贫困农户信息作为我行扶贫工作的出发点。在此基础上，精确识别农户的贫困程度，对贫困原因深入了解，确保把金融扶贫资源用到最需要的地方，切实提高小额农户扶贫贷款的精准性和有效性。加强与政府的合作，依托扶贫基金，通过产业带动扶贫、小额信贷输血扶贫等方式，积极支持贫困人口创业、就业，支持贫困人口脱贫致富，履行社会责任，提升新时代社会担当。截至目前，已对全辖40916户建档立卡低收入户建档授信，实现精准扶贫阳光信贷授信6800余户，授信金额达1.36亿元，探索了金融扶贫的新途径、新模式和新方法。

（五）"党建＋金融共享"打通农村金融服务"最后一公里"

打通农村金融服务"最后一公里"，一直是金融发展的焦点，邳州农商银行以党建为指导，率先在当地实现服务网点全覆盖。现已建成170个离行式自助区、563个金融综合服务站，配套金融POS机1183台，惠及470个行政村、100余万名客户，真正做到了将全方位的金融服务延伸到农民家门口，构建了立体化、多维度、全覆盖的金融服务网络，为城乡一体化发展打造了功能齐全、便捷高效的支付结算渠道，让老百姓足不出村就能享受便捷的金融服务，打通了农村金融服务的"最后一公里"。同时，邳州农商银行深入推进阳光信贷提档升级工程，推进信用村建设，积极推进信用贷款投放力度，践行金融共享理念，让客户有尊严地享受普惠金融支持。

二、党建引领，打造企业核心竞争力

邳州农商银行近年来矢志打造"润和"企业文化，形成了以"丰农裕商润和四方"为愿景、"打造润裕万家的普惠银行"为使命、"诚信、责任、创新、利他"为核心价值观的"润和"文化体系。经过多年精细培育，文化建设在多方面取得显著成果。在育人教人方面，通过前几年对企业文化的潜心灌输，对典型人物和典型事迹的大力培树，文化育人的成果开始逐步显现，一大批践行该行企业文化精神的先进典型涌现出来，如勇救落水老人、受到邳州团市委表彰的黄冠中同志；用微笑服务客户、以真诚赢得信任的"最美大堂经理"何娇娇同志；拾到巨额存单不心动、及时归还失主的保安曹壮同志等，无不体现出该行在企业文化建设方面所取得的丰硕成果。在家园文化建设方面，在员工生日来临之时，送上鲜花和蛋糕，为每一名员工和其两名直系亲属办理补充商业医疗保险，为员工父母发放"润和"尊老金等，通过一系列举措，使员工精气神更足，干事创业的激情更加饱满。在文化建设形式方面，创新采用微电影的形式，先后拍摄完成星级网点创建微电影《筑梦官湖》、党建微电影《不忘初心，一路前行》、"三农"主题微电影《银杏树下》等，将我行文化精神直观地进行展现，丰富了企业文化建设的路径。其中，《银杏树下》先后获得潍坊金风筝国际微电影大赛十佳公益微电影奖、第四届亚洲微电影艺术节"金海棠奖"、省联社成立十五周年微电影比赛一等奖等殊荣，《扣好廉洁之扣》廉政微电影获江苏省纪委廉政公益广告二等奖，这些微电影全方位展示了我行文化精神和品牌形象，提升了我行的社会美誉度。

2017年，邳州农商银行党委发起实施的"寻找小萝卜头·从邳州出发"大型爱国主义教育活动，获得江苏省委宣传部、江苏省委网信办第五届网络文化季优秀项目奖，国家级媒体中国搜索举办的"搜索中国正能量·点赞2017"精彩中国·精彩故事大奖以及江苏省国资委"强基提质"党建工作创新案例一等奖。通过党建和企业文化的有力结合，引领全员创新、凝聚、发展。

2018年，邳州农商银行党委启动"新时代学习践行王杰活动"，以建设王杰支行为契机，更好地宣传、弘扬和践行王杰精神，同时以王杰精神为指引，进一步强化党员党性修养，发挥党员先锋模范作用；强化思想政治建设，筑牢稳健经营根基；强化干部作风建设，狠抓责任目标落实；强化企业文化建设，弘扬"润和"文化精神，体现社会责任担当。

邳州农商银行通过以党建引领业务经营发展的模式，重新构建了明确的经营体系，探索出业务发展、践行普惠、金融创新等方面的切入点和发力点，凝聚了全员的文化认同，赋予广大党员平凡的工作崇高的意义，实现解放思想与改革发展相互激荡、观念创新与实践探索相互促进，为在新的起点上推进业务转型发展，助推乡村振兴战略，加快建设"专而精、小而美"的精品银行，凝聚广泛思想共识，提供强大精神动力。

业务发展篇

支持民营经济发展地方金融可更好发挥作用

中国银行业协会副秘书长　周更强

　　全国地方金融论坛年会自 1996 年起已经连续举办了 22 届，作为我国地方金融发展的见证者，年会的每次召开都引领地方金融机构向更好更强的方向前进。而在党中央的领导下，海南经济特区坚持锐意改革，勇于突破传统经济体制的束缚。习近平总书记在"庆祝海南建省办经济特区 30 周年"大会上明确指出，要把海南建设成"三区一中心"。本次年会在海南召开，并以"新时代、新机遇，高质量发展地方金融"为主题，就自贸区金融服务、科技金融与乡村振兴、康医养与旅游金融深入研讨，可谓恰逢其时。

　　即将过去的 2018 年是银行业贯彻党的十九大精神的开局之年，银行业认真贯彻党中央部署，紧紧围绕服务实体经济，防范金融风险，采取了一系列政策措施，坚决打好防范化解金融风险攻坚战。总体来看，银行业运行平稳，资产增长、负债发展以及盈利能力、资本充足率等都有了明显的进步。当然，当前经济运行稳中有变，下行压力有所加大，部分企业经营困难较多，长期积累的风险隐患有所暴露。这些给银行业的稳健运行带来了新的挑战。党中央、国务院对此高度重视，宏观部门、金融部门以及产业部门都进行了周密全面的部署。当前关键是银行业如何进行认真的贯彻落实，特别是对民营经济融资难融资贵的问题，最近几天从中央到金融部门都采取了一系列政策措施，在这方面，地方金融可以更好地发挥作用，也应该更好地发挥作用。当前就是如何更好地专业化、差别化地支持区域经济发展，鼓励民营经济发展，就解决民营经济融资难融资贵的问题进行深入研讨。

自贸区金融大背景下中俄金融合作机遇

中俄金融合作联络组组长　赫　然
俄罗斯银行（VTB）首席代表　伊利亚（ILYA）

中美贸易摩擦为各省市自贸区和产业对接国际提供了前所未有的重要机遇，目前俄罗斯对于与中国的金融合作有着强烈愿望。这样的背景下，中小银行如何抓住跟俄罗斯金融合作对接的机会，扶持中国的国企和民企全面进入俄罗斯重要的产业上下游，共同打造中俄全球性的全产业链的合作体系，值得共同探讨。

中俄合作一定要站在历史的高度和国家战略的高度来考虑，中俄全面地毫无保留地在金融和产业方面彼此互相开放，彼此互相开放后需要供应链金融服务，习近平总书记2018年9月定调今后两年中俄合作的主题是地方金融合作，俄罗斯希望中国的银行多方面参与，不仅是四大银行，更多的是中小银行。

在全球金融环境很复杂的情况下，自贸区金融的关键是在金融服务实体经济方面作出一些在境内没有做到的创新和尝试，要突破自贸区金融的尝试和创新找到新的平衡点，为"一带一路"倡议、全球海外投资战略、中国贸易进军全球等提供一些新的做法，从而取得更大的成功。

俄罗斯的贸易交易量非常大，对中国来说，俄罗斯的资源类交易都有重要的商业机会和很好的盈利空间。从这几年中俄金融合作中遇到的问题来看，中俄的金融创新合作远远落后于中俄的产业合作和贸易需求，我们要把金融和产业结合起来，打造银行和企业的命运共同体，同时解决好卢布和人民币结算的实质性操作问题，或者先在自贸区先试先行，为中俄经济贸易的发展提供全面的优质金融服务。

海南建设自贸区进行金融创新、探索，要考虑如何与国家战略、全球布局以及"一带一路"倡议相结合，在全球范围进行人民币国际化、中国资本跟国际市场的良好对接的探索。海南进行金融创新，并不是要靠海南原有基础去打开市场，而是要用好特殊政策，吸引全国最优秀的金融人才，引入先进的金融机构来海南，共同进行金融创新探索。

海南应考虑如何探索出控制金融风险的有效手段，尤其是当面对境外金融风险波及的时候。自贸区金融创新如何在利用好国际市场、采用国际上最好的金融工具，实现一些金融效益和功能的同时，又能有效对抗风险。此外，金融的天职是服务实体经济，海南自贸区建设能否在金融服务实体经济方面探索出一些有推广性的、先行先试的方法，能否通过各种各样的金融工具更好地服务实体经济，更好地助力民营企业的国际化贸易，这是海南金融创新需要进行的另一个探索。

在这种情况下，海南一定不要简单复制其他自贸区的经验，因为模仿没有意义。海南是要建成全国最大的金融前沿地，就是要跟别的地方不同，要有自己的特点，这一个方向非常清晰。

这些年来，俄罗斯与中国的贸易以前所未有的速度增长，但如果制定适当的政府政策可以达到更高的水平，我们也深知创新的作用，这迫使我们需要在各国之间建立智囊团，才能在各国之间建立可靠的投资环境。

外国投资者在俄罗斯投资交易而设立俄罗斯投资机构，是可以独家参与俄罗斯的交易，这些交易将加强各国金融、能源创新和可持续方面的联系，俄罗斯银行的首要任务是保护投资者的资金安全。

随着中国成长为世界第二大经济体、第一大对外贸易国，人民币国际化正在路上，大家都希望人民币成为世界投资的安全港，这样对中国经济也有巨大的意义。因此，从这个角度而言，海南建设自贸区、自由贸易港非常具有潜力。在人民币国际化的过程中，中俄之间不仅要建立智囊团，金融机构之间也要加强交易方面的合作，但这个需要政府政策的支持，才能促进两国的货币互换，人民币的价值就会增值，人民币就会变得更加国际化。

金城银行创新金融产品服务自贸区企业

天津金城银行董事长　高德高

天津金城银行是全国首批民营银行，自成立以来，借助天津自贸区发展的优势，在体制创新、产品渠道和服务方面都有了提升。

"汽车平行进口"是天津自贸区的重要产业板块，天津金城银行已与多家试点平台、试点企业进行接触。目前已与天津美悍汽车销售有限公司等5家试点单位确立合作关系并开展业务，合作产品涉及进口开证、进口押汇及垫税融资等。

此外，融资租赁企业是自贸区重点企业，2017年天津金城银行与此类企业开展业务合作，截至2017年末，已在本行取得授信额度的融资租赁企业共有十余户，授信总额度达13.83亿元。

天津还是个标准的电子口岸，天津的冷链占了全国冷链行业的1/3，凭借这个优势，天津金城银行在产品和服务方式上不断创新，推出了包括政采贷、退税贷、补贴贷、医保通、众卡供应链保理等多款服务于小微企业的贷款产品且所有产品均有配套的产品制度为业务合规性提供保障，其中退税贷深受贸易企业的欢迎。

退税贷业务是指申请人将出口退税专用账户托管给本行，并承诺以该退税账户中的退税款作为质押担保，以取得本行短期资金融通或叙做授信类贸易融资业务。本行了解到外贸企业出口退税款需要3~4个月的等待期，因此根据企业经营特点和退税款的回款路径，专门为此类企业设计了出口退税质押贷款产品。退税质押贷款通过为平台企业垫付税款，大大提高了资金使用效率，并且增加了平台企业的市场竞争力，为平台上的被代理企业提供出口手续以及融资垫税的整套服务方案。截至2017年12月末，退税贷余额为1903.09万元，余额笔数为79笔。

海口农商银行为建设自贸区（港）注入金融新动力

海口农商银行行长　耿智祥

海南省经济总量不大，国家要求海南进行体制机制创新，成功之后可以复制到全国。基于此，今后海南自贸区、自贸港政策需要更灵活一些，无论是企业还是金融机构，在金融创新方面都需要有更多机会。

自设立自由贸易区以后，国内好多企业都来到海南组设公司。海口农商银行于2011年12月28日改制成立，是海南省第一家农村商业银行，也是海南省农信系统资产质量最好、业务规模最大、盈利能力最强、公司治理结构最完善的机构。海口农商银行抓住这一千载难逢的机会，坚持改革创新，从"科技引领"到"移动金融"，再到"数据驱动"，以科技为坚强后盾，筑牢地方金融自主发展的根基。首创手机ATM扫码取款，使无卡取款成为可能；布设VTM，采取远程视频方式办理一些柜面业务；布放智慧柜员机，实现"刷脸取款"，极大提高服务效率；上线HAI享盈平台，为客户提供在线存款、贷款、理财等便捷金融服务。

今后，海口农商银行将坚持"服务'三农'、支持小微"的发展定位，依法合规和稳健经营，围绕"小微金融""数据驱动""金融市场"三大战略，按照"上市银行""全国上游农商银行"的标准将海口农商银行打造成为一家有竞争力的现代商业银行，为建设自贸区（港）和美好新海南注入金融新动力。

金融机构支持自贸区建设的首要条件

招商银行同业部副总经理　段云飞

金融机构要想迅速地、很好地服务自贸区建设，建议做到以下三点：

第一，加入跨境人民币的基础设施系统工程。加入自贸区建设就涉及跨境的资金流动，就要求加入跨境人民币的基础设施系统工程，比如跨境结算平台、跨境区块链清算平台、跨境区块链签约平台等，可以为金融机构解决交易中的诸多难点、痛点，而且操作简单，提高效益。

第二，在跨境金融产品方面要有足够的准备。最重要的是要申请到 QDII、QFII 额度，只有拿到额度才能做跨境的票据转让、跨境的信证转让、跨境的贷款转让。

第三，成立跨境金融中心。因为跨境之间的合作需要专门的人推动，它的业务、资金流动跟境内的业务完全不同，它实际上是另外一套游戏规则。在这种情况下，首先要在自己的银行、金融机构成立跨境金融中心。在此基础上，可以做跨境财富管理、跨境资产管理，进一步把资本项目下的资金流动做起来。

只要在这三个方面做好准备，金融机构就可以参与到自贸区的建设中，利用自贸区的政策促进业务的发展，实现金融共赢。

边疆民族地区城商银行高质量发展之路探析

——以广西北部湾银行实践为例

罗 军[①]

党的十九大报告指出，我国经济已由高速增长阶段转向高质量发展阶段。推动高质量发展是当前和今后一个时期确定发展思路、制定经济政策、实施宏观调控的根本要求。受历史地理因素影响，边疆民族地区经济底子薄、起点低，存在发展不平衡、金融资源有限等问题。城商银行如何结合边疆民族地区特点，发挥地方金融生力军作用，通过自身高质量发展，助推地方经济高质量发展，值得深入研究与探讨。

一、城商银行高质量发展的重要意义

高质量发展是当前我国经济发展的基本要求，也是银行业改革发展的关键词。在经济高速发展、金融深化改革背景下，城商银行也迎来了难得的发展黄金期，成为我国金融改革开放的见证和缩影。但在高速发展的同时，部分城商银行也积累了很多矛盾和问题，如发展质量不够高、公司治理不够完善、风险防范不够严、不良贷款攀升、大额风险暴露等，加上互联网金融冲击、利率市场化、金融脱媒化等的影响，城商银行面临着巨大的转型压力，客观上要求必须加快战略调整，推进业务创新，优化资源配置，提高资产质量，从规模速度型向质量效益型转变，实现更高质量、更有效率、更可持续发展。

二、推动高质量发展的广西北部湾银行实践

2018 年是中国改革开放 40 周年，也是广西壮族自治区成立 60 周年，恰逢广西北部湾银行承接"广西银行"诞生 108 年、改制设立 10 周年。十年来特别是近五年来，广西北部湾银行立足边疆民族地区既沿海沿边又面向东盟的特点，发挥地方银行优势，树立稳健经营和价值创造理念，坚持一手抓风险防范，一手抓科学发展，打造中国银行业要塞式资产负债表，苦练内功，严抓管理，走

---

① 作者系广西北部湾银行党委书记、董事长。

出了一条既符合中央、自治区要求，又具有广西北部湾银行特色的高质量发展之路。

（一）扎根八桂大地，深耕服务壮乡，为高质量发展"蓄能"

广西北部湾银行是顺应国家实施北部湾经济区开放开发战略而成立的省级商业银行，这决定了广西北部湾银行立足八桂大地、服务壮乡人民的历史使命。十年来，广西北部湾银行紧紧围绕中央赋予广西的"三大定位"新使命和"五个扎实"新要求，紧扣"一带一路"倡议、"三大攻坚战"及区域协调发展战略、乡村振兴战略等国家战略的推进实施，扎根广西、服务壮乡，为边疆民族地区经济发展提供了金融的"源头活水"。一是围绕服务供给侧结构性改革做文章，精准"滴灌"实体经济。发挥金融优势，重点在破除无效供给、推动化解过剩产能、降低实体经济融资成本上发力，推动全区产业结构优化升级，提高发展质量。每年出台信贷投向指引，按照"四个1/4"原则（增量的1/4用于服务区内重大基础设施建设和实体经济，1/4用于服务小微企业、教育、医疗等民生领域，1/4用于盘活存量客户，1/4用于投行等创新业务），优化资金投放结构，对实体经济精准"滴灌"，重点加强对新一代信息技术、生物医药、新材料、新能源汽车、节能环保等新兴产业，机械、汽车、铝、冶金、糖业等传统产业以及消费品工业、农副产品加工业等轻工业的信贷支持，推动全区工业高质量发展；以银团贷款方式，支持大型水利枢纽、轨道交通、高速公路等重点项目，推动全区重大工程项目建设。5年来，累计通过贷款、基金、理财、投资等方式投放各类资金逾6000亿元，实现了广西重要国企、所有设区市、重点县域业务全覆盖。开展"阳光信贷"工程，采取差别化定价方式为客户减费让利，5年来为实体经济减少融资成本近10亿元，有力推动企业降成本。二是围绕生态文明建设做文章，耕耘美丽广西。积极服务广西生态经济发展强区建设，加大绿色贷款投放力度，绿色贷款投放占比连续两年提升。加大绿色金融产品创新，推出了金额25亿元的城市发展投资基金，支持地方园林城市、海绵城市建设；投放了首单2.16亿元的旅游发展基金——崇左宁明花山边关旅游城市基金，促进边疆民族地区生态旅游建设，为边疆民族地区生态文明建设、经济发展作出了应有贡献。

（二）发挥区位优势，做足"边"的文章，为高质量发展"助力"

沿海沿边、面向东盟，"一湾相挽十一国"，是广西独特的区位优势，也是广西北部湾银行高质量发展的资源优势。近年来，广西北部湾银行坚持立足广西、面向东盟，做足"边"的文章，拓展东盟合作，助力高质量发展。一是搭建对外交流合作平台，携手合作共赢。近年来，广西北部湾银行主办、协办或承办了中国—东盟金融合作与发展领袖论坛、全国金融合作同业峰会、亚洲金融合作联盟"新时代中小银行战略转型与发展"论坛等活动，与越南、柬埔寨的多家银行签署了合作协议，开启与东盟国家银行战略、业务合作的新篇；完成全国首笔人民币对柬埔寨瑞尔清算交易、首笔区域银行间柬埔寨瑞尔交易，推动与东盟国家金融同业建立了更加紧密的合作关系，助推广西打造面向东盟的金融开放门户、沿边金改升级版和南宁区域性国际金融中心建设。二是发挥口岸优势，抓好国际金融服务提升。将东兴支行、凭祥支行打造成为专注中越跨境服务的口岸支行，自主开发"跨境电子结算平台"和"富桂通—跨境达互市电子结算"产品，推动边民互市电子结算，成为中国—东盟信息港认可的唯一能够与其平台对接进行互市结算的银行。目前，广西北部湾银行已发展成为国内为数不多的全面开办正贸、边贸、小币种业务的商业银行，连续多年荣获"银行间人民币外汇市场100强"。2014年以来，累计实现国际结算量111.38亿美元，实现边贸结算量38.81亿美元；国际结算量连续多年在广西股份制银行和地方性银行中位居第一。

（三）打造"富桂"品牌，专注特色金融，为高质量发展"增色"

贯彻自治区富民兴桂要求，广西北部湾银行结合自身优势和专业禀赋，以专业化、特色化发展为抓手，积极打造以富桂宝、富桂卡、富桂通、富桂贷为核心的"富桂"系列金融品牌，加快推进普惠金融、智慧金融和科教金融，让金融活水润泽八桂大地。一是推进普惠金融。在总行设立普惠金融部，对小微业务实行专营化管理，在异地分支机构全部设立微贷部，建立综合服务、专门统计核算、资源配置、风险管理、绩效考核五项专门机制。以"富桂微贷"为依托，投放了适合中小微企业和"三农"需求的边贸贷、海鲜贷、芒果贷、商标质押微贷、税银微贷等数十款特色农村金融产品，开发了78个"方案制"产品，发放贷款17.51亿元。出台进一步加强民营企业金融服务指导意见，推出15条含金量高的实质性支持措施；落实国家小微企业流动资金贷款无还本续贷政策和自治区"降成本41条""新28条"，有效缓解企业融资难融资贵问题，取得良好社会效果。二是推进智慧金融。主动迎接金融科技浪潮，以科技进步提升金融服务效率，投产运行了智能网点、智能柜台、新版客户端手机银行、电商B2C＋O2O平台等系统，全行累计布放自助设备545台、社区银亭101个、自助发卡机90台，发放借记卡300多万张。与广西交通一卡通公司联合推出广西首张支持全国交通互联互通的"广西北部湾银行桂民卡"，加强与支付宝、微信、苏宁、京东金融等的合作，推出银医通、人脸识别、家服务、车服务和智能存款、滴滴贷、工资贷、公积金贷等智慧金融产品，推出业务流程全线上化的"联合贷款"、在线申请在线审批当天放款的"极速贷"等互金产品，智慧金融迈出了坚实步伐。三是打造科教金融。积极服务广西边疆民族地区教育发展，打造了 2 家富有特色的"科教支行"，开设了广西民族大学社区支行等 5 家专注高校金融服务的社区支行，建立了南职院大学生银行产教融实训基地、互联网金融大数据协同创新中心，推出了"智慧校园""微信校园"项目，为高校师生发放联名卡 10 万多张，成为边疆民族地区高校师生可信赖的银行。

（四）强化底线思维，严格风险防范，为高质量发展"保驾"

贯彻中央关于防范化解金融风险攻坚战的要求，广西北部湾银行董事会每年紧跟形势出台风险管理指导意见、风险限额管理办法、信贷和投资营销指引，落实因人、因行、因客、因产品、因风险缓释方式的"五因"差异化授权，建立风险管理三道防线，推行审批、放款、清收"三集中"管理，实行风险审批垂直管理，打造全面风险管理的四梁八柱。创新推行大额授信风险董事会专家评议制度，提升大额授信风险管控水平。2014 年以后新发生业务的资产不良率、不良额均处于同业较低水平。此外，按照监管要求，深化整治银行业市场乱象，持续开展各种风险的识别和监测，开展网络及信息系统风险评估和应急演练，做好消费者权益保护，强化舆情风险监测、引导，加强科技系统建设，全行关键应用系统业务连续性达到 100%，提升了全行风险意识，增强风险防控能力。

（五）完善法人治理，提升管理水平，为高质量发展"强基"

广西北部湾银行把完善公司法人治理作为高质量发展的前提。第一，突出党委的政治核心和领导核心作用，促进加强党的领导和完善现代企业制度的深度融合，落实党委讨论研究重大事项的前置原则，充分发挥党委在"把方向、谋战略、抓改革、促发展、控风险"等方面的作用。第二，强化"两会一层"履职能力。持续优化董事会、监事会成员结构，规范董事会、监事会会议召开，适时对董事会下设专门委员会成员进行调整，进一步健全完善对董事、监事的履职评价体系，提升董事、监事履职有效性。第三，加强股权管理。制定并完善股权管理办法，做好股权的清理规范，进一步优化股权结构。第四，推进经营层市场化改革。在自治区和监管部门指导下，稳步推进市场化选聘职业经理人试点工作，完成了高管人员的市场化选聘，建立健全高管人员市场化考核机制，并在总结经验的基础上，增加了总监（首席）管理层级，提升了全行员工工作积极性、主动性。

（六）坚持党建引领，压实"两个责任"，为高质量发展"引航"

广西北部湾银行认真学习贯彻习近平总书记视察广西的重要讲话精神，坚持党建引领、人才强行，推动经营发展迈上新台阶。一是加强习近平新时代中国特色社会主义思想和党的十九大精神学习，推进以"新时代讲习所"、"湾行大讲堂"为主阵地的分层级、系统联动培训，积极推动习近平新时代中国特色社会主义思想在广西北部湾银行落地生根，强健治行兴行本领。二是狠抓"两个责任"落实。开展"党建质量提升年"活动，按照《中国共产党支部工作条例（试行）》的要求，统筹推动基层组织建设、组织生活、学习教育、党内监督、保障运行"五个规范化"。深化党委专项巡查，推进以纪委为主，审计、风险、法规、会计、监办等参与的"1＋N监督闭环"体系建设，形成齐抓共管党风廉政建设的新格局。三是抓好"三支队伍"建设。按照20字好干部标准，进一步优化干部队伍功能结构和各级班子配备，组建了后备干部、核心骨干人才、服务能手三支队伍，建立了行员等级制度和内设二级室经理制度，开展"带党徽亮身份"党日活动、金点子征集、自愿者服务等活动，充分激发干部队伍活力，不断聚集做优发展的强大合力。

三、边疆民族地区城商银行高质量发展的思考

高质量的经济发展呼唤高质量的金融供给。城商银行要充分认识和把握高质量发展的深刻内涵，坚持深化改革、转型升级，打好高质量发展的关键战，以自身的高质量发展推动地方经济的高质量发展。对广西北部湾银行而言，就是要结合边疆民族地区经济、金融发展的形势和特点，深入学习习近平新时代中国特色社会主义思想和党的十九大精神，贯彻落实习近平总书记视察广西的重要讲话精神以及为广西壮族自治区成立60周年"建设壮美广西 共圆复兴梦想"的重要题词精神，坚守扎根八桂、服务壮乡的初心，为建设繁荣、富裕、开放、进步的六"壮"六"美"新广西，实现边疆民族地区经济高质量发展作出新贡献。

（一）以服务实体经济为根本，让边疆经济"壮"起来、发展质量"美"起来

实体经济是金融发展的根基。实体兴则金融兴，实体衰则金融衰。脱离了实体经济的支撑，金融业就如无源之水、无本之木，无法存续和发展。作为地方法人银行，服务地方经济发展是城商银行的使命。城商银行在推动高质量发展中，一方面，要以深化供给侧结构性改革为主线，围绕创新驱动战略、区域协调发展战略、乡村振兴战略等国家战略，做好服务地方经济的"加法"，根据自己的优势和业务结构，优化资源配置，将信贷资金更多投向战略性新兴产业、先进制造业和创新型企业，为地方地区经济转型提供"源头活水"。另一方面，要做好控制"两高一剩"、退出"僵尸企业"的"减法"，按照有保有压的差异化信贷政策，严格控制"两高一剩"行业贷款，严格"僵尸企业"授信审查，用好用活信贷资金，切实把资源用在促进经济高质量发展的"刀刃"上，切实发挥金融服务，让地方经济发展"壮"起来、发展质量"美"起来。

（二）以风险防控为核心，让风控合规"壮"起来、稳健经营"美"起来

风险管理是银行综合竞争力的重要组成部分，是银行行稳致远的关键。在推动高质量发展中，要结合区域金融的特点，从强化"四个意识"、提高政治站位的高度，贯彻落实好中央要求，坚决打好防范化解金融风险攻坚战。加强全面风险管理体系建设，进一步明晰董事会、监事会和经营层风险管理的职责边界，发挥好"三道防线"作用，形成风险管理的工作合力。加强对重点领域的风险防范，既要警惕流动性风险、信用风险，防止风险演变、扩大，又要注重声誉风险、科技风险，切实提升风险防范能力。按照监管要求，开展深化整治市场乱象的回头看，坚决纠正各类违规业务，规范经营行为，防止案件发生，让银行风控合规"壮"起来、稳健经营"美"起来。

（三）以结构调整为重点，让协调发展"壮"起来、结构优化"美"起来

第一，加强全面资产负债管理，优化资产负债结构，按照"简单干净、质量至上、充分隔离"原则，重塑资产负债和表外业务两张报表，提高资产、负债、权益和表外四个板块的平衡匹配程度。第二，紧扣区域发展战略，优化区域结构，主动对接地方发展战略，加快区域布局，优化信贷投向，实现均衡发展。第三，加快调整客户结构，既要拓展一批"顶天立地"的大型骨干企业，又要拥有一批"铺天盖地"的优质中小企业和个人客户，着力解决城商银行优质客户较少、缺乏系统性客户等问题，打造稳定优质、匹配合理、梯次发展的客户群体，让银行协调发展"壮"起来、结构优化"美"起来。

（四）以特色化发展为抓手，让品牌建设"壮"起来、产品体系"美"起来

品牌建设是实现高质量发展、提高竞争力的重要保障。对广西北部湾银行而言，要坚持品牌发展战略，走特色化、差异化发展道路，持之以恒树立和打响广西北部湾银行"富桂"系列品牌，进一步做大公司金融、做强个人金融、做优普惠金融、做精金融市场、做专投行业务、做快国际金融、做实保全金融、做新互联网金融，为企业和客户提供更优质的金融服务，努力打造成为具有较大区域性辐射力、影响力的地方金融领军企业，推动银行品牌建设"壮"起来、产品体系"美"起来，让"富桂"品牌成为地区金融的一张亮丽名片。

（五）以综合治理为动力，让公司治理"壮"起来、改革发展"美"起来

深化改革是金融发展与稳定的内生动力和根本保障。在推动高质量发展中，城商银行要重视加强公司治理，按照习近平总书记提出的"两个一以贯之"要

求，积极探索发挥党委核心作用与完善现代公司治理的有机结合，加强董事履职能力建设，明确监事会法定地位，加强高管层履职约束，进一步形成良好的治理文化、完善的治理机制、科学的治理体系。进一步加强股权管理，坚持长期稳定、透明诚信和公平合理三条底线；将股东管理的相关监管要求、股东的权利义务等写入公司章程。充分发挥好独立董事、外部监事的作用，加强对"三会一层"的履职评价，提高主要股东、董事会、监事会、专业委员会和高管层的履职效能。优化组织管理架构，坚持扁平化与专业化相结合，形成动态调整机制和灵活高效的管理模式，持续保障经营管理高质量、高效率。让银行公司治理"壮"起来、改革发展"美"起来。

（六）以党的建设为引领，让管党治党"壮"起来、文化建设"美"起来

党的建设是银行稳健发展的"红色引擎"。实践表明，党建工作抓得好，银行发展便有新动力，忽视了党的建设，发展便会失去方向，容易误入歧途。推动高质量发展中，要站在"根"和"魂"的高度认识和看待党建工作，自觉把党的建设贯穿于经营发展全过程，抓好党的建设，夯实业务发展根基。围绕新时代高质量发展目标，深入实施人才强行战略，既要加大对大数据、会计、法律、计算机等重点领域的人才培养，发挥高素质人才的引领作用，又要落实好员工关爱机制，拓宽员工意见反馈渠道，努力营造团结健康、互帮互助的"家园文化"，让员工更多地感受到人文关怀，优化干事创业环境，为员工成长进步搭建干事创业的舞台，增强员工队伍凝聚力、向心力，最大限度地释放人力资源优势，夯实发展根基，让银行管党治党"壮"起来、队伍建设"美"起来。

武汉众邦银行互联网交易实践

晏东顺[①]

武汉众邦银行以交易场景为依托、以线上业务为引领、以供应链金融为核心，致力于打造国内最具特色的互联网交易银行。实施"一主两翼"战略，即以打造互联网交易银行为主体，以金融市场及投资银行业务为两翼，走平台化、交易型、轻资产的业务发展路子。

一、差异化定位，错位发展

坚持供应链业务为主。立足股东，面向全国，为大商贸、大旅游、大健康等产业供应链的上下游小微企业及个人客户，提供账户、支付、信贷、财富管理等一站式金融服务，实现供应链资产占比90%以上。

坚持以线上业务为主。产品小额分散，标准化、自动化、智能化，线上运行或主要以线上为主，实现线上资产占比70%以上。

坚持以轻资产业务为主。以技术为驱动，以大数据风控为支撑，致力于将产品与场景融合，实现金融场景化。与众多资方结合，实现资方与场景的连接，通过助贷、联合贷等业务撮合方式，实现管理资产占比60%以上。

二、场景化的获客方式

互联网交易银行要求业务与场景紧密结合，具备服务于各类客户交易场景的能力。通过"自建场景、嵌入场景、输出场景"三种方式提供场景化交易服务。具体来说，就是要构建"场景+金融"的新生态，通过B2B2C模式，由B端入手服务好C端，反哺B端，深度绑定B端客户，实现个人和企业客户的全覆盖，形成公司和零售协同发展、相互促进的良性循环。

围绕互联网交易银行业务发展的内在要求，武汉众邦银行通过BBC（B2B2C）方式，利用众邦APP、H5、SDK和API等方式，以外嵌场景为主，与外部机构合作引流、平台获客、批量销售。

---

① 作者系武汉众邦银行董事长。

在充分遵循互联网交易银行业务内在要求的基础上，武汉众邦银行还编制了市场营销规划，在深入分析市场和客户需求的基础上，围绕客户需求设计营销方案，合理配置产品与资源。截至目前，武汉众邦银行客户数已超过 450 万户。

三、产品设计标准化

互联网交易银行的产品设计应关注功能聚焦、体验极致、快速迭代。好的互联网金融产品必须具有"刚需、痛点、高频"的特点，应该是一种爆款产品，标准化、自动化，可快速复制。可以很好地积累用户、黏住用户，和用户连接，并取得良好的用户体验。

众邦银行以标准化的产品设计为主，线上化、自动化、智能化。在线上运行，线上申请、线上放贷、线上回收，通过系统自动完成。目前已有的存款产品众邦宝，日均引入存款约 1 亿元，累计超过 130 亿元；贷款产品有众车贷、众享贷、众人贷、众税贷，已为小微企业及个人消费者累计放款 89 亿元；支付产品有众邦支付，日均交易量为 4 亿元，交易笔数为 2 万笔，累计客户数超过450 万户。

四、高效、稳健、全面的智能风控体系

互联网交易银行最核心的是风控能力的建设，与传统银行相比，互联网交易银行在风控方面更偏向大数据风控引擎作为风控的主要手段。

武汉众邦银行以真实交易为基础，以管货或管钱为主要手段，通过数据和模型管控风险。其风控逻辑是以交易数据核定授信金额、以交易过程管控资金流向和用途、以个人资信防范欺诈风险。已经引入数十家三方数据源，构建小微企业和个人客户的 360 度画像，涵盖纳税、资产、职业、社交、消费、收入、社会信用等多维度全方位数据，机器学习，智能风控。在贷前、贷中、贷后建立了千人千面的大数据风控模型，建成了互联网化、数据化、自动化的贷前、贷中、贷后全流程智能风控引擎、多维度欺诈风险管理体系、实时预警智能催收系统。

五、开放、安全的科技服务

互联网交易银行主要在线上开展金融服务，相比传统银行，科技建设上要满足敏捷响应、弹性处理、安全稳定三个方面的内在要求。

武汉众邦银行的服务目标是以体验为中心、以数据为基础、以技术为驱动的新型智慧银行。

第一，着力构建数字化的发展框架。以数字化为主轴，将科技元素注入业务全流程、全领域，将武汉众邦银行打造成为具有丰富互联网内涵的银行，实现内在价值的提升，做大做强武汉众邦银行的市值。构建云计算平台、大数据平台以及人工智能平台，使武汉众邦银行成为一个全开放的金融平台。

第二，努力实现金融服务场景化。整合线上线下的场景，连接金融与非金融的服务，从电商、社交、资讯等多点切入，通过产品服务融合、场景嵌入等多措并举，增加用户触点，实现数字化的产品设计、产品营销和产品运行。同时，依托场景打造生态，依托数据实现智能，依托技术促进创新。将银行产品融入场景、自建场景，实现线上线下协同，最终实现智能交易、智能运营与智能风控的总体目标。

第三，以手机银行为突破口打造综合门户。以手机为媒介触达客户，让客户享受到"一机在手、走遍全球，一机在手、享遍所有"的好的体验。广泛应用指纹识别、人脸识别、OCR 和二维码等技术，提高用户使用的便捷度，提高客户体验感。

第四，努力建立适应于智慧银行的体制机制。建成智慧银行不是一蹴而就的，而是需要一个过程。一是确定投入机制，比如，按照营业收入的百分比投入用于智慧银行的建设；二是加强高端人才的引进，加大产品经理、数据分析师、客户体验师以及互联网安全专家等新技术高端人才的引进和储备工作力度；三是积极探索科技部门的公司化、法人化运作；四是遵循互联网交易银行科技建设的内在要求，众邦银行摒弃了传统银行 IOE 架构，搭建了适用于互联网业务的底层数据驱动系统。

截至 2018 年 9 月末，武汉众邦银行总资产为 287 亿元，存款余额为 264 亿元，贷款余额为 89 亿元，客户数超过 450 万户，不良贷款余额为零，不良贷款率为 0%。各项数据在同年开业的 9 家民营银行中，排名第一；7 家民营银行中，资产排名第五，负债排名第三，现为中国直销银行 50 强，是首批 P2P 存管银行 25 家之一。

以上成绩的取得，得益于武汉众邦银行"三个坚持"：一是坚持互联网化的思维。自成立以来，武汉众邦银行即以"开放＋链接＋协作＋分享"作为办行理念，坚持"B2B 供应链＋仓储＋物流＋生产商＋分销商"的共建生态圈，坚持"与保险公司合作，搭建业务联盟"的跨界合作，坚持"内部机制互联网化"。二是坚持立足自身资源禀赋和能力。武汉众邦银行搭建了互联网交易型平台，逐步实现业务流程线上化。根据自身需求，可选择外部合作或内部自建两种方式。建立了广泛的外部合作，打破自身局限性。深化与各类渠道和场景的外部合作，积极开展同业合作和异业联盟。有了灵活的 IT 战略部署，提高 IT 系统的灵活性和开放性。基于自身在信息科技、大数据风控等方面的需求，加强与先进同业、外部数据和科技公司的合作。三是坚持风险管控是互联网交易银行的本质特征。尽管互联网交易银行通过运用云计算、大数据、区块链、物联网等技术手段，提高了交易效率，降低了交易成本，并在组织形式上逐步向金融科技公司转变，但互联网交易银行的核心是银行，经营风险的本质没有任何改变。

武汉众邦银行在战略上，坚持把风险管理作为立行之本，坚持将风险管理能力视为核心价值，坚持"实质重于形式"的原则严格管控风险，力争将武汉众邦银行建设成为"百年老店"。

互联网以其独特的优势带来了平台经济的繁荣和交易金融时代，互联网交易银行必有所为，也将大有可为。未来，武汉众邦银行将继续在这条路上不断探索与实践，力争打造国内最具特色的互联网交易银行。

以思想大解放书写高质量发展"新答卷"

钱海标①

解放思想的过程，就是思想大汇聚、力量大凝聚的过程。如皋农商银行把解放思想大讨论活动作为贯彻落实习近平新时代中国特色社会主义思想和党的十九大精神的一项务实举措，系统谋划、精心组织，通过"三个步骤"推动全行思想大解放，推进改革再深入、实践再创新、工作再抓实，为完成全年经营目标、打造"苏中地区最佳农商银行"凝聚起磅礴的精神力量。

一、全面掀起热潮，凝聚广泛共识

系统谋划，统筹推进。一是加强组织领导。成立解放思想大讨论活动领导小组，负责活动的组织、指导、督查等工作，精心制订实施方案，从学习调研、查摆问题、整改提高三个阶段对大讨论活动进行进一步细化安排。二是强化思想认识。围绕"新时代、新思想、新矛盾、新目标、新部署"，对解放思想的内涵要义进行"深度思考"，用"系统思维"探寻与本行工作的多维契合点，把大讨论活动与深入学习贯彻习近平新时代中国特色社会主义思想和党的十九大精神相结合，与庆祝改革开放 40 周年系列活动相结合，进一步提高活动质量。

学深悟透，凝聚共识。一是加强理论学习。将解放思想的相关内容和要求纳入党委中心组学习、基层"三会一课"学习计划，结合《习近平新时代中国特色社会主义思想三十讲》等重要辅助读物学习研讨，不断提高认识、洗涤灵魂、锤炼党性。二是深入开展调研。安排班子成员围绕重点课题带头学习讨论、带头开展调查研究、带头撰写调研报告，安排各部门、各条线结合实际工作讨论如何在具体业务发展中解放思想，让全体党员干部认识到开展大讨论活动是加快实现高质量发展走在前列目标的现实需要，切实把思想统一到党的十九大精神和习近平新时代中国特色社会主义思想上来。

广泛发动，确保成效。一是加强协作配合。大讨论活动的开展秉持党委

---

① 作者系如皋农商银行党委书记、董事长。

"精准导航"、职能部门"全程护航"、纪委"及时校航"的原则，党委办公室对照大讨论活动的阶段性要求，及时拟订活动计划，指导各支行、部门开展讨论；行政办公室突出理论舆论先行，在引导深入学习中凝聚共识、营造声势，统筹本行报纸、电视、网站、"两微一端"同步宣传，呈现全行动员部署、组织推进大讨论的情况，强化宣传引导，全方位、多角度、深层次地报道活动开展情况；纪检监察室及时跟踪活动进程，开展督查，分阶段通报活动开展情况。二是动员广泛参与。要求全行党员干部积极参与大讨论活动，主动深入业务一线，诊断发展症结，激荡头脑风暴，增强开拓创新、走在前列的本领和干劲。要求各单位结合自身工作实际，有针对性地确定相应活动内容，做到因地制宜、因人制宜，让活动有特色、有成效。

二、坚持问题导向，推动转型发展

明确目标争先进位，对标找差跨越赶超。一是制定目标，找准差距。提高目标定位，在全省乃至全国农信系统找准发展标杆，分批到浙江、安徽、新疆等地区农商银行调研，通过学习考察和对比，在思想观念、工作作风等方面找差距、比不足，在发展路径、推进举措等方面取真经、谋实招。同时要求各部门、各条线聚焦年度目标任务，开展深入调查研究，对照省内兄弟单位的优秀经验，深入查找自身在经营管理方面存在的不足。通过标杆确定，使各项工作追赶有参照、超越有方向。二是全面系统，充分讨论。要求全辖机构围绕"如何推动高质量发展"展开专题讨论，城区支行主要围绕如何当好完成各项经营目标任务的排头兵和转型升级的急先锋开展讨论；农村支行主要围绕如何服务乡村振兴战略、支持乡村经济发展开展讨论；总行业务部门主要围绕如何回归本源，服务"三农"、服务实体经济，推动制造业企业转型升级开展讨论；总行非业务部门主要围绕如何加强作风效能建设，提升执行力，在省联社考核中追赶跨越、争先进位开展讨论。截至8月末，全行共开展不同层次的讨论50余场，形成调研报告20余篇。三是健全体系，完善创新。通过讨论，引导管理人员把时间和精力集中到全行各条线业务的体系建设上来，认真谋划、主动作为，切实以市场为导向，以客户为中心，创新机制、创新方式、创新产品、创新管理，以创新的手段来解决改革和发展中的矛盾与难题。

聚焦痛点问需问计，深耕服务补齐短板。一是上下问计找发展短板。主动与省联社、市委市政府、人民银行、银监部门对接，征求业务发展、改革转型、市场乱象整治和党的建设等各方面的意见建议，争取政策、资金、技术和信息等方面的支持；结合"走帮服""阳光金融""精准扶贫"等工作，深入基层一线开展调查研究，把群众、客户的"金点子"带上来、用起来；召集会计主管、客户经理、支行行长代表展开座谈，针对经营管理中服务不够优化、手续不够便捷等现象，提出优化建议和改进措施。二是征询企业找服务短板。定期组织召开企业家座谈会，结合"千企百亿""春风送暖千企行"活动，征询金融机构如何更好地服务实体经济等方面的建议和意见，不断提高服务效率，精准激发企业活力。三是专家把脉找质量短板。利用研讨会、座谈会、讲座等形式，邀请专家学者为发展把脉问诊，形成《如皋农商银行进一步加大对新型农业经营主体金融支持力度的难点与建议》《支持乡村振兴　开启农村金融高质量发展新征程》等调研文章3篇。

从严从速立行立改，化虚为实催化转换。一是找准根源、除掉病灶。针对解放思想大讨论活动中查找出来的问题，坚持刀刃向内，从思想深处厘清症结、对症下药，结合本行的工作实际，逐一研究并制定相应的整改措施。二是倒排时间，积极推进。在正确把握发展大势、全面审视自身发展、科学分析对标对象的基础上，按照高质量发展要求，研究确定追赶超越的战略目标、具体路径、关键举措，排出"路线图""任务书""时间表"。三是奖罚并举，狠抓落实。对大讨论活动中涌现出的先进单位及个人进行嘉奖，对活动成效较差的单位及个人进行通报批评，并将参与活动情况纳入年度干部履职能力考核、综合考评。

三、提振精气神，破解前进难题

提振精神，点燃发展新引擎。一是容错纠错，鼓励激励。组织全行管理人员学习中央《关于进一步激励广大干部新时代新担当新作为的意见》、省委鼓励激励、容错纠错、能上能下"三项机制"文件，在全行组织开展"进一步解放思想，激励新时代新担当新作为"专题组织生活会，激励全行党员干部在推动新时代高质量发展上敢于担当、主动作为。二是加强培训，锤炼本领。分批组织管理人员赴苏州大学、南京大学开展管理能力提升培训活动，通过系统地学习提升党员干部在业务创新、员工行为管理、投诉处理、团队建设等方面的能力，做到发展趋势把得清、矛盾焦点看得深、思路举措谋得准、工作推进抓得实。三是调整状态、凝聚合力。以支部建设为抓手，积极开展"农商大讲堂"、"不忘初心跟党走　牢记使命勇担当"主题演讲比赛、"寻找红色印记　重温革命精神"等活动，引领全行党员干部不忘初心、砥砺向前，全身心投入到高质量发展上来，大力提振"遇到矛盾就兴奋、碰到困难就迎上"的精气神，一个声音喊到底、一鼓作气干到底，实现了阵地共建、资源共享、优势互补、凝聚合力的效果。

提质增效，锤炼发展新作风。一是刚性落实"两个责任"。不断健全党委主体责任、纪委监督责任、党委书记第一责任、班子成员"一岗双责"的"四责"协同机制，把强化责任担当作为工作闭环达效的重要保障，严格落实"季度考核、年终考评"的督查考核机制，压紧压实责任。二是牢牢抓住"关键少数"。进一步发挥好"关键少数"的带头作用，通过多个轮次的讨论活动，要求班子成员坚持以上率下，带头谋划工作思路和具体措施，狠抓工作推进和落实，既当好"指挥员"，又要做好"主攻手"，形成以"关键少数"带动"绝大多数"的良好导向。三是持之以恒正风肃纪。以解放思想大讨论为契机，全面加强干部作风建设，引导教育全行党员干部保持求真务实的工作作风，进一步明确解放思想的落脚点是推动工作，时刻牢记各项考核指标，并在此基础上做好各项自选工作，抓好落实。认真组织学习贯彻中央八项规定精神及省联社二十项规定，紧盯顶风违纪行为，精准用好"四种形态"，突出抓早抓小、防微杜渐，实现纪法约束有硬度、批评教育有力度、组织关怀有温度。

提升活力，注入发展新动能。一是匡正选人用人风气。坚持正确的选人用人导向，进一步发挥党组织在选人用人中的领导把关作用，为改革发展提供人才支撑。在人才的选拔上解放思想，认真落实 20 字好干部标准，健全考核体系，强化结果运用，切实加强干部队伍建设。二是创新塑造品牌形象。积极拥抱"IP＋"时代，上线 IP 卡通形象，设计出包括动态表情包、资讯条漫、TVC 动画广告片等一系列专属于如皋农商银行的 IP 形象。通过不断完善 IP 化下的周边衍生产品和线上线下结合模式，通过创新思维，颠覆固有传播模式，满足更多维度的市场实际需求，促进如皋农商银行品牌发展。三是打造人本企业文化。在企业文化的塑造中突出人本理念，举办形式多样的业务竞赛活动及文体活动，激励全员干事创业的激情；关爱帮扶困难职工，为员工解决实际困难，召开员工子女新入学大学生座谈会，把组织的关爱送到员工身边，传递和凝聚企业的亲和力，使员工以感恩的心投入工作，凝聚起支撑企业发展的强大合力。

紧跟政策导向　服务实体经济

刘运年①

　　当前，国际经济环境复杂多变，国内经济下行压力加大，国内外市场需求减弱，企业经营困难、效益下降，社会总体投资意愿不高，实体经济融资难融资贵问题凸显。在此背景下，银监局、人民银行等部门先后出台了《关于提升银行业服务实体经济质效的指导意见》《关于进一步深化小微企业金融服务的意见》《关于实施进一步支持和服务民营经济发展若干措施的通知》等一系列措施扶持实体经济发展；2018 年，人民银行更是四次实施定向降准，引导金融机构将新增信贷资金更多投向小微企业，支持企业发展壮大。为深入贯彻党的十九大、全国金融工作会议和中央经济工作会议精神，株洲农商银行积极主动适应经济发展新常态，把服务地方经济、支持小微企业和民营企业作为工作重中之重，全力助推实体经济健康发展。

一、株洲市中小企业基本概况

　　目前，株洲市有各类中小企业 20 余万户，占株洲市企业总数的 97.84%。其中，公有制企业 4300 余户，占比 2.15%；私营企业 3.55 万户，占比 17.78%；个体工商户 15.57 万户，占比 77.91%。中小企业为全市提供了 80% 以上的就业岗位、68% 的工业增加值和 62% 的税收。各银行业金融机构共给予全市 6.66 万户中小企业贷款授信，有 3.69 万户中小企业获得了银行贷款，贷款余额为 416.32 亿元，占全市各项贷款余额的 27.81%。全市中小企业综合金融服务覆盖率达到 80.8%（此数据含一家中小企业获得多家金融机构金融服务的次数），中小企业贷款获得率为 96.07%。

二、中小企业发展面临的主要问题

（一）内部缺陷

　　一是缺乏完善的治理机制。目前，株洲市中小企业大多数都是家族经营，

---

① 作者系株洲农商银行董事长。

在很大程度上阻碍了企业家和职业经理人队伍的形成和成长。若不能适时完成家族化经营模式向现代企业制度的转换，建立更好地利用社会资源和适应市场竞争的产权结构、治理结构和运行机制，就难以拓展经营视野，形成发展战略，集聚要素资源，获得核心竞争能力。二是企业技术水平普遍偏低。株洲市中小企业普遍以劳动密集为典型特征，技术水平不高，从长期看，如果不能在提高技术水平上下功夫，找到和培育核心技术，逐步形成自身强大的新产品研发能力和技术成长渠道，拥有自有知识产权和品牌，就只能始终停留在产业链的低端，维持微弱的加工制造收入和有限的市场份额。三是企业经营管理能力不强。株洲市中小企业普遍管理能力偏低，管理制度不健全、管理人才缺乏、财务混乱几乎是中小企业的通病。

（二）外部困境

一是制度限制。虽然近年来政府实施的"放、管、服"取得阶段性成果，但仍有部分行政性管制，审批程序过于复杂，妨碍了中小企业灵活经营优势的发挥，增加了中小企业的运行成本。某些领域甚至限制或禁止中小企业进入，在客观上阻碍了中小企业进一步成长，限制了中小企业的发展。二是缺乏规范的中小企业服务市场。目前，株洲市围绕企业经营管理的具体业务而展开的包括融资、财务、营销、人力资源、客户资源管理等在内的服务市场规模普遍较小，运行不规范，或还没有发育成长起来。三是企业间缺少专业化协作。多数中小企业发展缺少宏观引导和产业组织，导致中小企业之间难以形成产业关联、专业化协作和经营网络，往往形成单个企业孤军奋战、自生自灭，既难以形成有区域特色的产业链和企业集群，也无法利用中小企业集聚产生的规模经济、范围经济和协同效应。四是融资困难。目前，株洲市银行机构对企业的信贷支持与企业对银行的期望值之间还有很大的差距。一方面，中小企业自身存在信贷有效需求不足、财务管理不够规范、总体信用等级状况较差等缺陷，加上部分银行贷款责任人终身追究制度的推行，加剧了金融机构的"惜贷"心理，影响了信贷投放的信心。另一方面，由于国有商业银行普遍将经营重点放在大客户上，信贷资金更多地流向大型企业及经济效益好的企业，在一定程度上挤占了中小企业获取信贷资金支持的空间，特别是如果国家收紧银根，中小企业首当其冲被挤对。目前，株洲市尚有 66.7% 的中小企业在正规金融机构无缘融资，只能借助体制外高利率的民间借贷融资、P2P 平台融资和向亲戚朋友借债等渠道融资，融资问题正严重制约着株洲市中小企业的健康快速发展。

三、支持中小企业发展的举措

（一）政府部门扶持中小企业发展的相关措施

1. 制定扶持政策。政府部门先后出台了《关于金融支持经济结构调整和转型升级的实施意见》（株政发〔2014〕4号）、《关于金融支持中小企业健康发展的实施意见》（株政办发〔2015〕78号）、《关于印发株洲市"十三五"金融服务业发展规划的通知》（株政办发〔2016〕35号）等一系列促进中小企业发展的政策措施，进一步完善中小企业金融服务绩效考核机制，支持中小企业发展。

2. 建立补偿机制。目前，株洲市设立了中小微企业信用贷款风险补偿基金，用于对中小企业提供信贷、担保的银行机构给予风险补偿；市县两级财政还设立了7000万元的创业担保基金，专项用于支持劳动密集型中小企业和下岗失业人员、城镇退伍军人、大学生、返乡农民工、失地农民创业小额贷款担保，并为之提供贷款贴息，在一定程度上解决了中小企业融资问题。

3. 创新融资模式。出台了《株洲市人民政府办公室关于鼓励企业在场外市场挂牌有关事项的通知》（株政办发〔2015〕3号）等政策文件。市财政每年安排500万元"发展资本市场引导资金"，主要用于企业上市和挂牌费用补贴。对于拟上市及拟挂牌后备企业在改制、项目立项预审、环评、用地、税收等方面，享受绿色通道服务，最大限度地降低企业上市、挂牌成本。

（二）株洲农商银行支持中小企业发展的举措

1. 建立"五专"机制，打造"绿色通道"。一是成立专门队伍。成立了小微企业部和普惠金融事业部，把小微业务作为重点发展领域，建立了一支专业化小微企业金融服务队伍，配齐配强专职信贷人员，负责开展金融服务"走企入户"及信贷需求摸底调研工作，细分区域、锁定目标、精准发力，实现了小微业务专业化、集约化经营。二是制定专门政策。围绕"两增两控"目标，在年初单列小微企业信贷计划，明确执行过程中不挤占、不挪用，并且在工作过程中，注意根据工作实际情况，随时调整其他信贷计划向小微企业倾斜。在信贷风险可控的情况下，对生产经营正常、具有持续经营能力和良好的财务状况的小微企业，绝不随意抽贷、压贷，拓展培育优质企业客户。三是研发专业产品。陆续推出小微企业"专利贷""电商贷""股权贷""应收贷""订单贷""循环贷"等系列特色贷款产品，简化对客户财务信息的要求，在业务受理过程中享受快速通道便捷服务，最短时间内实现贷款投放，提高贷款效率，充分满足小微企业"短、频、急"的融资需求。四是打造专线流程。重新梳理业务流程，精简审贷程序。在审批环节上，对小微企业实施全方位的分层、分级审批，实现一次调查、一次审查、一次审批；在服务时间上，推行"限时服务"，要求贷前调查、贷款审批、贷款管理等各个环节须在规定时间内办结，助力小微企业及时把握商机。五是实行专项考核。在支行目标管理考核、支行行长综合考核等考核机制中单列小微企业信贷投放等业务考核项目，着重突出对小微企业客户的新增、用信、年检项目考核，奠定小微业务营销在综合业务营销中的地位，大大提高支行服务中小微企业的积极性和主动性。

2. 开展"三问"需求，拓展服务蓝海。一是"扫企"问情。为真正掌握小微企业实情，株洲农商银行班子成员亲自担任大客户经理，带领客户经理跑专业市场、进产业园区，主动"地毯式"登门拜访小微企业客户，实现了金融服务与小微企业需求的有效对接。二是"分类"问需。对现有和潜在小微企业客户群，根据专业市场和产业集群，细分为不同种类的客户群体，提供多样化、特色化的金融服务模式。三是"阳光"问廉。实行"阳光信贷"，公开贷款条件、操作流程、服务承诺及监督方式，接受小微企业客户的有效监督，促进信贷管理规范化。

3. 推行"三实"策略，筑牢"风险防线"。一是做实贷后管户工作。贷款发放一个月内管户经理上门回访，同时每季度上门实地检查不低于一次，对存在隐性风险的贷款两日内上门检查，不断做实小微企业日常贷后管户工作。二是落实贷款提前催收。对小微企业贷款实行提前催收管理，告知客户贷款到期的准确日期、确定还款时间，及早摸底每笔贷款的风险状况，提前制定处置措施，掌握风险化解主动性。三是抓实信贷风险监测。综合运用多系统监控风险。主动与不动产管理部门建立合作关系，力争早日实现不动产管理平台数据共享。与政府及国投智慧城市项目共同合作，推进大数据平台建设。此外，对客户营销、授信调查等环节，通过客户风险预警管理系统进行工商数据、网络信息的查询，层层把关，防范风险。

4. 取得"三类"成效，作用较为明显。一是变"输血"为"造血"，助力企业发展壮大。通过金融"输血"，帮助小微企业调优结构、升级技术、创新产品，延伸产业链条，提高市场竞争力，推动企业不断做大做强。二是变"被动"为"主动"，支持地方特色经济发展。立足区域行业特色，打造长江路支行与天易科技园，枫溪支行与董家塅高科园，龙头铺支行与田心高科园、智谷轨道交通园，动力谷支行与轨道交通、通用航空、新能源汽车三大动力产业优势相结合的特色支行，全力服务园区企业，深度契合市委市政府打造金融聚集区的政策。三是变"短板"为"优势"，推动自身业务良性发展。通过用活用好市级风险补偿基金和创业扶持专项资金等政策，实施"做小做散"发展战略，将小微企业这一信贷服务"短板"逐渐转变为金融竞争的"优势"，株洲农商银行自身也得到了长足发展。2018年10月末，小微企业贷款余额占全部贷款余额的49.71%，小微企业已成为支撑株洲农商银行业务发展的重要力量。

以"三本三基"为主线，全力打造长三角区域具有核心竞争力的零售银行

夏林生　凌　华　薛　峰①

当前经济金融发展仍面临多重挑战，银行业风险形势复杂严峻，降杠杆背景下的金融监管仍将持续。如何坚持战略定力，以"三本三基"为主线，防范风险，深化推进零售银行战略，这是全行上下需要倍加努力和付诸行动的头等大事，决定着该行能否可持续稳健发展。

一、回归本源，服务实体经济

金融是实体经济的血脉，服务实体经济是金融的天职，也是防范金融风险的根本举措。作为地方金融机构，服务实体经济是全行的政治任务、生存根本、价值所在。一是巩固和加快发展小微金融业务。探索商业渠道带动模式、龙头企业带动模式、产业集群带动模式、专业市场带动模式和大数据带动模式下的产品创新，形成我行特色供应链金融品牌。二是探索投贷联动模式，优化科技支行金融服务机制，改进"轻资产"企业的抵（质）押融资方式，与当地有核心技术、有市场竞争力的创新创业企业相伴成长，培育地方经济发展新动能。三是进一步探索智慧银行、网上银行、移动服务等新型服务方式，做成经营质效高、市场口碑好、服务体验佳的专业精品银行。四是优化信贷结构，坚持有保有压的差异化信贷政策，强化对高负债企业、房地产领域、地方政府融资平台的债务约束，着力解决产能过剩行业和"僵尸企业"占用大量金融资源的问题。

二、深耕本土，深化推进零售银行战略

嘉兴银行自出生就是嘉兴本地银行，城商银行作为地方性金融机构，要把为地方经济服务作为出发点和落脚点，注重业务本地化，下沉服务重心，推进

---

① 作者单位为嘉兴银行。

普惠金融。一是要利用好与客户联系紧密的线下基础，多把网点设在小微企业、居民集中的市场、城乡接合部、乡村等地，扩大与小微企业、居民的接触面，积极建设社区支行、打造小微企业门口的金融"便利店"。二是创新存款产品，加大基础性存款营销力度。在做大农村负债市场的同时，多渠道探索发展老年金融模式及农村资本市场，并逐步摸索建立农村供应链金融，做出长三角普惠金融特色品牌。三是利用好互联网大数据等线上技术，加快研究与推进网络消费贷款、网络小额快速贷款等新兴网络贷款业务的进度。全力推进零售银行战略落地。

三、提升本领，加强队伍建设

人才是银行的核心竞争力，团队是银行发展的保障，提升团队队伍的综合能力和本领是重中之重。一是必须坚持党管干部、党管人才，建立适应现代企业制度要求和市场竞争需要的选人用人机制。二是要改革选人用人机制，改进绩效考核体系，在全辖建立统一的考核激励和规范的管理程序，明确并完善准入、晋级、降级、薪酬的各项标准，建立动态调整和流动机制，使人才有用武之地，有大有作为的空间。三是要针对经济金融形势的发展变化，通过轮岗交流、在岗培训、专业资格认定等形式，提高从业人员的业务水平和综合素质，不断提升队伍业务本领。

四、强化基层，完善工作机制

基层是银行的第一线，来自基层、服务基层、强化基层。要坚持党建引领方向，不断增强基层组织的政治意识、大局意识、核心意识、看齐意识，把思想行动统一到总行战略决策部署上来，推动从严治党与管理工作良性互动。一是转变理念作风，提高党组织影响力。推动实现专题教育和业务活动两不误、两手硬，提高为客户服务的水平。二是要坚守纪律底线，始终把纪律和规矩挺在前面，把从严治党与从严治行紧密结合起来，遵党章守党纪严党规，大力加强党风廉政建设，协同加强内控管理，全面推进合规建设，为银行健康发展保驾护航。三是加强总行管理部门效能建设，实行基层行"最多跑一次"服务承诺，提升总行管理部门服务效率和能力。

五、夯实基础，完善精细化管理

金融业是经营风险的行业，防控金融风险是金融工作永恒的主题，也是银行效益的保障。加强基础建设，是银行之本。一是要在产品、渠道、服务等基础上下功夫，全方位提升大零售业务的获客能力、客户综合服务能力、渠道覆盖能力、大数据运用能力等。二是加强各条线部门基础管理能力，逐步完善营运、财务、行政采购、人力考核、综合档案、印章管理、机构管理等基础管理体系。三是进一步在战略层面落实合规审慎理念，董事会要完善全面风险管理体系，制定全行风险管理及限额政策，强化董事会审计独立检查机制、问责监督机制。四是提升科技服务能力。借力用好金融科技，持续推动科技与金融融合、科技与业务融合，支撑业务发展。

六、打造基业，实现可持续发展

打造"百年基业"离不开持续的战略定力，离不开稳健的风险管控，离不开扎实的基础基石，离不开卓越的企业文化。一是要着眼长远发展，坚持商业可持续原则，不能为了短期利益留下长期隐患，为建成"百年老店"打好基础。二是公司治理要坚持党的领导核心、政治核心地位，充分发挥党委在"把方向、谋战略、抓改革、促发展、控风险"等方面的作用。坚持在党委的统一领导下，合理界定不同治理主体的职责边界，不能缺位，也不能越位。加强党委领导力、董事会决策力、监事会监督力、高管层执行力，切实提高董事会、监事会和高管层的履职效能。三是要全面塑造"忠孝·家"企业文化。基业最终靠文化来传承。大力弘扬"红船精神"，践行社会主义核心价值观，以"忠孝·家"文化为核心，不断提升嘉兴银行的核心竞争力和社会影响力。

新时代，我行已经站在了新的历史起点。务必要不忘初心，坚守定位，坚定信心，坚持"三本三基"，奋力前进，推动我行改革转型再上新台阶，实现我行五年发展规划目标。

防范风险篇

应重视信用和信息不对称问题

沐阳农商银行董事长　王昌林

　　农村商业银行围绕乡村振兴做工作，关键是提升农村商业银行的服务能力和服务水平，提高客户的可信度。乡村振兴战略提出以后，沐阳农商银行也做了大量的工作，在原有的信贷基础上投入人力、物力、财力加码科技支撑，信贷产品和流程的研发都围绕着普惠金融、乡村振兴。但也存在着不足，因为金融科技不能说线上就能解决问题，有些得靠线下。比如农村征信系统，有的信息不准，还是要靠客户经理挨家挨户了解情况，但是，一些信息并非一成不变的，需要不断改进，从而解决信息不对称问题。另外，互联网信息中的信息泄露、造假等，也是困扰数据推动的障碍。

新时代农商银行如何防控信访维稳风险

尹学龙　唐建雄①

党的十九大举国关注、举世瞩目，党的十九大报告铿锵有力、掷地有声。党的十九大报告从战略决策和全局考量的高度，提出了新时代党中央确定的防范化解重大风险、精准脱贫、污染防治三大攻坚战。防范化解重大风险作为第一大攻坚战，事关全党全国工作大局。笔者认为，随着经济体制和分配体制的多元化，各种各样的社会矛盾也在不断增加，信访对农商银行而言，潜藏着巨大的声誉风险、经营风险及法律风险。因此，农商银行在新时代防控信访维稳风险既是奋斗目标，也是战略格局，还是实现自身转型可持续发展的路径。

一、目前农商银行信访维稳工作新形态

（一）举报问题多、涉及领域广成为新形态

其中，直接反映农商银行干部员工贪污受贿、以权谋私、损害群众利益等尖锐性问题，以及反映信贷、人事、资产处置、基建、采购等复杂问题不断增多，成为纪检监察部门接受群众信访举报的新形态。

（二）运用互联网、手机等进行举报成为新状态

随着智能化科技的普及和群众文化程度的提高，网络举报便捷、保密等优点进一步凸显，群众运用电脑、手机等工具，通过湖南问政、永州红网、湖南农信 96518 等网站进行举报投诉，成为纪检监察部门接受群众信访举报的新状态。从目前来看，这类形态以因个人信用记录而上互联网站投诉占比大。

（三）群众实名举报有所增加

随着中央纪委和纪检监察机关反腐力度不断加大，群众对反腐败工作的信心进一步增强，特别是纪检监察部门优先安排调查核实实名举报以来，群众实名信访举报的比例有所增加。

---

① 作者单位为湖南东安农村商业银行。

（四）重复访、越级访成为常态

部分举报人片面认为，信访举报问题向多个部门或不同级别单位反映，总有一个能解决，甚至有人认为纪检监察介入会更有效果。此外，还有些信访问题因一些部门在处理时息事宁人，常给予信访人特殊照顾，致使一些人以获取利益为目的进行信访，没有达到目的就不罢休，甚至缠访、闹访。这类形态主要体现为前些年有的员工因违规、违法被单位开除工籍，他们为维护自己的"合法权益"赴省进京进行重复访、越级访。

二、农商银行信访维稳工作面临的主要问题

（一）信访举报人缺乏相应的举报投诉知识

部分信访举报人对纪检监察部门受理举报投诉的规定及办理程序不了解，片面认为纪检监察样样都管，向纪检监察部门反映就能及时得到解决，当纪检监察部门依法依规不予受理时，便无理取闹，甚至作出过激行为，妨碍办公秩序。

（二）信访举报人期望高，息访难度大

大多数检举控告类信访带有维护自身利益的诉求，部分信访举报人明知自己的要求不合理、不合法，仍提出过分要求，给问题的解决带来了难度，甚至在问题得到解决后，又提出更多的无理要求。

（三）信访问题相互交织，是否受理难界定

当前，信访反映的问题越来越复杂，各种问题相互交织缠绕。同一问题从不同角度反映其属性不一，例如，群众反映信贷需求得不到合理解决时，可以判定为纪检监察业务范围外，但如果反映相关工作人员在处理中吃拿卡要，又应属纪检监察业务范围内。有时群众反映的存款支取、信贷征信记录等不属于业务范围外问题，从表面上看与纪检监察无关，但问题背后有可能存在违规问题。

（四）部分员工认识不到位，办信质量需提高

部分员工对纪检监察信访举报工作认识不到位，存在畏难情绪，不主动与群众沟通，不及时处理，以致小事拖大，引起上访。部分员工变动较频繁，政策法规知识不精，处理问题方式方法欠缺，工作被动。

（五）信贷征信记录的处置不到位，办信中舆情风险扩大

目前农商银行接访中舆情风险较大的是信贷征信记录的处置不到位。主要体现在：一是由于办理信贷业务的客户经理未坚持面签制度而导致的信访舆情。

二是 2009 年信贷系统上线，由于当时信用社以发放农户小额信用贷款为主，各社贷款笔数多，上线录入贷款客户信息时间仓促，加上有的信用社交给信用社人员以外的人员代为进行信息录入，没有对客户信息进行核对，造成同名同姓的征信中的信息错误，诱发出较多的信贷征信舆情。三是部分信用社员工责任心不强，违规发放贷款出现信贷征信舆情。四是当时雇用的信用站经办人员不负责任地乱发放贷款，这也是信贷征信舆情的主要表现。

三、做好新时代农商银行信访维稳工作的对策建议

随着我国经济体制改革的不断深入，信访工作面临许多新形势和新情况。笔者认为，要做好新时代农商银行的信访工作，需要深入推进信访制度法治化，把信访工作纳入法治框架内开展，引导信访人依法信访、理性维权，推进信访工作进入法治化轨道，维护正常的信访秩序，全力助推农商银行转型稳健发展，为支持县域经济社会和谐发展创造良好的社会环境。

（一）提高认识，层层落实好维稳工作责任

信访维稳工作是维护金融平安、构建和谐社会的一项基础性工作，农商银行各级领导干部要充分认识到信访维稳工作的重要性，增强责任意识和忧患意识，将信访维稳工作纳入工作日程，加强督导落实。在工作的安排上要注重细化和量化工作任务，做到责任到人，层层分解信访维稳工作责任，系统内各机构、各部门一把手要负总责，落实具体的部门、人员负责信访维稳工作，定期调研分析信访工作情况并处理信访案件，力争化解矛盾、解决问题、减少上访、促进稳定。要全面优化信访维稳工作制度体系，建立"行为有规范，禁止有规定，违规有处罚"三位一体的员工教育培训养成体系；全行各网点负责人带头宣讲，带头做好"四个管好"（管好自己的脑、口、手、腿）；各条线管理部门加强对本条线业务的专业技能培训，在每周一学中，安排风险防范工作方面的学习内容，总行要求各基层机构在录像监控下召开以风险内控点评和风险防控教育为主要内容的会议或每周一学活动。

（二）治本控源，抓好不稳定因素排查工作

一是建立事前防范机制。坚持抓早抓小抓苗头，强化舆情监测和员工行为排查等工作，对不稳定因素进行摸排，及时发现苗头性问题，掌握各种矛盾纠纷的情况和动向，积极采取措施化解，变事后堵为事前疏。二是实行台账管理。梳理存在的重访、缠访隐患，建立排查台账，多方了解重访、缠访户的生活、思想状况，主动向相关的镇、乡政府和县政府有关部门汇报，争取各级政府的理解、支持和帮助，共同采取措施化解矛盾，防止问题上行，切实将矛盾和问题解决在基层，处理在萌芽状态。三是严抓制度，加强管理。要坚持"按章办

事，制度管人"的原则，按照风险案防责任制的要求，明确主体责任人、分管责任人、业务部门负责人、检查部门负责人、基层网点负责人的责任，把责任分解到每一个部门、每一个岗位和每一位员工，层层签订责任状，建立横向到边、纵向到底的工作网络，实现主要领导带头抓、一级抓一级、一级带一级、一级做给一级看的层层抓落实的工作机制，着力抓好各项规章制度的落实、监督和执行，确保管理到位，执行有力。

（三）强化教育，了解疏通内部员工思想

农商银行的人事部门、纪检监察部门应当加强辖内员工的政治思想教育。通过一对一座谈、上门家访等形式，面对面与员工及其家属进行思想交流，充分了解员工的思想动态和具体困难，以实际行动为员工排忧解难，从思想源头上防范和化解矛盾的产生，针对当前复杂的维稳形势，要多项措施齐头并进，形成上下联动、内外结合、齐抓共管的案件防范格局，加大责任落实力度。一是条线联动抓整改，对于未按风险提示要求认真落实整改或整改不到位的与条线部门考核挂钩，形成齐抓共管的局面。二是上下联动抓整治，以案防例会、问题分析会为载体，将稽核审计部门的"查"与条线部门的"纠"结合起来，共同分析问题形成的原因，完善制度漏洞，制定整改措施，有效解决屡查屡犯问题。三是部门联动抓协调，齐心协力，通力合作，认真审视部门的风险防控工作，吸取教训，完善制度，堵塞漏洞。四是加强与员工家属的沟通联系，建立和完善员工家属担保、亲属联保、员工互保责任制度，实施八小时内外监督管理。做到既重视员工八小时内的监管，又关心员工的思想动态，解决员工工作和生活中的难点问题，帮助员工解除工作压力，搭建单位与家属联系的桥梁和纽带，采取多种手段不断扩大对员工关注的广度和深度，从八小时内外活动全面掌握员工实际情况，强化对重点人员的硬性约束，确保信访维稳工作的效果和质量。

（四）加强宣传，赢得客户的理解和支持

利用宣传手册、LED电子显示屏、电视广播等平台，加强对农商银行业务的宣传，让广大群众了解我们的业务和操作规程，同时也广泛接受群众的监督和建议；切实改善农商银行服务水平，加强柜面服务，与客户面对面地交流和解释，以优质的服务和严谨的工作态度赢得客户的理解和支持，最大限度地减少投诉事件的发生；抓好与客户的沟通交流，由分管领导围绕信访管理、风险防范加强与客户的约谈，沟通交流中，避免空洞说教，注重亲和力、感召力，力争早发现、早预防矛盾和隐患。

（五）严格惩处，防范违规行为诱发信访事件

认真贯彻省联社"依法经营、从严治社"的指导思想，在农商银行系统内

推进严管重罚，严肃查处违规违纪行为，特别是信贷领域和柜面操作方面的违规违纪行为，一旦发现问题苗头，及时给予违规违纪责任人顶格处理，并采取措施进行补救，切实防范群众利益受到伤害，力争不出现因违规操作而诱发的信访事件。同时，建议政府部门强化法治打击，依法优化秩序，深入贯彻落实全面依法治国战略，依照相关法律法规和政策文件精神，高举法治旗帜，坚持依法治访，坚决遏制非法上访行为，引导树立"合理诉求得到妥善解决，不合理诉求得不到支持，违法行为将受到追究"的正确导向；加强信访、政法等部门的协调联动，对闹访缠访、聚众滋事等非法行为，予以依法打击，形成法治震慑，维护正常的信访秩序。

（六）强化培训，提高条线人员履职能力

信访干部的素质直接影响到信访事项处理的质量。首先，在选拔信访干部时，应当将政治素质高、业务能力强的人员配备到信访岗位上。其次，结合"七五"普法，强化法治教育培训，定期召开法治信访培训班，提升信访干部的法治素养。加强信访业务培训，组织办好领导干部"执行力＋""网格化管理"等学习培训和能力提升班，不断提升信访干部的整体素质；要加强信访人员政治理论和专业知识的学习，掌握和了解相关的法律法规知识，准确把握相关方针政策，并学以致用，将所学融入到信访事件处理过程中，及时有效处理信访事件。最后，要加强信访干部的交流和学习，在办理信访案件时，农商银行系统内可以实行异地交流的方式，有计划有安排地在系统内抽调信访干部，在实践中学习，丰富办案经验，不断提高自身专业素质。同时，要在加速改革发展、加大市场份额、提升社会形象的基础上，努力对外引进高层次的风险管控人才，帮助其尽快熟悉银行文化并加快进入"角色"，并且也要注重对已有风险管理人才的培养，要从道德、法律、业务与知识等方面有效提升全体员工的综合素质。

总之，要让党的十九大精神落地生根，关键要实，要抓实，要抓落实。事是干出来的，事业是闯出来的，虚晃一枪吓不倒人，虚晃一招落不了地。要让党的十九大精神开花结果，关键要以"你牵着马，我挑着担"的担当精神，以"踏平坎坷成大道，斗罢艰险又出发"的拼搏精神，以"敢问路在何方，路在脚下"的创新精神，精准掌握风险口，全力防控风险，以风险防控的成效检验信访维稳的成果。

突出打好防范化解金融风险攻坚战的建议

郑志瑛[①]

党的十九大报告提出,在 2020 年之前的全面建成小康社会决胜期,"要坚决打好防范化解重大风险、精准脱贫、污染防治的攻坚战",把"防范化解重大风险"摆到了第一攻坚战的突出位置。"攻坚战"是军事术语,指攻克设有坚固完备工事的作战,其特点是战地关键、战役重要、战备充分、战场协同、战斗激烈、战果难料、战损较大、战纪严肃。在改革开放以来的和平发展时期,用战争的语言安排部署国内工作,这应该是第一次,足见三大攻坚战问题的极端重要性。《孙子兵法》开篇即道:"兵者,国之大事,死生之地,存亡之道,不可不察也。"鉴于我国金融风险较为突出,打好金融风险攻坚战尤为重要,务必引起我们的高度重视,精心组织,坚决打赢。

一、目前我国金融风险居较高水平

近年来,我国金融业发展较快,有力支持了实体经济的转型发展,金融风险总体可控,守住了不发生系统性金融风险的底线,但在发展过程中也集聚了较大的风险隐患。

(一)银行业不良贷款率居 9 年来最高水平

不良贷款率是判断金融风险大小的最重要、最显性的标志性指标。近 5 年来全国商业银行不良贷款率连续走高,2017 年末达到 1.74%,为近 9 年来的最高水平(见表 1)。

表 1 　　　　　　　 **2009—2017 年全国商业银行不良贷款率**

年份	2009	2010	2011	2012	2013	2014	2015	2016	2017	2018.3
全国	1.58%	1.14%	1.00%	0.95%	1.00%	1.25%	1.67%	1.74%	1.74%	1.81%

资料来源:历年银监会年报等。

(二)影子银行风险不容乐观

体制内的影子银行主要包括地方平台公司、金控集团等,体制外的影子银

---

① 作者系邯郸银行党委书记、董事长。

行主要包括非法集资、网络金融诈骗等。这方面的金融风险难以全面准确统计，但舆论反映出的泛亚、黄金佳、易租宝等非法集资案件，动辄数十、数百亿元的涉案金额，表明我国影子银行风险不容忽视。

（三）银行业案件和高风险机构较多

2017 年银监会大力整治银行业市场乱象，共作出行政处罚 3452 件，处罚机构 1877 家，罚没金额达 29.3 亿元。广发银行惠州分行违规担保案、民生银行航天桥支行虚假理财案、农业银行北京分行票据案等一批银行业大案触目惊心。

当前较高的金融风险，不仅劣化了经济金融环境，还影响了我国银行业国际评级乃至国际形象，进一步导致经济下行、风险集聚，进而诱发、放大更多的未来金融风险。

二、当前防范化解金融风险攻坚战形势不容乐观

党的十九大正式提出打响"三大攻坚战"以来，全国各地围绕打好"三大攻坚战"分别采取了一系列措施，取得了新的进展。但总的来看，相比精准脱贫和污染防治攻坚战，防范化解金融风险攻坚战显得措施不够硬，力度不够大，战果不明显。

1. 习近平总书记把防范化解金融风险提到了"国家安全"的极端重要地位，把防范化解金融风险攻坚战放到了"第一攻坚战主战场"的首要位置。习近平总书记在全国金融工作会议上明确指出："防止发生系统性金融风险是金融工作的永恒主题。"在中央财经委员会第一次会议上强调，"防范化解金融风险，事关国家安全、发展全局、人民财产安全，是实现高质量发展必须跨越的重大关口。"而同时对另两大攻坚战的表述则是："精准脱贫攻坚战已取得阶段性进展，只能打赢打好。环境问题是全社会关注的焦点，也是全面建成小康社会能否得到人民认可的一个关键，要坚决打好打胜这场攻坚战。"有的地方在工作摆布上对精准脱贫、污染防治攻坚战抓得比较紧、措施比较硬、战果比较好，对防范化解金融风险攻坚战重视不够，个别同志甚至"打横炮"，误认为属地企业拖欠银行贷款是"占银行便宜"，坐视当地不良贷款率飙升。

2. 中央已明确"防范化解重大风险攻坚战"的重点是"防范化解金融风险攻坚战"，进一步凸显了金融风险是首要风险、防范化解金融风险攻坚战为第一攻坚战的主战场。2017 年 12 月召开的中央经济工作会议指出："打好防范化解重大风险攻坚战，重点是防控金融风险"；2018 年 4 月召开的中央财经委员会第一次会议在研究"防范化解重大风险攻坚战"时重点研究了"防范化解金融风险攻坚战"。有的地方对防范化解金融风险攻坚战"第一攻坚战主战场"的认识不到位，难以集中战斗力主攻金融风险之坚，精准化险。

3. 三大攻坚战进展不平衡，防范化解金融风险攻坚战进展较慢。全国商业银行不良贷款率仍在提升，防范化解金融风险攻坚战的最新战果与另两大攻坚

战形成较大反差。全国贫困人口逐年减少，党的十九大报告指出"脱贫攻坚战取得决定性进展"，习近平总书记在中央财经委员会第一次会议上指出"精准脱贫攻坚战已取得阶段性进展"；环境质量明显改善，2017 年 12 月召开的中央经济工作会议指出："生态环境状况明显好转，推进生态文明建设决心之大、力度之大、成效之大前所未有，大气、水、土壤污染防治行动成效明显。"生态环境部 2018 年 5 月 3 日通报京津冀大气污染传输通道城市秋冬季环境空气质量目标完成情况时指出，2017 年 10 月至 2018 年 3 月 "2＋26" 城市 PM2.5 平均浓度同比下降 25.0%，重污染天数同比下降 55.4%，均大幅超额完成下降 15% 的改善目标。表 2、图 1 部分显示了我国三大攻坚战的不平衡进展情况。

表 2　　　　　　　　全国三大攻坚战相关重点指标比较

年份	贫困人口（万人）	重点城市空气质量未达标率（%）	商业银行不良贷款率（%）
2014	7017	90.1	1.25
2015	5575	78.4	1.67
2016	4335	75.1	1.74
2017	3046	70.7	1.74
2018.3			1.81

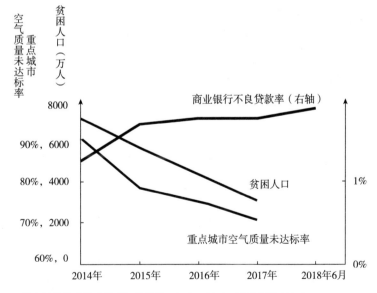

注：2014 年空气质量"重点城市"数量为 161 个，2015—2017 年为 338 个。
资料来源：历年全国统计公报、银监会年报。

图 1　三大攻坚战标志性指标战绩

中央对三大攻坚战形势的不同判断和全国三大攻坚战的不平衡进展表明，防范化解金融风险攻坚战任务艰巨，必须突出打好，实现三大攻坚战的协调推进。

三、对打好防范化解金融风险攻坚战的建议

（一）摆上首战位置

要深刻领会习近平总书记的金融风险观，切实把打好防范化解金融风险攻坚战放到"第一攻坚战主战场"的首战位置，拿出比另两大攻坚战更大的攻坚力量向主战场倾斜，坚决打好打赢。在当前银行业不良贷款反弹的情况下，要指导、帮助银行业金融机构解决不良贷款这个服务实体经济最大的"后顾之忧"。

（二）加强战场协同

三大攻坚战是密切联系、互相影响、统一指挥的协调作战，必须协同推进，避免单打独斗、单兵突进。比如，精准脱贫攻坚战需要金融业对弱势行业和客户进行信贷支持，污染防治攻坚战需要淘汰高污染产能，这些都会增加银行业的高风险贷款，放大金融风险；三大攻坚战的激励约束措施如果厚此薄彼，则会导致前线指战员顾此失彼，忽视乃至放弃某一攻坚战。建议：

1. 防范化解金融风险攻坚战要尽快赶上进度。打好三大攻坚战必须突出第一攻坚战，第一攻坚战必须突出主战场，在当前防范化解金融风险攻坚战战果尚不明显的形势下更要加强战场协同，协调战地措施，尤其是第一攻坚战主战场要赶上攻坚进度，不能拖三大攻坚战的后腿。

2. 打好防范化解金融风险攻坚战的主攻方向应该"刀刃向外"，充分考虑各家银行的风险承受能力。现在有一种倾向：化解金融风险、压减银行不良贷款主要依靠银行自身盘活、核销等，把攻坚战的主攻方向放在了银行业内部；而"一刀切"地减免、逃废、核销银行债务在防范化解金融风险攻坚战中渐成主流，成为主要措施。如果主要依靠金融业自身的资源化解风险，实际上金融业就不存在什么风险了，也就没有必要打一场攻坚战了。建议：一是防范化解金融风险的导向应该主要针对银行业外部，加大针对不良贷款客户的清收、清偿、还债、限制消费、变卖资产、打击老赖的力度。二是不良贷款债务处置方案应该充分考虑各家银行的风险承受能力。中央财经委员会第一次会议提出："要分类施策，根据不同领域、不同市场金融风险情况，采取差异化、有针对性的办法。"银监会主席郭树清6月14日在"第十届陆家嘴论坛（2018）"上再次强调："必须充分考虑机构和市场的承受能力。"不能为了解决一地、一企风险，诱发多地区、多银行风险，尤其是置承受能力较低的小银行于巨大风险

之中。

3. 统筹防范化解金融风险与精准脱贫两大攻坚战。2017 年末全国农村贫困人口达 3046 万人，按每年人均 0.2 万元兜底脱贫约需 600 亿元，仅相当于 2017 年末全国银行业 2.4 万亿元不良贷款额的 2.5%。而仅从经济上看，我们在精准脱贫攻坚战方面倾注的人力、物力、财力远超防范化解金融风险攻坚战。建议三大攻坚战主攻方向适度向防范化解金融风险攻坚战倾斜，像精准脱贫一样包银行、包企业、包客户，协助银行业"精准清收"，打一场防范化解金融风险攻坚战的翻身仗。同时，建立不良贷款"清收—回馈—扶贫"的联动机制，按化解 1 万亿元不良贷款计算，即可动员银行业按清收惯例提取 5% ~10% 的费用即 500 亿至 1000 亿元资金用于脱贫，便可取得两大攻坚战的协同胜利。

4. 统筹防范化解金融风险与污染防治两大攻坚战。高污染企业停产限产即可缓解污染问题，但会增加企业经营压力、诱发不良贷款。在全国环境质量明显改善、不良贷款率不降反升的形势下，建议高度关注不良贷款率持续扩大问题，适当补齐金融风险防范的短板，在安排停产限产等措施时充分考虑相关企业"污染贡献度—不良贷款贡献度"的关系，尽量听取工信、金融等部门的意见，避免此消彼长、友军互伤。

（三）保障战备物资

兵马未动、粮草先行，充分的战勤保障是打好防范化解金融风险攻坚战的前提条件。建议：

1. 增加财政资金对化解金融风险的支持。我们往往强调金融业对实体经济的支持，在精准脱贫、污染防治攻坚战方面投入了大量财政资金，对防范化解金融风险攻坚战投入的财政资金较少。建议增加各级财政对银行业支农、支小等高风险贷款的补贴，建立对银行业支持实体经济贷款的奖励机制，适度放宽银行业税前核销不良贷款的条件。

2. 充分发挥资产管理公司的作用。设立资产管理公司的初心就是吸收不良贷款、防范化解金融风险。但目前四大资产管理公司和部分地方资产管理公司日益商业化，吸收不良贷款的功能弱化了。建议高度重视资产管理公司的重要作用，把资产管理公司作为打好防范化解金融风险攻坚战的重要突击队，像 20 世纪 90 年代一样用较少的"战损"换来不良贷款的快速出表、隔离、化解。在防范化解金融风险攻坚战期间，资产管理公司不应以营利为主要目的，而应以"接收不良贷款"为主要考核指标。

3. 成立更多金融法庭或金融法院。《中共中央、国务院关于服务实体经济防控金融风险深化金融改革的若干意见》提出，可以在金融风险较大、金融案件较多的地方设立金融法院或金融法庭。北京市西城区人民法院金融街人民法庭、深圳金融法庭等已经成立，中央全面深化改革委员会第一次会议审议通过了《关于设立上海金融法院的方案》。当前一些地方法院金融积案较多，建议尽快在不良贷款率较高、金融案件较多的地区增设一批金融法院或金融法庭，以提高金融审判专业化水平和司法效率，为突出打好防范化解金融风险攻坚战提供有力的司法保障。

（四）严肃战场纪律

俗话说"慈不掌兵"。三大攻坚战一经打响，我们就要真正进入"战时状态"，敢于动用"战争手段"，强化"督战机制"，尤其要严肃"战场纪律"。针对精准脱贫、污染防治攻坚战，全国和各地果断采取了一系列问责措施，2018年以来河北省对扶贫领域问题较多的一批市、县党政主要领导给予了党纪政纪处分，对空气质量综合指数和 PM2.5 改善率在全省排名倒数的 5 个县（市、区）领导给予了党纪政纪处分，有力促进了两大攻坚战的推进。建议防范化解金融风险攻坚战要借鉴另两大攻坚战的做法，严肃问责。

1. 问主体之责。金融机构要主动履行防范化解金融风险的主体责任，加强考核问责，坚决实行末位淘汰。

2. 问客体之责。近年来，国家有关部门出台了一系列限制"老赖"的规定，要强力推进落实，像严打刑事犯罪一样依法严打恶意逃废银行贷款的行为。对恶意逃废债的企业主和责任人实行联合制裁、全面"封杀"，拒绝有逃债记录的企业主成为各级人大代表或政协委员，形成守信光荣、逃债可耻的大气候。

3. 问属地之责。按照中央财经委员会第一次会议关于"强化地方政府属地风险处置责任"等中央一贯精神，把各地金融风险主要是不良贷款率与党政履职考核挂钩，与精准脱贫、污染防治一样，严肃问责。同时，要加强对低金融风险地区的正向激励，支持商业银行将信贷投放与各地区不良贷款率挂钩。

只要我们真正把防范化解金融风险攻坚战摆上首战位置，加强战略谋划，强化战场协同，保障战备物资，严肃战场纪律，就一定能够打赢这场攻坚战，取得全面建成小康社会的决定性胜利！

浅议严监管政策下村镇银行的可持续发展

——以天津津南村镇银行为蓝本

闫 芳 程 成①

摘要: 当前,从银监会出台的一系列监管政策来看,严监管将成为金融业新常态,其中近期监管部门打出"组合拳",银行的传统信贷业务和非信贷业务受到一定的冲击,主要表现:信贷业务要加大对实体经济的服务力度;同业业务增速放缓,以同业存单为纽带的同业链条呈现收缩趋势;理财业务通道职能弱化,规模与增速下降;银行委外业务收缩,委外规模和委外负债来源增速放缓。对此,村镇银行应充分认识到监管环境的变化,在合法合规、风险可控的前提下,适时转变发展策略,坚持以信贷业务为主,提升服务实体经济质效,理性发展非信贷业务,实现金融资源的优化配置,积极探索新兴业务,培养新的利润增长点,从而促进自身可持续发展。

金融严监管始于 2017 年 3 月开展的"三违反、三套利、四不当、十乱象"("三三四十")大检查以及一系列监管文件,至今已持续一年有余。从 2018 年上半年的监管态势来看,严监管的政策基本已经出尽,下半年监管的重点将落实到严格执法的层面,金融监管的重心已从政策制定转变到落实执行层面。从这个角度分析,未来金融监管的环境实际上是在边际改善。例如,银监会 2018 年 4 号文主要是对 2017 年"三三四十"政策的重申,并没有太多新的内容;再有就是对前期征求意见稿文件的落地,如大额风险管理办法、资管新规以及流动性风险管理办法等;细化的政策包括商业银行股权管理办法配套文件的出台,针对农村金融机构大额风险暴露的监管文件等。我们可以看到针对各类风险领域的核心防控要求,近一年来出台了大量的政策文件、通知及办法,尤其是在信用风险、流动性风险、债券投资业务风险、同业业务风险、地方政府债务风险等领域。这些监管制度的出台对于成立刚满十年的新型农村金融机构——村镇银行这一群体的未来发展提出了更大的挑战。

---

① 作者单位为天津津南村镇银行。

一、严监管下天津津南村镇银行的发展变化

在监管日趋严格的形势下，天津津南村镇银行在发展中主动落实监管要求，坚持支农助小的市场定位，不断优化经营模式，调整业务结构，严格控制风险，创新产品服务"三农"和小微客户，坚持小而美的发展方向，实现了各项业务的稳健发展。

（一）调整信贷业务结构，落实监管指标

2018年，该行坚持稳中求进的信贷投放政策，在抓好重点领域风险防控的同时，积极创新做好"三农"和小微企业金融服务，努力寻求业务拓展与风险防控的平衡点。截至6月末，全行资产总额为420180.04万元，信贷资产规模总计173479.95万元，共2919笔、2874户，户均贷款余额为60.36万元，较年初下降64.37万元，贷款余额较年初下降19851.99万元，降幅为10.27%；其中单户500万元以上贷款较年初减少33002万元；单户500万元以下贷款余额为72168万元，较年初增加13077万元，占比41.60%。这两项数据的一增一减，反映了该行在落实监管政策、防范和分散化解风险方面所做的努力。

（二）坚持产品创新，服务"三农"和小微客户

本着"发现需求比满足需求更重要"的经营理念，天津津南村镇银行探索和发现不同类型客户的金融需求特征，并据此因时因地制宜，不断创新业务模式和产品，以此满足不同类型客户的金融需求。目前已推出面向小微企业和个体工商户、农户的四大系列34款产品，其中"快易贷"在2014年被银监会评为优秀金融产品。

在微型金融市场竞争日趋激烈、宏观经济下行的背景下，该行调整过去以产品和客户为中心的思路，逐步转变为以产业链为中心，根据小微企业的经营周期和经营特征，提供差异化的产品和服务。"商票通""订单贷"即是基于产业链金融理念，围绕产业链上的核心企业，为其上下游小微企业提供贷款资金的业务模式创新。

1. 从零售到批发的"商票通"模式

由传统的零售型商业承兑汇票质押贷款向借助于大型企业集团为其上下游供应商提供金融服务的集群式营销转变。批发式"商票通"模式能否在风险可控条件下实现顺利运转的关键在于寻找经营稳健、资金实力雄厚的核心企业。商业承兑汇票是核心企业的信用载体，以核心企业的商业承兑汇票做质押或贴现的"商票通"模式，其本质是银行基于核心企业的信用为其上下游供应商提供贷款服务。核心企业属于这一模式的最后还款人，因而其信用状况直接决定了银行的风险水平。在与核心企业确定合作关系后：

（1）首先与产业链上的核心企业签订商票保贴业务合作协议，即要确保核心企业对其签订的商业承兑汇票能够如期贴现，进而降低开展"商票通"业务的风险。

（2）核心企业与其众多上游供应商以开具商业承兑汇票的形式来进行货款结算。

（3）众多有资金需求的上游供应商可持核心企业开具的商业承兑汇票以质押或贴现的方式申请村镇银行贷款。

核心企业开具商票，村镇银行为上游企业发放票据质押贷款或贴现，既缓解了该企业的付款压力，又解决了上游企业的资金周转困难，村镇银行也在风险没有成比例增加的同时，实现了业务量和利润的增加。截至6月末，该行已为60多家上下游供应链商户提供了1.7亿元的贷款支持。

2. "订单贷"：全流程封闭式监控

为有效解决发放小微企业贷款中找担保难、无抵押物的问题，该行推出"订单贷"产品。首先根据企业的订单，计算出购买原料及其他完成订单所需成本的资金量，并就这部分资金需求给予企业贷款支持；并根据企业的订单汇款周期设计贷款期限，根据订单的利润确定利息，对贷款企业的合同签订、运输、加工、仓储、销售、回款进行"全流程封闭式监控"，确保风险可控。该产品推出后，得到了津南区广大客户的好评，为多家小微企业提供了近1亿元的贷款支持。

3. 发展业务需要"傍大款"

"傍大款"不是垒大户，不是将存贷款集中到几个大客户身上，而是借助进出口银行天津分行、国家开发银行天津分行、天津农业担保公司这些大户，发展产业链金融。

进出口银行天津分行、国家开发银行天津分行和天津农业担保公司支持的客户大都是国有大中型企业和产业链上的龙头企业，在业务发展中它们也有发展产业链金融、支持小微企业发展的计划，但是由于人员等方面的限制一直无法开展，该行找准切入点，发挥其在支持小微企业方面的技术优势，同大行展开合作，天津津南村镇银行的信贷员直接驻扎在合作银行，与他们共同调查客户，便于业务的交流和开展。目前该行已经与天津农业担保公司合作四年，在与其合作的金融机构中业务量排名第一，占在保余额的22%；争取到进出口银行转贷款9000万元授信，支持了光明梦得集团、今日健康乳业等一批有进出口业务的小微企业发展；与国家开发银行的1亿元转贷款业务正在审批当中。

4. 践行普惠金融，努力支持"双创"工作

为积极响应国家"大众创业、万众创新"战略，支持地方发展，践行社会责任，该行与津南区人社局、财政局等相关部门合作，积极为区域内青年、妇

女、残疾人的创业提供创业培训和咨询服务，先后推出了创业担保贷款系列之"巾帼创业贷""青年先锋创业贷""大学生创业贷"等产品，助力百姓实现安居、乐业、致富梦想，取得良好业绩，有力支持了"双创"工作的开展。截至6月末，累计为1185户创业客户提供2.09亿元贷款支持，带动上万人就业，其中当年累计发放107户、2085万元，现行余额为5252.82万元、444户。

创新农村产权融资方式。面对农户担保难找的情况，该行推出了安置房抵押贷款，主要针对津南区农村城镇化进程中农户拥有的拆迁安置房，因为没有房本，不能在房管部门办理抵押登记手续，通过各镇对房屋进行确权并公示以控制风险，目前安置房贷款累计发放106户，金额1637万元，贷款余额为656.68万元。

5. 打造"政府+高校+银行+企业"多方联动合作项目

为进一步提高天津市津南区科技生产力和技术服务能力，充分支持津南区实体经济发展，鼓励科技创新及大学生创新创业工作开展，由八里台镇政府发起，天津潼橙郡科技发展有限公司为主导，进行天津大学相关产学研究和科研成果转化、落地及大学生创新创业等实质工作。为此，天津津南村镇银行与该公司共同签署了《成果转化、创新创业合作意向书》，此合作协议授信期限为两年，授信金额为2亿元，单户金额500万元（含）以内，且对于还款及时、信誉度高、已经成功创业且带动就业5人以上的经营稳定创业者，可给予贷款再扶持。

（三）严格控制风险，打造村镇银行的百年老店

"一百个发展抵不上一个风险，不发展才是最大的风险"。这是天津津南村镇银行一直以来坚持和贯彻的风险文化。在业务发展的同时，要有效控制风险、分散风险、驾驭风险，把风险控制在可承受的范围内，不冒进，不盲目，使业务的拓展与风险的控制相匹配。对银行的所有资产业务要进行分析，是选择承担还是放弃风险，承担就要考虑到预期收益和风险能否匹配，放弃风险和收益。同时配置好银行的"压舱石"，不要将所有的鸡蛋放在一个篮子里，该行将存款的40%发展同业业务，60%发展贷款业务，贷款中的30%配置在低风险的公务员贷款和按揭贷款业务上，2018年该行也根据中央的号召降低小微企业融资利率，从2017年的7.3%降到目前的6.09%，户均贷款从2017年的124万元，降到目前的60万元左右。

1. 严密防范流动性风险

一是完善流动性风险制度体系和治理架构，明确董事会、高管层、业务部门、风险管理部门和内审部门等在流动性风险管理中的职责分工，建立多层次、相互衔接、有效制衡的运行机制。二是结合流动性风险管理新规，认真做好新

流动性监管指标的达标规划，完善风险管理信息系统，强化流动性日常监测分析和预警，持续优化资产负债结构，杜绝存款大幅波动，确保全年任何时点流动性指标均能达到监管要求。三是有效发挥流动性互助机制作用。做好流动性互助机制的各项基础性工作，加强操作演练，积累互助经验，不断完善流动性互助机制，稳步扩大互助范围和有效性，多渠道满足流动性需求。

2. 坚决遏制案件风险

一是抓实案防责任。将遏制案件发生作为打好防范化解重大风险攻坚战的重中之重，坚决保持案防高压态势，压实案防主体责任，完善全流程全链条案防机制，确保不发生案件。二是抓实关键制度、关键岗位和关键人员。要全面梳理内控流程，确保前中后台有效制约，尤其是资金业务条线，必须形成风险隔离、互相制约的内控组织体系。要加大力度落实支行负责人、信贷资金条线人员的轮岗制度，完善员工行为管理，建立健全异常行为排查和查处机制。三是抓实内外部审计。强化内审部门独立性、专业化、垂直化建设，确保内审对业务条线、风险管理和基层网点的全覆盖。畅通与外部审计沟通交流的渠道和机制，对外审的风险提示和内控意见及时评估和整改。要将合规情况纳入审计的立项重点，查找风险隐患，堵上案防漏洞。

3. 高度重视合规风险

一是切实提高内控水平和合规意识。要进一步提高认识，把主动接受从严监管当作一种常态，坚决依法合规经营，从重塑合规文化、完善制度体系、强化内控管理、增强员工责任意识等方面着手，查漏补缺，防微杜渐，积极整改。把合规风险审查作为业务准入的前置环节，守住合规经营和风险防控的底线。二是高度重视监管指标达标工作。董事会和高管层要高度重视非现场指标管理工作，落实专人、专岗盯指标，按月、按季度开展监测，提前预判指标达标情况，切实采取有效措施确保主要监管指标持续达标。要针对未达标或触发预警的指标制定切实可行的改进与落实工作措施。三是切实落实《村镇银行监管指引》相关规定，严格按照业务范围经营，不得向国家限制性行业发放贷款，不得向政府融资平台提供融资，不得发放房地产开发贷款，不得跨经营区域发放贷款和办理票据承兑与贴现。

4. 深化市场乱象整治

一是按照监管要求，持续深化市场乱象整治，要将乱象治理作为防范系统性金融风险的重要内容和重要抓手，对发现的突出问题和风险隐患，建立全面的问题台账，逐一落实整改，明确时限，责任到人，并严格按照制度进行问责。二是坚持即查即改。要把整治市场乱象与业务经营管理、体制机制改革、合规文化建设等工作相结合，同研究、同部署、同落实。边排查边整改，边问责边教育，边规范边提升，真正做到敬畏规则、合规经营。三是加强从业人员管理。

建立科学合理的考核激励机制，加大风险、违规考核权重，强化员工行为硬约束。

二、村镇银行可持续发展思路

1. 始终坚持支农助小的战略定位，走本土化、特色化、差异化发展道路

村镇银行在县域金融中是后来者，业务选项有限，业务发展好的村镇银行都会秉承做别的银行不愿意做和做不了的业务，在县域就是"支农助小"。对比其他金融机构，村镇银行具有如下优势：一是逐步在本地市场积累了大量的实践经验和社会认知度及美誉度；二是具有扁平化的组织架构和高效的决策链条。这些差异化发展的思路，决定了村镇银行在县域拥有较强的比较优势。村镇银行必须坚持支农助小的战略定位，充分利用"本乡本土"和"地缘人缘"优势，坚持本土化、特色化、专业化的经营导向，在传统业务领域精耕细作，巩固社区银行的金融特性，扩大县域金融比较优势，要按照本土化、有特色、沉下去、能赚钱、可持续的要求，切实发挥地域人缘和灵活经营的优势，积极创新与自身管理相适应、与"三农"和小微企业融资需求相匹配的营运模式和服务产品；坚持"小额、分散"的信贷原则，确保实现商业可持续。

2. 取得地方政府的支持是村镇银行发展的基础

村镇银行一定要树立眼睛向下、机构向下、业务向下的经营理念。组织的资金，总体上都要通过多种渠道用于当地信贷投放。村镇银行要移植发起行支农支小的先进理念与成熟技术，消化、吸收并转化为本土化的特色与优势，重点支持县域内符合国家和地方政府的产业行业政策，符合市场需求，生产经营稳定的劳动密集型、配套型、特色资源开放型中小企业发展，及时满足县域农民经营发展的资金需求，培育壮大农村与县域经济支柱产业。经营上要发挥村镇银行决策链条短、经营机制灵活的优势，因地制宜，从农村金融市场的新需求和新变化出发，推出符合"三农"特点的新产品，建设有特色的农村金融品牌。只要村镇银行的所有贷款实实在在地用于支持本地中小型企业和农民的发展，用于"三农"所需，哪有当地政府对村镇银行不予重视，不给予政策支持的道理？当然，各级政府支持"草根金融"的政策体系也有待进一步完善，以进一步调动村镇银行的积极性。

3. 优化股权结构，确保主发起行的地位和作用

村镇银行的经营管理既要落实以风险为本，又要坚持服务"三农"的市场定位，同时监管部门又提出了主发起行不得干涉村镇银行的日常经营的具体要求。其实，这样的制度设计很难让发起行在管控风险和服务"三农"这两者之间把握好尺度。风险为本的要求在本质上就应该让发起行在村镇银行经营中有

更多的话语权，就应该让发起行参与村镇银行日常经营过程，很难想象一个不能参与经营过程的发起行，怎么能充分了解村镇银行经营的风险点在哪里？一个连风险点都不了解的发起行又怎么能管控风险？发起行股权占比无论是20%还是15%，都确立了主发起行的最大股东地位，尽管监管部门要求发起设立村镇银行时要严防各个股东之间的关联关系和共同行动人关系，但单靠发起行来把关显然是难以做到的，更何况关联关系和共同行动人关系是可能因时因事而改变的。执行股东会的决议、监督经营层履职情况是董事会的重要职责，由于董事会表决是一人一票，要让发起行在村镇银行经营中有更多的话语权，最好是在村镇银行董事会成员组成中，发起行人数占一半以上，以此确保主发起行对村镇银行的主导权。这样做有利于传导发起行成熟的经营管理模式，有利于防范因股权过度分散给经营管理带来的副作用。

4. 要坚持科技引领发展战略

信息科技的进步为农村金融和小微金融的发展提供了现实可能性。通信技术与移动互联网的进步，使得村镇银行能够突破传统物理网点和渠道的限制，以低成本的电子渠道去覆盖更广泛的乡村，从而打造农村金融生态圈，解决农村金融服务"最后一公里"的问题。区块链技术的应用提供了新的信用认证机制，使得村镇银行对"三农"和小微企业客户的信用评价摆脱了对财务报表和征信报告的过度依赖，从而拓宽银行服务的范围，改进金融服务方式。大数据和云计算技术的应用，极大地降低了信息收集和处理的成本，提高了服务产业链客户的可能性。通过对客户财务数据、行为数据、交易数据等结构化和非结构化数据的深度挖掘，准确刻画客户的行为特征和风险特征，将其应用于客户管理、精准营销、风险管理和管理服务等领域，打造以数据为驱动的商业模式。

5. 要坚守信用风险和道德风险两条底线

县域和农村地区金融环境不够成熟，客户金融意识不强、抗风险能力较弱，因此坚守风险底线是村镇银行持续稳健经营的前提。一方面，村镇银行要严守信用风险底线。村镇银行资本金规模普遍较小，承担和吸收损失的能力偏弱，控制好信用风险才能够保证持续经营。控制信用风险的关键是坚守"做小、做散"的市场定位，运用专业的信贷技术，优化信贷管理流程，把好信贷审查关口。另一方面，村镇银行要严守道德风险底线。村镇银行机构和网点不断下沉乡镇，在这些地区发展普惠金融面临着经营环境、人员素质等方面的严峻挑战，防范道德风险成为生存发展的关键。有效地防控道德风险，一是要依靠制度建设和流程控制，特别是做好关键岗位、关键人员的管控，使人不敢为。要不断完善村镇银行的公司治理机制，强化系统和流程控制，提高非现场监控水平，形成全员参与、共同防范道德风险的高压态势。二是要依靠企业文化建设和党风建设，提升人的思想认识和道德水准，强化自我激励和内在驱动，使人不愿为。要通过有效的企业文化建设，提升员工风险合规意识，增强企业价值认同感。

6. 塑造企业愿景，打造自信文化

不管是小团体，还是大团体，都要做到团结、信任、理解、支持，努力创造良好的工作氛围。一是党、工、团作为凝聚员工的平台、企业发展的助推器，要继续发挥协同效应，主动开展工作，找出工作发力点，调动员工积极性，促进企业和谐健康稳定发展。有效组织各级保障部门协同发挥作用，全体员工形成合力，打造一支"有灵魂、有本事、有血性、有品德"的"四有"团队。二是高管、中层要为员工的成长搭建平台，优秀的员工是企业发展的核心竞争力，企业由传统管理到现代管理的转型过程中，获取、培训与发展员工个人潜力是企业的重要手段和保障。员工成长平台体系的搭建有利于促进年轻优秀人才的脱颖而出，激发员工积极性与自主学习性，营造人人都能成才、有为就是人才的氛围，为银行与员工共同发展，打开互利双赢的新局面，使员工在工作中获得自信、得到成长。三是致力于打造"持久、健康、小而美"的企业愿景。村镇银行不怕小、不怕土，只要接地气、贴草根、有特色、有创新，发挥出一级法人管理链条短、执行力强、服务质优等核心竞争力，就能以"小而美"的姿态迎接更广阔的未来。

三、小结

本文以天津津南村镇银行为例，具体阐述了村镇银行在监管日趋严格的环境下的发展思路，包括多渠道、多方式收集客户信息，增强贷款的安全性；创新业务和担保模式，提升风险防控水平；强化全面风险监测，有效化解不良贷款损失；优化服务流程，降低操作风险等。本文最后从多个方面给出了对策建议，以期能为我国村镇银行在经济新常态下规划和防范风险提供有价值的现实依据，促进我国村镇银行健康可持续发展。

农商银行可持续发展的考量与突破

——以常德为例

周海军①

当前，是我国全面建成小康社会的关键时期，是加快经济结构调整和转变经济发展方式的攻坚期，对处于农村金融最前沿、与经济发展联系最直接、最紧密的农商银行可持续发展提出了全新的挑战。

现状考量：机遇与挑战并存，压力和希望同在

从不利因素看，将面临"五大挑战"。一是经济下行和产业结构调整的挑战。国家经济增速换挡、结构调整阵痛、动能互换困难相互交织，经济下行压力持续加大，产业结构向服务业和新兴产业转型，给农商银行拓市场、增效益、补资本、控风险带来考验。二是利率市场化的挑战。利率市场化稳步推进，利率浮动上限全面放开，存贷利差持续收窄，经营压力加大，风险管控难度上升，给农商银行成本管控、产品定价、创利模式提出更高要求。三是金融脱媒的挑战。P2P、O2O、众筹、第三方支付等新型互联网融资模式日渐兴起，股市、债市、基金、互联网财富管理平台快速发展，给农商银行传统金融模式带来挑战，分流着农商银行的客户和资源。四是同业竞争加剧的挑战。国有银行、股份制银行的分支机构下沉，民营银行、村镇银行、小贷公司和农民互助组织等中小金融机构全面逐鹿农村金融市场，给农商银行在"三农"市场的优势地位带来冲击。五是人民币国际化的挑战。人民币正式纳入SDR货币篮子，跨境支付系统（CIPS）业已推出，货币政策将面临更多外来冲击，人民币币值稳定也会受到影响，给农商银行拓展国际业务带来挑战。

从有利条件看，要抢抓"五大机遇"。党的十八届五中全会描绘了"十三五"宏伟蓝图，深入践行"五大发展"理念，加快推进"四个全面"战略布局，为农商银行健康发展提供了历史机遇；国家实施供给侧结构性改革，要求宏观政策要稳、产业政策要准、微观政策要活、改革政策要实、社会政策要托

---

① 作者单位为湖南桃源农商银行。

底，为农商银行转型发展提供了政策机遇；农业现代化、城镇化步伐加快，"大众创业、万众创新"如火如荼，以"互联网＋"为代表的"新金融文明"扑面而来，农村金融大变革时代已经开启，为农商银行创新发展提供了市场机遇；常德经济增长点相继涌现，经济规模一直稳定保持在全省前三位，经济稳中有进的态势没有改变，经济增长的内生动力依然强劲，发展潜力巨大。特别是市委提出了"开放强市、产业立市"的发展战略，明确了"十三五"期间"135"的发展目标，确立了"四大会战"的发展路径，为农商银行稳健发展提供了环境机遇；全国金融工作会议召开，货币、财税、监管等资源都将向中小银行倾斜，政策红利和市场活力将充分释放，为农商银行可持续发展提供了发展机遇。

从自身发展看，要延伸"五大优势"。农商银行经过多年的探索与实践，积累了经验、明晰了定位、找准了方向、掌握了方法，发展思路更加清晰；农商银行已经站在新的历史发展起点，发展基础更加坚实；农商银行有一支人熟地熟、精诚团结的好队伍，有一群潜力巨大、忠诚度高的好客户，有一套得自传统、行之有效的好经验，发展形势更加向好；农商银行经营管理与市场经济紧密融合，发展活力更加凸显；我们党的建设、团队建设、文化建设和法治建设同步推进，转型升级更有保障；农商银行实现了全覆盖，作为地方金融服务的大平台和大窗口，品牌优势将更加彰显，与地方经济对接将更加充分，竞争优势将更加明显，发展信心更加坚定；各种优势能量积聚，百舸争流、千帆竞发的局面已经形成，对未来充满了思想自信、战略自信和道路自信。

路径突破：坚持"八行"，实现"八新"

坚持"改革兴行"，加快体制改革、机制转型的新步伐。一是推进体制机制改革。严格按照现代金融企业的要求，强化"三会一层"建设，完善法人治理结构，提升班子综合能力建设，推进法人治理、业务经营、内部控制、考核激励、风险防控等全方位转型，提升自主经营能力、风险防控能力、可持续发展能力和核心竞争力。二是推进履职能力改革。通过构建"以风控为中心强履职、以创新为重心谋发展、以问题为准心抓工作、以高管为核心带队伍、以服务为轴心铸品牌"的"五位一体"履职体系，探索一条改革大势下省联社派驻机构服务法人行、助力发展的新路径。三是推进治理结构改革。正确处理好党委会、股东大会、理事会、监事会及经营层的关系，明确各自的职责权限，遵守各自的议事规则，切实形成"党委领导核心、股东大会规范行使权利、董事会战略决策、监事会独立监督、高级管理层全权经营"的现代公司治理体系，确保做到不缺位、不越位、不错位、不失位。四是推进考核体系改革。突出考核的"风向标"和"指挥棒"作用，根据各法人行的实际，有侧重地设定考核指标，层层传导工作压力，层层担当工作职责，既不"鞭打快牛"，使发展较快的机构失去动力；也充分激励后进，使发展较慢的机构坚定信心。

坚持"发展立行"，争创规模、质量、效益并重的新业绩。一是推进创新发展。正确处理好规模、质量、效益、安全的关系，实现由注重规模和速度向注重质量和效益转变，由注重追求总量扩张向更加注重结构优化转变，由高人工成本、高费用支出拉动向更加注重服务提质、管理提升转变，解决发展动力问题。二是推进协调发展。不搞短期行为，不做表面文章，注重科学发展，坚持长远发展，建立帮扶机制，实行好行帮差行，解决发展不平衡问题。三是推进绿色发展。杜绝不切实际的盲目发展、急功近利的跨越发展、弄虚作假的虚假发展，解决和谐发展问题。四是推进开放发展。学习借鉴兄弟单位、其他同行业的先进经验，积极引进外部先进的理念、技术、资金、人才，解决发展内外联动问题。五是推进共享发展。让改革发展、转型提质的红利更多地惠及社会，惠及广大客户，惠及全体农信员工，解决公平正义问题。同时，进一步夯实发展基础，树立全面、协调、可持续的发展观，不断强化主动负债意识、资本约束意识、收支预算意识、风险防控意识，不断优化资产结构、负债结构、收入结构、客户结构、网点结构，进一步补齐发展短板，确保各项工作统筹兼顾、齐头并进，取得实质性进展。

坚持"管理强行"，实现精细化、流程化、差异化管理的新突破。一是强化信贷管理。重点把控好信贷投向和投放的"六个重点环节"，强力推行信贷权限管理、报备管理、承诺管理、红线管理、等级管理和信贷基础达标工作等，确保信贷资产质量显著提升。二是强化财务管理。推动会计基础达标工作，确保网点会计基础工作规范化达标；按照成本归集、预算控制、效益评价三个基本方面进行成本管理，推进财务管理型向核算管理型转变，实现精细化的全面预算管理。三是强化队伍管理。提高员工业务能力、服务能力，树立看齐意识、责任意识，严守法纪法规底线，严守做人道德底线，坚持用人导向、问题导向。特别是要加大青年干部培养力度，建立青年干部后备库，促使青年干部尽快成长。凡被提拔到法人行领导班子和行长助理、重要岗位的管理人员必须到基层支行主要负责人岗位进行长期锻炼。通过强化"三大管理"，扎实推进标杆银行、流程银行建设，提升精细化、流程化、差异化管理水平。

坚持"创新活行"，推出靠创新推动改革发展、转型提质的新举措。一是突出行业特色。坚持"人无我有，人有我优，人优我特"的原则，突出行业特色，打造行业品牌，形成独特的竞争优势。做强、做优小农户、小商户、小微企业户"三小"贷款特色产品。二是营销特色产品。加快便民卡发行进程，积极创新低成本、可复制、易推广的农村金融产品，大力推广"创业贷""助学贷""扶贫贷""小微贷"等特色产品，塑造农商银行"百姓银行""贴心银行"的良好形象。三是加快科技创新。借鉴同行业先进经验，抓好信息科技创新，完善组织架构，加强科技信息队伍建设，开展政银、银银科技合作，提升科技应用水平。四是融入同业市场。突出合规稳健可持续，加快资金业务创新，加大在管理模式、服务方式、业务品种等方面的创新力度，实现规模化、集约化、专业化经营管理，确保资金业务管理规范、收益明显。

坚持"服务优行"，走出支持地方经济社会发展的新路径。一要深耕"三农"。优化传统农户金融服务，满足农民进城就业、创业、购房等方面的金融需求，加大对大学生村官、农村青年、巾帼妇女等创业群体的信贷扶持，支持农业龙头企业、农民专业合作社等新型经营主体。同时，综合借助农村电子商务平台、金融扶贫服务站、助农取款点等多种渠道，使客户真正享受到随时、随地、随心的普惠金融服务。二要细作小微。以解决小微企业融资难融资贵问题为突破口，完善激励约束机制、金融创新机制、贷款审批机制、贷款定价机制、人员培训机制，做活"人"和"市场"这两篇文章，深入推广"三个等级"管理（柜员等级管理、客户经理等级管理、支行等级管理），创新小微专营机构运行模式，优化贷款授信审批流程，完善贷款利率定价机制，提高风险识别和把控能力，确保实现"三个不低于"目标。三要精准扶贫。根据当地政府扶贫工作要求，确保实现"三个全覆盖"，即建档立卡贫困户的基础信息资料收集全覆盖、建档立卡贫困户的评级授信全覆盖、有合理信贷需求的建档立卡贫困户信贷投放全覆盖。四要倾力重点。在满足"三农"需求的基础上，紧紧围绕辖内重点工程项目、转型综改项目、重要骨干企业、垄断行业高端客户等，不断创新融资服务模式，有效提高存贷比，用足用好用活信贷资金，全力支持地方经济发展。要坚持"质量决定数量、数量服从质量"的原则，深耕"农区、社区、城区"市场，重点开辟"三小"市场、政府优质平台、商贸流通市场、居民消费市场和扶贫贷款的有效信贷投放，确保贷款持续有效增长。

坚持"合规治行"，取得坚守不发生系统性区域性金融风险底线的新成效。一是严格落实案防责任。要始终绷紧案防这根弦，进一步明确法人行领导班子案防职责，全面落实员工案防职责，逐级压紧责任，从严问责追责，始终保持案防高压态势。对于案防问题，各法人行班子要严字当头，切实做到防案件去隐患、防突发保平安。二是强化重点部位管控。要防范好柜台、柜面、柜员"三柜"业务操作风险，加强"九类情形"员工管理，严格"六项禁令"要求，紧盯员工、机构异常行为，严防内部员工参与民间融资、高利贷等不法行为；要加大稽核审计力度、改进检查方式、突出检查重点，改变序时稽核形式；要加强检查结果运用，把检查与问责挂钩，走出屡查屡犯的怪圈；要加强安保维稳，所有网点按新标准的要求全面达标；要严防信息科技风险，实现科技系统安全运行。同时，要密切关注新的风险诱因，有效防范声誉风险、法律风险。

三是建好用好"两大平台"。整合远程集中授权中心、视频监控中心"两大平台"的监督功能，充分发挥科技平台对业务操作、管理，服务行为、质量的监督效果。

坚持"队伍壮行"，开创打造优质农商银行团队的新局面。一是强化队伍建设。重点强化领导班子和干部队伍建设，建立完善公平公正的干部考核评价机制，建立激励干部担当作为、干事创业和支持干部改革创新、合理容错制度，做到既要"选好"、也要"用好"，既要"担责"、也要"容错"，既要"严管"、也要"真爱"，打造一支懂经营、会管理、善作为、有担当的农商银行团队。二是树立岗位标兵。通过大学习、大竞赛、大练兵，调动全员"学业务知识、练岗位技能、提服务水平"的积极性和主动性，在不同层级、不同条线、不同岗位，确立标杆，树立标兵，在单位形成比学赶超、争先创优的良好工作氛围。三是建立人才梯队。采取专项培训和综合培训相结合、走出去学和请进来教相结合、网络培训学习和集中培训学习相结合等方式，进一步加大培训力度，组建内训师队伍，提升全员综合素质，培养后备人才。

坚持"党建领行"，营造求真务实、风清气正、干事创业的新气象。一是加强系统党的建设。把加强党的领导融入公司治理各个环节，把党组织内嵌到公司治理结构中，把党委会研究作为董事会、经营层决策重大问题的前置条件。明确和落实党组织在农商银行法人治理结构中的法定地位。推动全面从严治党"两个责任"层层传导，严肃党内政治生活，继续抓好基层党建"七项重点任务"。二是加强党风廉政建设。深入学习贯彻好党的十九大精神，深入党纪条规学习教育，从严践行好"两准则、两条例"；要扎紧廉洁从业篱笆，把纪律和规矩挺在前面；要严格遵守中央"八项规定"、省委"九项规定"、省联社"七项规定"等。三是加强行业作风建设。把正风肃纪重点向基层一线延伸，把纠风惩懒压力向基层一线传导，坚持长管长严不放松，引导基层网点、窗口员工自觉弘扬优良作风，提升行风行貌。四是加强企业文化建设。落实好省联社实施"三个一批"、提升"四项功能"、加强"五小建设"的实体网点建设要求，积极推行新 VI 方案，整体展示农商银行新形象；要开展各类主题宣传活动，扩大行业品牌效应，推动更好的报道常德的做法，推广常德的经验；要开展一系列群团活动、技能比武，凝聚队伍人心，提升团队活力。

严监管下地方银行高质量发展对策研究

姚姜军 岳传刚①

近年来，去杠杆、防风险、严监管成为金融监管政策的主基调，地方银行作为中小银行的主要组成部分，面临明显的转型压力。通道、非标业务受限，同业业务收缩，资产池面临清理，不良贷款比率上升，资产质量承压，加上利率市场化背景下利差不断收窄，地方银行的增长势头 2017 年以来明显减弱。严监管的政策导向既对地方银行过往的发展路径形成重大挑战，同时也为地方银行实现业务模式转型，回归服务实体经济本源提供了重大的历史契机。顺应监管政策新规定、新变化、新要求，积极探索高质量发展新路径，不断提升服务实体经济效率，是地方银行应对严监管挑战的必然选择。

一、严监管下地方银行高质量发展面临的困境与挑战

2017 年以来，金融监管形势逐渐趋严，中国人民银行、中国银监会连续出台多项监管新规，同时组织开展"三三四十"市场乱象专项治理等多项现场监管检查，针对影子银行、同业通道、非标投资、委外理财等地方银行较为依赖的业务模式加强了清理整顿和规范限制。中国银保监会主席郭树清明确表示，今后整个金融监管趋势会越来越严，监管部门会严格执行法规。地方银行高质量发展面临日益严峻的监管环境，发展战略和业务模式的转型调整势在必行。

（一）地方银行业务发展转型面临严峻挑战

从地方银行的业务结构来看，以城市商业银行、农村商业银行为代表的众多地方银行，由于传统存贷业务基础相对薄弱，在负债端资金来源上较为依靠同业市场，在资产端的资金配置上则偏向于非标资产和通道业务，资金成本较高、业务风险较大的问题相对突出。此外，表外理财业务期限错配、多层嵌套、刚性兑付的现象较为明显，潜在的流动性风险和信用风险不容忽视，表内表外业务风险未能实现真实隔离。显然，在这样的现实背景下，以防范系统性金融风险为核心目标的严监管政策对地方银行的业务模式和发展路径冲击较大，同

---

① 作者单位为重庆三峡银行股份有限公司。

业业务、理财业务、通道业务等不同业务条线在规模和收入上均呈现持续收缩态势，地方银行的发展势头明显放缓。

（二）地方银行质量效益提升面临严峻挑战

由于近年来监管部门对商业银行资产质量真实性提出了更高要求，地方银行的不良贷款分类标准也面临调整，加上国内经济整体下行趋势仍未发生根本性转变，作为地方银行主要客户的小微企业经营状况步履维艰，地方银行信用风险暴露不断加大，不良贷款处置压力明显增加。由于盈利能力受到业务收缩和不良处置的双重影响，地方银行的利润增长面临严峻挑战。

（三）地方银行公司治理建设面临严峻挑战

随着银监部门对商业银行公司治理要求的不断提高，特别是《商业银行股权管理暂行办法》（中国银监会 2018 年 1 号令）出台以来，地方银行的公司治理建设面临更高的标准、更严的要求。地方银行的股东股权管理、关联交易管理、战略管理、激励约束机制建设、董事和高管从业资格管理、履职管理等相关方面都需要依照监管要求不断完善和调整。公司治理机制的规范化将在一定程度上改变地方银行的战略决策、经营模式和交易结构，深刻影响地方银行的业务发展和风险管控，也对其战略规划、业务拓展、风险识别等各方面的能力提出了更高的要求。

二、高质量发展是地方银行应对严监管形势的必由之路

地方银行作为中国银行体系的重要组成部分，历经多年发展变迁，实现了从无到有、由小到大、由弱到强的历史性转变，为服务地方、支持小微、扶持"三农"作出了突出贡献，市场地位、规模体量和竞争能力都取得了长足进步。在严监管的政策导向下，地方银行的经营模式和业务发展虽然面临着一定的冲击和挑战，但多年的实践经验证明，只有坚持发展导向，突出质量优先，完善风险防控，地方银行才能在激烈的市场竞争中获取有利地位。发展是硬道理，地方银行在规模体量和市场地位上相比国有大型银行和全国性股份制商业银行具有先天劣势，只有通过高质量、可持续的发展才能解决面临的问题与困难，克服前进道路上的阻碍与挑战。严监管的外部环境既是对地方银行传统业务模式的重大调整，也为地方银行推进经营转型、提升发展质量、加强风险防范、深耕本地市场提供了重要机遇。通过对监管逻辑的深刻认识和准确把握，地方银行可以加快经营战略转型，回归服务实体经济本源，不断夯实可持续发展基础，最终实现业绩增长和风险防控的有机统一，进而推进稳健发展，在严监管环境条件下走出一条既适合地方经济社会发展要求、又具有地方金融特色的新时代地方银行高质量发展道路。

三、严监管下地方银行高质量发展的指导思想

严监管的主要目标在于高质量的发展、高效益的发展，实现风险可控的发展，进而全面提升金融发展质量，确保金融业行稳致远。严监管下地方银行高质量发展的前提是对风险的有效识别和合理管控，并最终实现稳健合规发展、又好又快发展。因此，严监管下地方银行创新实践高质量发展的指导思想是：牢树一种观念（只有坚持稳健有效的高质量发展才能战胜困难、消除矛盾、化解风险、解决问题），把握两个前提（不求规模最大，但求质量最高、效益最好；不求速度最快，但求风险可控制、发展最为稳健），坚持三个必须（必须坚定发展信心、增强发展思想，必须强化发展定力，必须突出发展主题、提升发展质量、创新发展效益），立足四个坚持（坚持发展是第一要务、发展是硬道理、发展不动摇，坚持把结构调整优化作为高质量发展的关键环节，坚持把防控风险作为高质量发展的重要保障，坚持把稳健发展作为高质量发展的根本任务），遵循五条原则（资本约束、综合收益、风险可控、结构调整、精细管理），在发展中化解风险、防范风险，通过加强风控为发展提供强大保障，进而全面推进高质量发展。

四、严监管下地方银行高质量发展的主要对策

在新的经济形势和监管环境下，地方银行实现高质量发展需要坚持以稳健发展为根本、坚持以优化结构为重点、坚持以加强风控为保障、坚持以提质增效为目标，明确高质量发展的方向和措施办法。

（一）推动盈利模式向高质量发展转型

新时代、新常态下，监管规定收紧、经济发展方式转变、利率市场化进程加快以及金融渠道的多样化都对地方银行的盈利模式形成强烈冲击。在资产规模扩张受到限制、利润增速持续回落的情况下，地方银行现有的盈利模式已逐渐不能满足新时代下实现高质量发展的需要。地方银行应当深刻反思当前盈利模式的不足，探索新形势下如何适应新时代发展需求，构建更加符合质量提升与满足客户需求的盈利模式，增强市场竞争力，从而推动盈利模式向高质量发展转型。

1. 多措并举维持适宜净利差水平。随着利率市场化的不断推进，净利差水平收窄的趋势难以避免。但在当前的商业环境和经济模式下，地方银行最主要的收入来源仍然是利差收入，短期内具有可持续性。因而，虽然商业银行信贷业务收益相对下降的趋势难以逆转，但是在现有的政策框架和市场需求没有发生根本性改变之前，中间业务收入短期内难以成为地方银行的主导收益来源，

因此通过在产品设计和资金投放上的合理把握，多措并举维持适宜的净利差水平仍然对地方银行的利润稳定增长具有至关重要的意义。

2. 大力挖掘和拓宽非利息收入渠道，依托自身优势，合规发展中间业务。地方银行应改变单一的业务模式，实现盈利多元化，在顺应监管要求的前提下，加快发展资产管理、投资理财等中间业务，有侧重地发展多元化业务。一是深度挖掘中间收入。地方银行应当根据国内金融市场和经济环境的变化，不断拓展中间业务的范围，挖掘中间业务的深度，有效对接传统业务和新兴业务，促进对公业务和对私业务的协调发展。二是提升投资理财服务能力。地方银行应牢牢抓住机遇，利用自身专长为投资人提供专业化的理财服务，加强通过店面、电话和移动互联网渠道的理财营销，为客户提供多层次的投资理财服务，以获得高附加值的增值收入。三是完善精细化管理，强化成本管控。地方银行应遵循"全面成本管理"思想，将效率的持续提升贯穿于银行经营的各个环节和流程，持续优化成本收入比，为缓解净利差不断收窄，提升利润增长潜力打好基础。

（二）推动增长方式向高质量发展转型

商业银行面临日益严格的资本管制等多重约束，规模的快速扩张或将成为历史。地方银行除了面临商业银行共同面临的大环境外，还受地方经济发展状况、地方政府和监管政策等多方面因素的影响和约束，一旦延续传统的业务经营和发展模式，就需要大量补充资本存量，以便支撑信贷规模的持续扩张，在现行金融政策环境条件下，地方银行的资本补充渠道不完善，短期内只能依赖资本市场的融资，以满足资本充足率的监管标准。在新时代、新常态下，地方银行的业务发展需改变以往的"拼规模、比速度、大干快上"，而是结合自身规模、人员和区域等特点和优势，推进业务模式优化，改善业务结构，努力实现轻资产和资本节约型的金融发展模式。

1. 明确公司业务转型思路，制定公司业务转型策略，以优化客户和业务结构为前提，实施轻资产、轻资本的转型策略，走差异化、特色化发展道路，促进地方银行公司业务迈向高质量发展。一是要以提升业务核心竞争力为公司业务高质量发展转型的重点，以加快发展传统业务、培育特色业务和推动创新型业务发展为业务支撑，以体制、机制创新为转型动力，采取有效的战略保障措施，促进地方银行公司业务的健康发展。二是要促进传统业务、中间业务和新兴业务的协同发展；巩固传统业务领域和已有的竞争优势，以稳定增长为新兴业务发展奠定基础，对于中间业务，也要做大、做强、做优；坚持以效益为优先、以风控为保障的原则，持续提升中间业务；坚持收益和风险平衡原则，鼓励新兴业务发展，明确发展方向和重点，大力发展具有良好潜力和收益、风险可控的业务，实现稳健发展。三是要坚持分类化管理，差别化服务。地方银行要准确进行市场分类，合理对大、中、小型客户实施分类管理，有效甄别优质客户、战略客户和潜在客户，实施针对性强的定向化营销，开展差异化的定向金融服务。四是要提升中间业务服务水平，优化公司业务收入结构，努力拓展公司业务中收来源，改善公司业务中收质量。

2. 加快提升零售业务服务质量和竞争能力，不断改善产品设计和客户体验，强化"以市场为导向、以客户为中心、以效益为目标"的转型思路，开展具有差异化和针对性的零售金融服务，完善零售业务的互联网渠道建设，强化线上线下业务的深度融合。严监管下零售业务是地方银行实现高质量发展转型的重要突破口，具有高收益、低风险的突出优势。地方银行要充分发挥贴近客户、贴近市场的地域优势，持续深耕本地市场，不断提升零售业务获客能力和服务质量，丰富产品功能类别，优化客户体验，努力打造深受本地客户信赖和喜爱的银行品牌。

3. 顺应监管要求，把握时间节点，稳步发展资金业务，支持同业、投行、资管等资金业务协同稳步发展。严监管下地方银行资金业务需要因地制宜，加快转型。资管业务要依据新规要求尽快实现非标转标和净值化管理。同业业务要提升自主投研能力，消除多层嵌套，合理控制金融杠杆。投行业务要紧密结合银行自身发展战略，形成业务协同效应，促进不同条线互补发展。

（三）推动流程管理向高质量发展转型

面对外部经营环境的深刻变化和地方银行自身规模体量的逐步扩大，注重业务流程优化创新、提高专业化精细化经营管理水平已成为地方银行迈向高质量发展的必然选择。

1. 持续梳理优化地方银行的业务流程和内部权限。在有效管控风险的前提下，进一步精简合并流程节点、取消或下放管理权限，持续推进简政放权、精简流程，以适应市场竞争新形势和业务发展新变化。

2. 加强业务流程优化中的风险控制。强化信贷业务前台与中后台分离的组织架构模式，着力完善前、中、后台相互制约的内控管理机制，加快整固信贷风险管理基础，以达到全行各个层面内控制约、前中后台分离、风险效率平衡的管理目标。

3. 大力推动信息系统平台的优化升级。近年来，随着互联网金融的日新月异发展，大数据、云计算等信息工具和理念不断渗透到银行的经营管理中，使商业银行的数字化、智能化水平越来越高。但是由于地方银行的平台金融和信息科技部门发展起步较晚、起点较低，目前地方银行的信息系统平台仍然存在诸多问题，突出表现为流程管理效率不高，程序烦琐，很大程度上制约了全行流程管理和运营管理的效率和质量。因此，要想实现全行流程管理迈向高质量发展，有必要在进一步强化信息技术运用的基础上对以授信业务管理系统为核心的一系列业务信息系统平台进行持续优化升级，从而推动全行流程的整合和优化。

（四）推动风险管理向高质量发展转型

严监管的政策环境下，商业银行市场竞争的成败在很大程度上取决于风险管理能力的强弱。通过有效的风险识别和管控确保业务风险和收益的合理匹配，是地方银行实现高质量发展的重要保证。

1. 健全风险管理战略和政策。强化全面风险管理的战略引领，推进风险管理政策的细化和实施。发挥自身优势，根据自身情况和市场环境，明确中长期风险战略选择。

2. 持续改进风险识别和计量工具，构建反映自身状况的风险管理模型。积累数据资料，通过应用现代金融分析工具，利用计量模型及时识别、判定和量化风险。注重内部风险管理数据积累，发展相关的内部评级模型，提高风险管理的专业性和权威性。

3. 加强文化建设与风险管理队伍建设。一是营造全面风险管理氛围，坚持文化为先导，提倡全面风险管理的意识与行为，进一步完善全面风险管理的制度和政策。二是强化队伍建设，培养员工稳健、安全经营的理念，完善风险知识培训，引导风险管理意识的日常化和自律化，打造专业化、高水平的风险管理团队。三是注重地方银行员工风险管理意识的正向引导和激励，培养形成全面、系统、正确的风险防控意识。

4. 加强风险监测，提高风险预警能力。地方银行要根据国家宏观经济政策走向和市场供求关系变化趋势，逐步建立不同风险级别的客户风险基础档案，对不同风险级别的客户进行分类管理，对较高风险的客户形成定期的风险预警机制。此外，地方银行要定期进行不同类型的压力测试，提升风险预警和处置能力。

（五）推动人才建设向高质量发展转型

现代金融机构的竞争归根结底就是人才的竞争，人才建设是金融机构最重要的生产力资源。地方银行员工的专业化和高效率是实现高质量发展的根本保证。

1. 加快推进市场化人才体制建设。通过在全行范围内实现更加灵活有效的激励机制，可以促进地方银行的职员工作状态持续改善和劳动效率的不断提升。

2. 加快地方银行人事制度改革，实现人力资源优化配置，改善全员工作效率。

3. 切实优化人员结构，提升高收益员工占比。随着金融科技的快速发展，地方银行要不断优化经营机构人员的配比结构，增加营销类岗位占比，提升基层员工的展业能力，为高质量发展积累重要的客源基础。

4. 不断加大专业化人才的引进与培养力度。地方银行要不断加大对金融科技、风险管理、资金运营等条线的专业化人才的引进培养力度，进而提升全行员工的专业素养和技能水平，为增强自身市场竞争力奠定坚实的人才基础。

转型升级篇

互联网金融背景下的农商银行转型发展之路

安九龙①

农商银行作为农村中小金融机构，是国家经济金融体系的重要组成部分，也是植根"三农"沃土、服务城乡经济、助力农业产业发展的主力军，多年来对促进农村地区经济发展发挥了重要作用。但随着国内金融产业变革的不断提速，农商银行的生存与发展受到了严峻挑战，传统的发展方式难以为继，效益增长空间不断压缩，积极谋求发展方式变革，推进业务经营转型，建立以业务创新、服务升级、科技引领为推动力的可持续发展战略，实现农商银行经营管理的"脱胎换骨"和"华丽转身"，已成为全体业界人士的共识。而近年来，互联网金融业务的出现，更是为农商银行经营转型提供了难得的发展机遇。笔者从事金融管理工作多年，对金融行业发展规律和农商银行经营模式有着较为深刻的了解，现结合金融工作实际，就如何实现互联网金融背景下的农商银行转型发展谈几点体会，供商榷。

一、农商银行经营发展面临的主要困境

在国内经济持续下行和金融产业快速发展的大背景下，作为"三农"金融服务主力军的农商银行，正面临内部经营、外部竞争和严格监管等多方面的压力和困境，具体表现为：

（一）经营效益增长乏力

在现有发展模式下，大部分农商银行业务仍以存贷款为主，且客户集中于农户和中小微企业，受政策、环境、资源、业务、技术等多重因素影响，农商银行的资金成本不断上升，贷款投放利差逐渐收窄，宏观经济下行导致企业盈利下降，银行不良贷款率攀升，加上同业业务规模压缩，致使农商银行盈利水平逐年降低，难以支撑长远发展和股东投资回报的诉求。

（二）客户资源不断减少

受经济环境、物理条件和同业竞争加剧因素影响，本土优质客户群体不断

---

① 作者系黑河农商银行董事长。

收缩，各金融机构对于高端客户的争夺日趋白热化，营销手段千变万化，客户维护和市场开拓的难度不断上升。出于持续经营需要，个别农商银行采取降低准入标准、放宽贷款条件等方式抢夺客户、占领市场，在一定程度上也导致风险隐患的聚集和增加，直接影响到信贷资产的质量。

（三）传统优势逐步消失

农商银行是由农信社经产权体制改革转化而来的，作为以"三农"服务为主战场的农村中小金融机构，一直以来，便以"点多、面广、人员众多"作为自身经营发展的先决优势，在特定历史时期和发展条件下，对农商银行改制后的快速发展确实发挥了重要作用。但市场在变、环境在变，客户的金融消费习惯也在变。当互联网金融业务逐渐兴起，移动支付技术融入生活，客户闲坐家中即可享受高效优质的金融服务，金融行业业务运营模式发生根本性改变的时候，作为农商银行的我们蓦然发现，原有的优势渐渐不复存在，原来的发展模式已不可持续，金融行业已进入全新的发展时期，必须面对现实、作出抉择、有所突破。

（四）市场冲击异常激烈

随着大资管时代的到来，客户资产的配置更加多元化、丰富化，而理财投资、智能投顾、直销银行等互联网金融业务风生水起，可供选择的产品种类众多，更是加速和助力了这一进程，严重冲击视存贷款为核心业务的农商银行。2015年，阿里巴巴集团在浙江率先发起"网贷下乡"试点业务，尝试利用网络技术进军"三农"阵地，直接威胁农商银行的农村金融服务主导地位，农商银行正面临来自客户和市场的多方挑战。

（五）监管政策日趋收紧

在市场环境变化、同业竞争加剧的同时，银监会2017年陆续开展"三三四十"等专项治理活动，出重拳整治银行业市场乱象，从防控金融风险、规范业务行为角度，强化监管指导，规范操作行为，并加大检查和处罚力度。2017年银监会针对发现的问题共开具罚单2725张，罚款金额总计27.53亿元，另有多张罚单对机构和个人处以警告、对高管人员取消任职资格、禁止银行从业资格等。通过分类对比，农村中小金融机构占银行类金融机构罚单数量的53.76%，占罚没金额的19%，这说明农村中小金融机构是监管的重点、治理的主要目标。如何在适应监管标准和业务转型发展中寻求最佳的路径和方法，是农商银行管理层需要着重思考和解决的重要课题。

二、互联网金融对农商银行业务经营的深刻影响

随着互联网、大数据和云计算技术的迅速发展，互联网科技与金融之间的

融合不断加速，对金融机构来说是挑战，同时也是机遇，互联网不是简单的产品网络化，而是一种全新的思维方式和生产力，"互联网＋"对传统金融领域的影响是极其深刻的。

一是支付方式发生变革。现金支付、刷卡支付、银行柜面转账、汇款、缴费交易方式正在逐渐被快捷支付、扫码支付、指纹支付、刷脸支付、聚合支付等移动支付方式取代。移动支付更加贴近百姓生活，更加方便快捷，更加符合客户的内在心理需求，使其不用出门即可享受优质的网络金融服务，甚至网上购物、超市付款、餐厅消费、打车和生活缴费等，越来越多的人习惯于掏出手机而不是钱包，真正实现了"一机在手、走遍神州"。统计数字显示，近年来，中国移动支付数据呈现快速上升趋势，仅 2017 年，中国移动支付业务达到 375 亿笔，金额 202 万亿元，支付方式的改变已渗透影响百姓生活的方方面面。

二是客户角色悄然转变。银行的广大客户正在从金融需求者转变为金融消费者，金融产品的自由选择权已掌握在客户手中。在传统的信贷业务领域，利差收入是传统银行赖以生存的生命线。按照以往的贷款模式，客户只能选择属地银行网点办理，在利率定价和产品服务上，借款人无选择余地。而如今随着互联网金融业务的兴起，P2P 平台、阿里花呗、京东白条、腾讯微粒贷等融资平台相继出现，客户需求已突破地域限制，实现网络上的互融互通，可以借助互联网平台实现跨地域、跨机构的资金筹措，在同等条件下，主动选择最佳的融资路径和最优的消费体验，资金成本进一步降低，供需天平逐渐向买方市场倾斜，客户角色正在发生根本转变。

三是服务模式更加便捷。互联网金融通过手机 APP、微信公众号等全新渠道，利用大数据、行为分析等手段，实现了低成本、高效率、非接触、便捷化的服务模式，极大地提高了现有金融体系的效率。微信钱包、支付宝快捷支付业务，无须事先开通网银，只需输入卡号、动态口令等信息就能完成付款，减少了开通网银、操作 U 盾等不必要的程序。而服务模式的转变要求银行必须主动适应、跟上节奏、加快转变，在业务体系和渠道建设上把握时机，顺势而为，以适应新常态下业务发展的需要。

四是辐射范围更加广泛。互联网金融为客户提供了较多的资金运营选择，产品线种类日趋丰富，多元化趋势越发明显，为银行不断满足客户日益增长的金融服务需求提供了借鉴和参考，实现了获客渠道和运营模式的根本性转变，地域限制不再是难以逾越的壁垒，客户单一也不再是阻碍发展的瓶颈，时间与空间的距离被无限拉近，在满足相应技术条件和严密风控的前提下，可实现对全国客户的精确获取与捕捉，为银行持续打通上升空间提供了难得的发展良机。

三、农商银行布局互联网金融的主要做法

面对经营挑战，如何顺应时势、主动出击，有效破除经营困境？如何冷静思考、抢抓机遇，全面实施战略转型？在这里，国内一些农商银行的先进做法为我们提供了借鉴和参考。2014 年，为适应外部变化，积极开拓市场，在大力实施互联网平台建设基础上，北京农商银行推出基于互联网金融模式的 O2O 移动互联网产品——"社区 e"服务，全面构建以社区为中心的网络金融生态圈，实现客户线上支付、余额理财、生活缴费一站式操作，商家网络销售、广告推送、拓展业务集成化管理。在满足客户需求的同时，也实现了自身产品和服务的全方位推送，促进了经营的快速发展；2018 年初，上海农商银行正式推出个人在线消费贷款产品"鑫 e 贷"，实现在线申请、自助提款、自助还款、自助查询等多种功能，可更好地满足客户日益增长的消费信贷需求，一经推出，便受到了市场的广泛关注和认可，全面开辟了互联网线上获客渠道；2017 年末，黑河农商银行在准确把握客户需求基础上，研发推出了覆盖本土客户"衣食住行"等大众生活各个方面的"惠生活"综合服务平台，开通了预约抢订、聚合支付、信息推送和产品推介等多种功能，在服务百姓生活、提高服务水平的同时，将农商银行的业务产品和企业形象深深植入客户消费体验活动中，使其成为与日常生活紧密相连、息息相关并不可或缺的重要组成部分。

四、关于农商银行开展互联网金融业务的几点思考和建议

发展互联网金融业务是农商银行走出经营困境，实现可持续发展的必由之路。作为农村中小金融机构的农商银行要想突破困境、有所作为，就必须顺应潮流、适时改变，走出一条适合自身实际的互联网金融转型发展之路。

（一）充分利用自身具有的地缘优势

虽然互联网对传统金融机构的经营理念、经营模式、竞争优势带来了严峻考验，但我们不必妄自菲薄，而应在正确认识自身优势的基础上，把握时机，迎难而上，充分发挥"地利"和"人和"优势。地缘方面，根据统计数据，农商银行、农信社等农村中小金融机构的网点数量占金融机构网点数量的 95% 以上，在农村地区处于垄断地位；人缘方面，农商银行植根农村市场多年，在农村地区具有广泛的客户基础，客户对农商银行的业务运营方式较为熟悉，对经营方式转变的接受程度较快，而农商银行可发挥其对"三农"客户需求痛点把握精准的先天优势，实施精确营销和精准发力，这一切都为互联网金融业务的顺利开展创造了必要的客观条件。

（二）重点做好渠道建设的深度挖掘

电子渠道开拓是农商银行开展互联网金融建设的先决条件。随着互联网技术在金融领域的深入应用，金融生态环境正在发生深刻变化，客户的消费习惯偏好加速向线上迁移，原有的物理渠道建设在新形势下比较优势逐渐减弱，农商银行应认清现实，加快资源应用的适时转移，实施产品、服务、技术的网络互通，同时要加快物理网点向智能化、社区化的转型。有效降低物理网点成本，全力打造"智慧银行"和"电子商务超市"，进一步满足客户个性化、多元化的金融需求。

（三）必须注重发展战略的统筹规划

做互联网金融不是"喊号子"，更不是"跟潮流"，而是根据农商银行业务经营面临的内外部形势作出的科学理性选择，一定要结合自身实际，一定要植根于产业现实，根据自身地域、技术、资源、人才特质，进行发展战略澄清和差异化经营分析，作出符合行业发展规律的审慎评估，统筹规划，分步实施，切不可盲目效仿、攀比成风，更不可好高骛远、多快好省。注重对国内先进银行实施互联网金融建设经验的汲取与借鉴，实施金融科技发展战略转型，走科学、稳健的可持续发展之路。

（四）金融科技是经营转型的新"引擎"

数字金融时代，金融科技将成为银行业经营转型的新"引擎"，支撑金融科技不断发展的是团队和人才，人才匮乏和机制创新弱是农商银行发展金融科技面临的主要困难。对地处偏僻的农商银行而言，这种困难更加明显。因此农商银行要实施科技人才战略，聘请技术专家或顾问，组建自身科技研发团队，同时借助外部机构的技术、经验，通过全程参与互联网金融平台的建设，逐步提升自身的技术和运营能力，打造一支高端的金融科技队伍，提升农商银行未来的核心竞争力。

（五）必须坚持独立自主的风控原则

风控是互联网金融业务的核心，基于大数据、云计算开发风控模型，虽然合作公司专业能力相对较高，但是银行不能盲目听从、生搬照抄，要针对自身业务经营的实际情况和产品特色，科学评估、独立思考、理性设计，自主确定风控模型的风险控制策略、风险规则和风险控制阈值，完全掌握开发文档、源代码等系统技术文档。同时风控不能唯"数据论"和"模型论"，要动态评估和验证产品运营情况和模型效果，及时对风控模型测试、调优和迭代升级。

好风凭借力，送我上青云。寒冬虽已来临，但春天并不遥远。以上是笔者对互联网金融建设的一点思考和认识，我坚信，广大农村中小金融机构一定会依托自身优势，乘势而上，走出一条农商银行持续发展的光明之路。

引入投行思维模式，争做客户融资顾问
实现银行经营向轻资产模式转型

甘　斌①

近几年，国内的经济金融环境发生了巨大的变化，深刻地影响了商业银行的经营行为。一方面，存款利率市场化、财富管理产品层出不穷，导致存款业务难做，付息成本提高。另一方面，放贷机构扩容、宏观经济下行，导致优质贷款市场竞争激烈，放贷风险加大。同时国家不断整顿金融秩序，金融行业进入严监管时代。银行业为适应新的监管形势、新的经济环境，保持经营业绩平稳增长，就必须不断更新思路，找到适合自己的发展方向。

本文针对地方金融机构的特点和发展环境，认为地方金融机构必须引入投行思维模式，以客户为中心，争做客户的融资顾问，为客户提供综合金融服务，实现银行经营向轻资产模式转型，从而在激烈的市场竞争中做出特色，实现弯道超车。

一、金融业未来发展趋势

随着国内机构和个人财富的迅速积累，2012 年以来中国的资产管理行业得到迅猛发展。银行、信托公司、证券公司、基金子公司、保险公司、私募基金纷纷开展业务创新，开创了中国投融资领域的大投行、大资管时代。然而，由于中国宏观经济由高速增长转为中高速增长，加上金融监管不到位等原因，资管业务大发展也带来了金融领域的种种乱象，严重影响了经济发展，甚至社会稳定。于是，2017 年中央开始整顿金融秩序，颁布资管新规，金融行业进入严监管时代。

从大资管时代到严监管时代的转换过程中，中国的投融资方式发生了巨大的变化，如资金提供主体日益多元、资金需求方式个性发展、投融资交易结构不断创新、直接融资占比提高、非标转标趋势明显、资产流转与资产证券化快速发展、盘活存量和债务重组成为新常态。

---

① 作者单位为大连银行上海分行。

投融资方式的这些变化导致金融业务日益走向专业化、差异化，未来金融业的发展将呈现三大趋势：一是债权放贷型业务，如拉存款、放贷款等业务，重资产业务模式；二是股权投资型业务，如私人银行、资产管理、私募基金等业务，代客财富管理模式；三是融资顾问型业务，如融资撮合、"融资＋融资"等业务，轻资产综合服务业务模式。

二、投行思维模式的内涵

在国内金融市场上，说起投行业务大家会立刻想起商业银行的非标投资业务、券商的 IPO 业务、私募基金的风投业务，这些都是投行业务的表现形式。追根溯源，投资银行业务区别于商业银行业务的本质内涵是，投资银行是以承销、撮合、顾问为主业，而商业银行是以存款、贷款、结算为主业。

投行思维模式有以下几种类型：

1. 业务承销，金融机构自己不出资金，如债券承销、资产证券化承销、企业上市 IPO 业务。

2. 融资撮合，金融机构开展信息合作，包括银团及类银团业务、投融资信息服务业务。例如，中西部某金融租赁公司拟在上海地区拓展业务，但又不想在上海地区投入人力资源，那么上海地区的商业银行就可以与该金融租赁公司合作，将有融资需求的优质客户推荐给该金融租赁公司，融资成功后，上海地区的商业银行可以作为资金监管行获取相应的融资顾问费和存款业务。

3. 财务顾问，为客户提供结构融资服务，包括帮助客户做好财务规划、债务管理、为客户提供个性化的结构融资服务。例如，客户拟投资一个很有前途的项目，但是抵（质）押不够，难以从商业银行获得足够的贷款，则银行可以按照结构融资的思路设计出"优先＋夹层＋劣后"的融资模式，并在金融市场帮助客户寻找到合适的资金，商业银行可以作为资金监管行获取相应的融资顾问费和存款业务。

4. 资源整合，为客户提供综合金融服务，如以客户为中心，整合各类资源，根据客户需求设计综合金融服务方案，把不可能变成可能，把可能变成现实。

投行思维模式将丰富商业银行的业务拓展思路，促进商业银行业务转型，在宏观经济下行、监管强化的环境下开拓出一片新的业务天地，从而实现"业务、规模、效益"弯道超车。

三、地方金融机构的优势和机遇

地方金融机构是国内金融领域一支重要的金融力量，在引入投行思维模式，争做企业融资顾问方面有巨大的优势，也面临非常好的时代机遇。

1. 从优势方面来看，一是地方金融机构长期深耕区域经济，有一群忠实的客户，也了解客户的实际寻求和发展规划。二是地方金融机构是法人机构，决策链条短，能调动资源耐心耕耘企业融资顾问业务。三是地方金融机构经历了近几年的大资管、大投行业务创新洗礼后，培养了一批优秀的金融市场人才，有能力开展企业融资顾问业务。

2. 从机遇方面来看，一是国内经济持续快速增长，企业融资需求旺盛，企业融资顾问需求大。根据国家统计局的数据分析，2017 年全国社会融资规模为174.6 万亿元，比上年新增 19.4 万亿元，增长 12%。若按社会融资总额的 5% 计算需要撮合的融资金额，则投融资撮合市场规模约为 8.73 万亿元。二是国内宏观调控政策、金融监管政策、产业引导政策始终处在周期性的变化过程中，银行可以帮助企业根据政策变化制定有效的融资策略。三是国内银行经营方式受政策调控影响大，造成很多有效的融资需求不能及时得到满足，为其他资金提供方提供了契机，银行可以代理资金方广泛开展融资顾问业务。四是各家银行的授信政策、风险偏好不统一，对融资项目的选择标准不统一，本行不能投的，不等于他行也不能投，更不等于是有风险的。银行可以设计结构化的融资产品，满足投融资双方的风险收益要求。

四、做好企业融资顾问的实务要点

做好企业融资顾问是一项综合性的工作，要求金融机构熟悉金融市场融资方式、把握企业的真实需求、寻找优秀的融资项目、匹配相应的市场资金、设计合规的交易结构、找准市场营销切入点。

1. 熟悉金融市场融资方式。经过大投行、大资管的创新和金融强监管的洗礼，根据资金的最终用途，目前国内的主要融资方式可分为以下几种：一是股权融资，包括公开股权融资（如企业 IPO、定向增发、配股等）和私募股权融资（如 VC、PE、Pre－IPO 等）。二是债权融资，包括标准债券（如短期融资券、中期票据、永续债、公司债、企业债、可交换债券等）和非标债权（如银行贷款、信托贷款、委托贷款、收（受）益权等）。三是并购融资，包括并购贷款和并购基金。四是结构融资，包括"优先＋夹层＋劣后"结构融资、银登资产流转、私募资产证券化、公开市场资产证券化等。五是不良资产融资，包括资产盘活、债务重组等。

2. 把握企业的真实需求。根据企业的发展阶段、未来规划和现实情况不同，企业的投融资需求也不尽相同。例如，有的企业不需要贷款，但需要理财或对外投资；有的企业希望获得表外融资，以调整负债结构；有的企业希望获得出表性融资，以美化财务报表；有的企业希望获得股权融资，以降低负债杠杆；有的企业希望获得长期资金支持，以进行长期项目投资；有的企业希望获得大额融资，以支持大型项目建设；有的企业希望通过供应链方式融资，以借助核心企业提高融资信用等级；而有的企业则希望降低融资成本、减少有息负债。

3. 寻找优秀的融资项目。近几年，市场上迫切需要借助投融资中介、聘请融资顾问的借款人包括：上市公司、上市公司大股东、房地产开发商、政府融资平台、非银金融机构（如消费金融公司、融资租赁公司及保理公司、产能过剩行业如钢铁煤炭等）、新三板企业、各地方股权交易中心的挂牌企业、中小微企业等。我们可以从中选出优质企业，进行融资顾问业务合作。

4. 匹配相应的市场资金。目前市场上比较活跃的资金提供方包括：（1）各类银行，市场上70%的资金来源于银行，银行是最大的金主。（2）保险资管公司，2017年全国24家保险资管公司的债权及股权投资计划注册规模超过5000亿元。（3）各类AMC机构，2017年末四大资产管理公司总资产接近5万亿元，57家地方AMC机构总资产达4000亿元。（4）私募基金，2017年末共有22000多家私募基金管理人，管理基金规模超过11万亿元，比上年增长40%。由于资管新规已经落地，预计私募基金管理规模将继续大幅增长。（5）非银行金融机构，如金融租赁公司、信托、券商、基金子公司等。（6）其他机构及个人自有资金，如政府引导基金、大型金融控股平台、大型国有企业等机构以及个人高净值客户等。这些资金提供方的收益及风险偏好、投资审批标准均不尽相同，我们可以根据融资企业的需求和实际情况进行业务撮合。

5. 设计合规的交易结构。在找到融资项目和资金提供方后，能否设计合规的交易结构成为投融资业务的核心环节，也是体现融资顾问价值、打造商业银行融资顾问核心竞争力的关键环节。合规的交易结构一般至少包括以下七个要素：融资人、融资金额、融资用途、融资期限、融资利率或股权投资收益分配方式、还款来源或股权投资退出方式、增信措施等。同时，还要根据投融资双方的需求和金融监管政策，明确各交易对手的权利义务关系、资金封闭运营途径，确保参与各方交易合规、资金安全。

6. 找准市场营销切入点。在实际操作过程中，商业银行可以通过以下方式，有效切入投融资业务领域。一是从资金需求方切入，如为优质融资项目及其上下游客户提供融资顾问服务。二是从资金提供方切入，如为银行、保险、AMC、私募、信托、券商、租赁、保理、供应链公司寻找可投资的优质资产。三是从国家认可的交易平台切入，如银行业信贷资产登记流转中心、北京金融资产交易所、新三板系统、各省市的股权交易中心、资产交易中心，这些交易平台上的客户一般都有投融资需求。四是从融资产品切入，如精通某类融资产品，然后以融资产品为中心，联合资金提供方和资金需求方组成投融资合作联盟，发挥商业银行在投融资过程中的核心主导作用。

目前，市场上比较容易切入的主流融资产品包括：（1）股权融资产品，如定向增发等。（2）非标融资产品，如信托贷款、收（受）益权投资、Pre - ABS 投资等。（3）并购融资产品，如并购贷款、并购基金。（4）资产证券化产品，如银登资产流转、非标转标、私募资产证券化、公开市场资产证券化等。（5）不良资产投融资产品，如资产盘活、债务重组等。2017 年银行报表不良贷款为 1.6 万亿元，关注贷款为 3.4 万亿元，合计 5 万亿元。随着"去杠杆"的持续进行，预计未来实际不良贷款还要不断增加。商业银行可以精选其中 1 ~ 2 个产品，往纵深拓展，在某类产品上做出特色、做出品牌、做到没有竞争对手。

五、融资顾问案例分析

运用投行思维模式，开展企业融资顾问业务，以前主要是券商和私募机构在做。近几年，随着金融改革的深入和传统银行业务的激烈竞争，一些有远见的商业银行已经在着手布局企业融资顾问业务，部分先进的银行甚至已经取得了丰硕的成果。

目前，市场上做得最早、效果最明显的是浦发银行。浦发银行从 2016 年开始布局企业融资顾问业务，利用银行的优势整合资源拓展企业融资撮合业务。浦发银行在总行投行部下设一个处级机构，负责全行融资撮合业务的管理及推动，并统一报备银监等监管部门，确保业务合规合法。浦发银行各分支机构负责将各地的优质融资项目推荐给总行投行部，总行投行部牵头与各类资金提供方对接，如银行同业、保险资管公司、各类 AMC 机构、金融租赁公司、信托公司、证券公司、私募基金、其他机构资金及个人高净值客户等。在总行的帮助下，各分支也可以就近对接资金提供方，协助融资撮合业务尽快落地。

经过短暂的市场试水，浦发银行的融资撮合业务快速发展，成为商业银行撮合业务市场的领先者。截至 2018 年 8 月末，浦发银行新增融资撮合业务突破1000 亿元，撮合余额达到 2300 亿元，累计为 5000 家融资客户、千余家资金提供方提供综合金融服务，预计年末规模将近 3000 亿元，可实现各项收益 5亿元。

除浦发银行外，工商银行、民生银行、江苏银行、宁波银行等金融机构也正在引入投行思维模式，争做企业的融资顾问，开展各具特色的融资撮合业务，整合资源为客户提供综合金融服务，努力实现银行经营方式向轻资产模式转型。

新零售环境下农商银行网点如何转型发展

刘 春①

2016 年 10 月的云栖大会上，马云第一次提出"新零售"，并说"未来的十年、二十年，没有电子商务这一说，只有新零售"。自此，新零售成为零售业及金融业的热门名词。新零售催生新金融，新金融促成新改变。"新零售"模式或许可以对当前正在推进的网点转型带来一些借鉴和启示。

一、新零售的内涵

新零售是一种以"效率和体验"为导向，以"技术和数据"为动力的新型商业模式，它包含以下几个关键点：

1. 高度重视客户体验

新零售环境下极其注重客户体验，把为客户提供舒适愉悦又高效便捷的体验作为极致目标，既要为客户提供无边界、一站式的服务，又要为客户提供个性化、差异化服务，各项服务能够根据客户需求进行定制化配置。

2. 线上线下相互融合

新零售环境下，线下更加注重消费者体验，追求为消费者带来更加便捷、高效、愉悦、个性的体验；线上则更加"聪明灵活"，通过搭建各种平台，提供线上场景服务或电商平台服务，更加敏捷地为客户提供全方位、多渠道、全场景的综合服务。

3. 金融科技做支撑保障

新零售环境下，科技支撑必不可少，"大云平移"（大数据、云计算、平台化、移动化）等技术是做好新零售的良好保障。通过强化科技力量，让金融为各类消费场景提供底层服务、敞开式服务做保障。同时，通过科技力量，降低服务成本，提高服务效率。

---

① 作者系罗庄农商银行党委书记、董事长。

二、新零售在银行业的典型案例及启示

阿里巴巴推出的"盒马鲜生"和亚马逊推出的"Amazon Go"书店，成为零售业"新零售"的直接典型，新零售在金融业的实践，则以平安银行的"新零售门店"及浦发银行的 API BANK 为典型代表。

1. 平安银行"新零售门店"

平安银行广州流花支行，是一家纯零售网点，网点只有 2 名工作人员，网点面积较传统网点缩减一半，通过在空间、家具等方面嵌入智能化、人性化的配套设备，形成以"智能化 + O2O + 客户体验"为核心的服务体系，客户 90% 的业务可以自助完成。网点内陈列了各类金融产品，客户在"逛"银行的同时，扫一扫二维码即可了解产品详情，并可随时进行产品咨询或购买。在"综合金融服务区"，客户可办理平安车险、证券、好医生等多项业务，专业的综合金融服务团队和远程投顾团队会为每一名客户量身定制个性化金融服务方案。同时，该新零售门店还引入了社区化经营理念，携手众多战略伙伴，在"衣食住行"多场景中提供便捷高效的金融生活体验。

2. 浦发银行 API BANK

API BANK，是浦发银行在 2018 年 7 月推出的无边界开放银行。API BANK 就像一个连接器，可以将银行服务嵌入各个合作伙伴的平台和业务流程中，实现以客户为中心、场景为切入，无界延伸银行服务触点，无限创新服务和产品。例如，客户如果办理出国、跨境电商等业务，原来需要跑很多部门，使用多个系统，花费数天时间，现在则可以通过 API 一站式完成。在这里，金融与场景"互通互联"，银行与合作伙伴"开放共享"，金融与非金融服务无缝融入客户生产生活的各个场景。浦发银行副行长潘卫东做了一个形象的比喻：API 里可以有萝卜、西红柿等，客户按照自己的需要，可以单点，也可以搭配，而浦发银行就像一个大厨，创造无限组合，匹配无穷需求。

3. 瑞丰银行的新零售战略

在农商银行系统中，瑞丰银行是较早把零售业务发展列为全行战略目标的农商银行之一。2018 年初，瑞丰银行把实施"新零售战略"作为全行战略目标，并以此作为迈向全国一流农商银行的重要抓手。该行的新零售战略坚持以客户体验和科技支撑为中心，以建设轻型银行为导向，以零售金融、小微金融、产业金融、网络金融、同业金融"五大金融"为新零售业务体系，并在科技系统支撑、人力资源支撑等诸多方面明确了一系列配套措施，转战"新零售"的目标、战术清晰而有力。

4. 小结

新零售环境下的物理网点，呈现出"综合化、场景化、智能化、个性化"特征，将承担起新的角色和功能，如智慧银行、社区银行、财富中心等。它是综合的，能够为客户提供一站式新零售服务；它是智能的，能够为客户提供高效智能无边界服务；它是社区化的，能够为客户创造高品质体验；它是轻型化的，运营成本将达到更低。

三、新零售对当前网点转型的启示

1. 理念转型——以客户体验为中心

长期以来，银行的运营一度以内控为中心，产品服务极度缺乏让客户满意的体验。互联网时代背景下，各种便捷、高效、新颖的服务极大满足了客户需求，也抬高了客户的"口味"和对体验的要求。想要取得长足发展，就需要彻底转变思维，以客户体验优先的原则重新审视内部管理，真正"以客户为中心"，进行各种产品创新和服务改进。日本著名零售店"7 - Eleven"创始人铃木敏文曾说："不是为了顾客，而是要站在顾客的立场考虑。"今后，农商银行所做的每一项工作，都应该把客户体验放在第一位；制定的各项制度办法，也应该以客户利益为出发点。能让客户跑一次的，绝不能让客户跑两次，更不能拿银行的内部制度为难客户，要真正站在客户的角度，做好综合服务和深度经营，为客户提供全渠道、无缝式、定制化、便捷化的产品和服务，当好客户的"金融管家"和"生活助手"，助力客户财富增值、价值提升。

2. 融入场景——线上线下一体化

当前，客户去网点的时间间隔越来越长，金融行为也越来越"无感"。我们可以随时随地进行购物、缴纳水电费、叫外卖、抢红包，金融行为时时相伴，却已经脱离了现金和网点。原来，银行网点都设在人流量大的地方，因为那是唯一的获客渠道。但现在，获客渠道正在逐步往线上转移。如何通过线上获得客户，是农商银行未来要着重考虑的问题。全渠道融合、多场景联结或将成为批量获客的新模式。《银行3.0》中提到："我们都需要银行业务，但是我们未必需要银行来实现这种功能。银行的核心价值观就是功能，而非银行本身。"新零售环境下，谁占领了场景，谁就占领了客户，我们需要依托银行的"功能性"，去建平台、引流量、接场景，实现家庭、社交、出行、购物的"全场景"联结，就像浦发银行的 API BANK 一样，通过延伸服务边界来构建金融与泛金融一体的生活服务方案，满足客户各类需求。

3. 技术驱动——注重科技支撑

当前，金融科技的作用再怎么重视都不为过。人工智能、大数据、分布式技术（区块链、云计算）、互联技术（物联网）、安全技术（生物识别、加密）等关键技术，在金融领域紧紧围绕智能风控、智能营销、智能运营、智能监管等方面的应用，已经并将持续对银行业的产品服务、商业模式、经营理念等带来深刻变革，推动银行业实现产品服务和商业模式的创新。对农商银行而言，提升数据质量，启动数据治理工程，接入各类数据资源是当下必须沉下心来解决的问题。我们需要通过网格化管理、大数据分析，绘制客户全视图，实现精准化营销；通过后台的数据中心对客户需求的分析，对客户进行细分管理，并对特定群体定制研发新产品，提供个性化服务，同时与其他渠道结合，通过交叉验证，有效降低风险；通过商圈运作、资源整合，为客户提供场景化、综合化、多元化的服务，以满足客户的复合需求，满足客户多样化的金融和非金融需求。

4. 以人为本——提升组织战斗力

长期以来，外勤人员习惯于通过人脉建立自己的客户圈，业务圈扩张较为缓慢；内勤人员则长期囿于柜台之内，疲于应付门市业务，加上没有相应的考核激励措施，营销意识、营销能力较为匮乏。如何推动外勤人员从被动获客到主动获客、内勤人员从交易操作型向营销服务型转变？这无疑是一项漫长又复杂的工程，牵扯到服务理念、业务能力的转变，也牵扯到考核措施、文化氛围的转变。我们需要真正发扬"挎包精神"，迈开腿、张开嘴，花时间、花力气去营销更多的"圈外"客户，形成一套精细化营销体系和一支专业化营销队伍；需要用好数据化管理和网格化营销，圈住更多"网内"客户，以数据化、网格化推动获客渠道转型升级；需要全面提升员工综合能力，打造复合型综合型人才，让更多人员在财富管理、专业营销、风险把控等方面穿梭自如；需要加强内外部学习，切实改造现有人才的眼界、心态、技能，提升组织活力和战斗力。

关于村镇银行业务转型与发展的思考

张树元[①]

一、前言

本文将重点针对在当前经济发展的新形势、新环境下，村镇银行这类新型金融机构，如何在日益激烈的竞争中，认清当前严峻形势，立足本地，回归本源，牢记初心，不忘使命，做好战略转型及业务合作，做好新常态下的金融服务和创新谈一点感受和想法。

二、背景

（一）同业银行的竞争

近年来，银行竞争日趋激烈，四大国有商业银行不再是昔日的金融巨头，股份制商业银行、城市商业银行、村镇银行相继快速发展，新网银行、微众银行、蚂蚁金服等新型民营银行更是后来居上，加上众多小贷公司逐步兴起，传统银行业务获客越来越艰难，营销成本只增不减，客户忠诚度不高，不良贷款双升，经营利润水平下降，使得原本弱小的村镇银行转型发展成为必然。

（二）互联网金融冲击

随着信息技术的不断发展，互联网金融汹涌崛起，云计算、大数据、移动支付都使人们的生活发生了翻天覆地的变化，金融科技的冲击，颠覆了传统银行物理网点的服务模式，网贷平台的风生水起，让传统银行的业务受到强有力的挑战，使得村镇银行不得不在强劲对手的压力下，谋求转型发展之路。

三、村镇银行业务转型面临的问题

1. 受监管政策的限制。对村镇银行除市场定位、服务区域等明确规定外，也明确了村镇银行不得异地同业存放，不得购买理财产品，不得买入贷款，不

---

① 作者系四川北川富民村镇银行行长。

得办理转贴现等限制。

2. 受自身资本及规模限制。村镇银行注册资本普遍较小，资产规模不大，因此根本无法加入同业拆借市场。

3. 发起行的管理体制。个别发起银行，把村镇银行按所辖支行进行管理，使得村镇银行没有自主经营基础，听令于发起银行。

4. 经营层授权范围和大小的约束。发起银行或董事会对村镇银行经营层的授权，有的充分授权，有的部分授权，有的没有授权，导致村镇银行间虽然有合作意愿，但由于权限问题，合作审批结果不确定，审批效率低下。

5. 信息不对称。目前村镇银行发起人不一样，管理体制不一样，各自的风险偏好及管控水平就有差异。除银监会年度监管评级外，村镇银行间无法及时了解和掌握合作伙伴的真实经营情况。

四、村镇银行业务转型发展的意义

（一）适应市场变化、提升自身竞争力的需要

随着市场环境的不断变化，村镇银行面临的同业机构竞争压力巨大，大部分村镇银行面临着经营网点少、服务模式单一、技术薄弱等问题。应进行网点转型，在紧随其他银行发展步伐的同时，立足自身实际，不断优化网点结构和功能，逐步进行一站式的营销与体验式服务，增强网点服务能力，严格标准化、规范化服务，创造温馨舒适的金融服务环境，以差异化、可触式的客户体验，适应市场变化，以达到提升自身竞争力的目的。

（二）增强获客能力、提升客户满意度的需要

目前，村镇银行发展历程较短，许多制度在业务发展中还没有一套完整的体系，更多的是依靠发起银行的援助，客户开发和维护仅依靠传统方式进行，网点的局限性使其在服务客户的过程中，满意度并不高，网点环境、业务效率、服务态度、内部管理都有待提升，在制度执行与服务的过程中，缺乏统一的标准，使得客户体验并没有大型银行的"正规感"。通过网点转型，不仅能够以外在的形象提升品牌，也可通过内在的服务加大获客力度。在外在与内在的结合服务中，不断优化服务模式，了解客户需求，以差异化、个性化的服务提升客户满意度与忠诚度。

（三）改善盈利模式、立足长期发展的需要

新常态下，传统的银行服务模式越来越举步维艰，利率市场化使得银行的存贷利差不断收窄，贷款质量与规模下降，不良贷款攀升，对公业务开发成本高，稳定性不佳。村镇银行要想在竞争新常态下斩获一席之地，唯有转型发展，

改善盈利模式，创新发展渠道，善用零售金融营销，深耕细作客户分层，提升网点实效，才能立足长期发展。

五、立足现实，我行凸显村镇银行特色服务本地做法

（一）创新"三农"、小微业务标准化流程，全面提升金融服务水平

为提升我行金融服务水平，有效支持"三农"、小微企业的发展，2012年8月，我行在世界银行集团国际金融公司的支持下，成功引进国际成熟的小额贷款技术，成立了四川北川富民村镇银行微小贷款中心。微小贷款中心采用国际小微信贷标准化贷前、贷中、贷后技术，在客户经理尽职履责、风险控制前移（注重一线实地调查，交叉验证）的前提下授权微小贷款中心贷审小组成员50万元以下（含）贷款审批权，对客户调查后进行实时审贷，3~5个工作日就能完成贷款的办理，缩短了调查、审批、发放时间，在把控风险的前提下，简化贷款办理流程。为小微企业、个体工商户提供更为广泛的金融服务，有力支持当地实体经济稳健发展。截至2017年末，我行累计发放"三农"、微小贷款10645笔，累计金额53.64亿元。

（二）创新开发支农支小贷款产品，支持实体经济发展成效显著

为积极支持当地"三农"发展，充分发挥信贷资金的帮扶效力，多形式制订落实信贷方案，创新开发"富民农贷通""富民农链通""富民安居贷""扶贫快捷贷""妇女创业贷款"等系列产品。

一是通过创新开发"富民安居贷"，积极配合北川县政府灾后重建，对北川县漩坪乡173户贫困农户发放危房改造贷款603.4万元，帮助在"5·12"特大地震中失去家园的贫困户改善居住环境，既有效地解决了贫困户的温饱问题，也为今后贫困户扩大生产、增加收入奠定了基础。

二是通过创新开发"扶贫快捷贷"，积极扶持残疾人福利企业，帮助残障人士创业立业。我行先后向残疾人福利企业及残疾人创业者发放贷款46笔，金额达1162.7万元，解决了近40名残疾人的就业问题，帮助其走出生存困境。尤其是我行为永安镇残疾人肖良发购置三轮车，为在"5·12"地震中致残的"可乐男孩"杨斌开办洗车场提供残疾人信用贷款，帮助他们重拾生活的信心，奋发图强。

三是通过创新开发"妇女创业贷款"，采取"妇联＋农户"的合作模式，支持受灾妇女发展家庭作坊、手工羌绣、旅游服务、农家乐等项目的自主创业，历年来我行累计发放妇女创业贷款45笔，金额356万元，1000余户家庭受益。

四是有效支持小微实体经济的发展，我行陆续创新开发"富民成长贷""富民农贷通""富民利贷宝"等金融产品，专门为中小企业提供全方位信贷服

务，从而实现小微金融的全覆盖。2016 年我行"富民农贷通"以其专有、灵活、快捷、普惠、小额等特色在数千个信贷产品中，脱颖而出，获得了"2015 年服务三农五十佳金融产品"的殊荣。

五是为解决小微和涉农企业融资贵问题，我行创新研发了"富民利贷宝"，在本行办理结算或代发工资的客户，申请贷款时其贷款额度中与其结算账户或代发工资账户存款日均余额相等的部分，可享受人民银行同期同档次基准利率，为企业节约融资成本。

六是为解决小微和涉农实体企业续贷难问题，我行适时推出"富民连连贷"，允许符合条件的小微、涉农实体经济续贷或顺延贷款周期，帮助其解决长期依赖于民间高成本借款搭桥归还贷款的难题。

（三）创新探索丰富担保手段，灵活多样支持"三农"、小微发展

一是我行率先以林权抵押的方式对四川北华农林开发有限公司发放贷款 400 万元，使该企业及时获得了生产经营周转资金，为该企业的长久稳定发展奠定了基础。在贷款办理过程中采取实物抵押（房产、机器设备、存货、林权）双方协商定价的方式，为客户节约各项评估费，努力降低小微实体经济融资成本。

二是积极探索开展农村土地流转经营权抵押贷款业务。例如，绵阳市果老源农业开发有限公司是草根能人创办的现代农业企业，该公司以"科研所 + 高标准示范基地 + 家庭农场 + 新型职业农民"的经营模式，专业种植加工青梅、猕猴桃、枇杷等。由于企业初创，自身担保能力薄弱，贷款申请屡次遭到银行拒绝，流动资金缺乏成为该公司创业发展的瓶颈。我行了解到该公司的资金需求后，经过缜密分析，针对该公司无法提供传统抵押担保的状况，为其特别定制了以其土地流转经营权做质押的授信方案，并积极奔走联系当地政府、村委会，将其土地流转经营权进行质押备案，以"银政企"三方合作的模式，高效为果老源农业开发有限公司先后发放贷款 350 万元，破解了初创期企业传统抵押物不足而出现的融资难题，有效支持该公司实现万亩果园带动千户农民增收的示范效应。

三是开展双基惠农做深涉农贷款业务。为实现全行"三农"金融业务稳步增长并达到监管评级要求，我行制定了"三农"与小微企业金融服务发展战略和规划，结合金融精准扶贫工作，积极在北川相关村镇推广双基惠农合作模式，深度挖掘"三农"信贷市场。我行三农服务中心负责人挂职农村党支部，与陈家坝镇小河村、红岩村、双埝村、金鼓村、安昌镇群联村、永安镇永明村、擂鼓镇盖头村、楠竹村党支部签订了框架协议；在上述村委会设立了信贷服务工作室；采取"银企社农"多赢发展模式，积极支持农户加入当地种养殖专业合

作社；并与合作村社党支部一道对当地建档立卡贫困户进行调查分析，对有劳动能力、有就业创业潜质的贫困户及时发放小额信用贷款，为农户提供信贷支持。同时，我行还为农业企业上下游关联的农户发放小额贷款，使我行信贷结构更趋合理。截至 2017 年末，我行已向达成双基合作的村社建档立卡贫困户发放小额信用贷款 44 万元，发放双基惠农贷款 49.6 万元，双基惠农贷款余额已达 632.6 万元。

（四）做强核心企业，带动产业发展

一是我行采用"专业合作社 + 农户""龙头企业 + 农户"等模式，对专业合作社和龙头企业建立授信支持。通过做强核心企业，带动产业发展。我行紧紧围绕灾后恢复重建以及北川地方经济发展的主旋律，在生态旅游、专业合作社、生猪养殖、魔芋、药材等产业累计发放 7.06 亿元贷款，有效支持了北川地方经济发展。

二是地震后，为北川县禹露茶业有限公司提供信贷支持共计 505 万元，通过发放扶贫再贷款，确保茶叶的收购，带动贫困户入股禹露茶业有限公司，以产业化龙头企业的订单帮扶，使建档立卡贫困户实现脱贫增收，既保证了茶叶收购价格的稳定，也带动了当地几千户农民致富。

三是为三台县藤椒种植的龙头企业四川梓州农业科技开发有限公司累计发放贷款 800 万元，通过"龙头企业 + 产业园区 + 合作社 + 产业扶贫"的发展模式发展带动了三台 14 个乡镇 4.5 万亩藤椒种植产业。

（五）践行社会责任，推动乡村发展

一是近几年来，我行大力推广农村地区居民健康卡业务，通过"医疗 + 保险 + 金融"一体化服务模式深入服务乡村地区发展。

二是我行积极推进精准扶贫，发放 252 笔共计 7483 万元的产业扶贫贷款，带动 10 人就业，帮助 132 个家庭增收，采取"一村一策、一户一法"的扶贫方式，激发贫困群众内生动力，拓宽稳定增收渠道。

三是我行针对陈家坝镇 6 个自然村的农业经济形态，研究落实了为参加小河村蔬菜种植专业合作社、四坪村黑猪养殖和旅游专业合作社、金鼓村茶叶种植专业合作社、红岩村羌绣专业合作社、大竹村藤椒种植专业合作社的 100 多户贫困户每户发放 1000～2000 元，期限为两年，基准利率的小额扶贫贷款，把金融精准帮扶落到实处。

六、面向未来，不断探索村镇银行业务发展的路径

虽然面临诸多困难，但是村镇银行间加强合作是必然趋势。

1. 共同呼吁政策扶持。在不同地方、不同层面，村镇银行可以在制度政策

方面提出诉求，取消存款等方面的歧视性规定。

2. 创建信息共享平台，通过建立互联网网站、应用软件交流平台等加强村镇银行间的交流，增进村镇银行间的相互了解。

3. 充分利用好论坛、地方金融杂志，以实现中小银行经验分享。

4. 发挥银协村镇银行工作委员会的职能作用，加强村镇银行间在产品、流程、产业研判、风险管理等方面的交流与讨论，以实现村镇银行间互帮互助。

5. 作为具有独立法人资格的村镇银行，应完全按银监会制定的管理规定打基础，逐步完善公司法人治理结构，始终坚持自身市场定位，适应新常态下经济转型与互联网金融蓬勃发展，不断提升自身风险管理水平和经营能力，实现自主经营。

金融支持跨境经济合作区设立策略研究

闫晓春①

摘要： 党的十九大报告指出，要以"一带一路"建设为重点，形成陆海内外联动、东西双向互济的开放格局。黑河是中国对俄合作的重要窗口，是"一带一路"中蒙俄经济走廊的重要节点，设立中俄黑河—布拉戈维申斯克跨境经济合作区顺应我国新时代全面开放新格局发展大势。而金融作为现代经济发展的核心，在跨境经济合作区建设和发展的过程中，必然扮演着重要的角色。金融服务的提升，将促进区域内金融资源优化配置，更加有利于跨境企业投融资及合作项目的推进。本文在对黑河与阿穆尔州设立跨境经济合作区的政策集聚优势进行梳理的基础上，从跨境经济合作区对金融支持需求的角度着手，剖析黑河市金融支持跨境经济合作区设立方面的现状，进而得出黑河市在设立跨境经济合作区过程中面临的金融支持困境，结合沿边金融发展实际情况，分别从宏微观方面提出切实可行的政策建议。

一、政策背景

新时代下，我国推动形成全面开放新格局，加强"一带一路"建设。设立中俄跨境经济合作区是我国形成全面开放新格局的重要一环，将推动沿边地区从改革开放"末梢"走向"前沿"，黑河与阿穆尔州跨境经济合作区的设立将进一步深化中俄全面战略协作伙伴关系，培育以黑河为代表的沿边地区经济发展内生动力，优化区域开放布局，促进沿边与沿海经济协调发展。从我国来看，自中国加快沿边开发开放步伐以来，国家出台了《关于支持沿边重点地区开发开放若干政策措施的意见》《关于全面振兴东北地区等老工业基地的若干意见》《关于加大边民支持力度促进守边固边的指导意见》等文件，将推动跨境经济合作区建设作为深化与周边国家和地区合作的重点，是加强东北振兴与俄罗斯远东开放战略衔接的接点。黑龙江省《"十三五"规划纲要》《参与建设丝绸之路经济带和21世纪海上丝绸之路实施方案》等文件中提出，要谋划建设、推动

---

① 作者系中国人民银行黑河市中心支行副行长。

设立黑河跨境经济合作区。

从俄罗斯方面来看，俄罗斯实施亚太东进布局，战略重心向远东转移。俄罗斯对加强布拉戈维申斯克与黑河的合作意向强烈，高度重视亚太地区地缘政治优势，将远东地区视为其在亚太地区的前哨，成立了专门主导远东地区开发的俄罗斯远东发展部，积极设立"阿穆尔河沿岸超前发展区"。中俄总理第二十二次定期会晤联合公报明确表示，"将研究在跨境合作项目周边建立跨境经济合作区的可能性"。俄罗斯远东发展部部长在中俄总理第二十二次定期会晤期间明确表示，将把设立黑河—布拉戈维申斯克跨境经济合作区提到远东发展部的层面推进。俄罗斯扭转经济走势，远东成为经济增长新亮点。受世界经济增长放缓、国际大宗商品价格持续走低的影响，加上乌克兰危机的国际政治干扰，特别是受俄罗斯与西方国家间的相互制裁冲突影响，近几年俄罗斯经济下滑严重，但远东地区总体形势却好于全国，俄罗斯通过出台一系列远东地区发展政策，探索将远东地区打造成俄罗斯经济增长的新动力，扭转俄罗斯经济负增长的态势。

二、跨境经济合作区的金融需求

（一）对银行金融服务支持的需求

跨境经济合作中的投资、贸易和服务往来需要银行提供各种金融服务，主要体现在三个方面：首先，需要构建和开发跨区域、多层次的区域支付清算系统和结算工具，为双边贸易的发展提供结算以及规避风险等功能，为企业、地方政府、个人以及其他金融机构搭建便利、安全及高效率的资金支付结算和管理平台。其次，需要为企业提供多种业务服务，如备用信用证、远期利率协议、贷款承诺以及各种衍生产品交易的指导。此外，还需要银行提供多币种的活期存款、定期存款、活利账户——外币协议储蓄以及代客境外理财——海外债券系列、代客境外理财——结构性票据系列、结构性投资账户、优利账户、专业保管箱等金融服务。最后，需要银行加强金融工具的创新，为跨境经济合作过程中出现的新的金融需求提供支持，如实现电子化服务，开通掌上银行、全球速汇通服务等。

（二）对资本市场金融服务支持的需求

资金短缺是制约经济发展的主要因素之一，因此，积极建立和拓展区域性、多层次的资本市场，扩大直接融资的范围及作用，不但可以提高外资企业的投资积极性，使跨境经济合作中出现的资金供应不足状况得到有效缓解，还能使两国的经济产业结构得到优化：一是可以争取将更多效益好的企业推荐上市；二是可以通过已经上市的企业来实现"借壳上市"，并通过整合重组等手段，带动相关产业的发展。此外，资本市场还与债务经济相关，跨境经济合作除了要发展股份制经济外，还要利用债券融资等形式来扩大企业自身的融资功能，解决融资难问题。

（三）对保险业金融服务的需求

随着跨境经济合作的发展，赴国外进行投资的企业将会越来越多，然而，这些企业将会面临投资地更多潜在的市场、政策和汇率等风险，并且投资成本高，回收期就长，面临的风险系数也就越高，较高的风险溢价势必会增加企业到海外投资的成本及难度。而保险作为金融支持中重要的资金融通及风险保障机制，必然要充分发挥其职能和作用。在人民币国际化趋势不断加强的新形势下，"一带一路"建设对保险资金的需求更加迫切，急需拓宽保险资金的境外投资范围，实现保险资金在全球范围内的多元化配置，来分散并降低投资风险。但是，我国区域间保险领域的金融服务仍然是一块短板，因此，为了鼓励更多的企业"走出去"，发展跨境经济合作，就需要进行跨境各国的保险领域合作，并鼓励建立银保联动机制，充分发挥保险领域的金融支持作用。

（四）对金融监管服务的需求

全球金融市场相互连接、相互依赖，并且关系越来越紧密，跨境经济合作也推动金融机构进行跨境经营化，但是这种跨境金融机构的金融服务面临着更大的系统性风险和非系统性风险，因此需要合作双方在跨境金融监管政策方面进行协调，实现统一。应完善包括外资及中资在内的跨境金融机构的监管制度，建立多边、双边层次的金融监管合作机制，尤其是建立信息共享制度。

三、黑河沿边金融发展现状与存在的问题

（一）发展现状

自 20 世纪 90 年代起，我国与周边国家开始签署双边边贸本币结算协定，以推动在边境贸易中使用双边本币进行结算。中国人民银行陆续与越南、蒙古国、老挝、尼泊尔、俄罗斯、吉尔吉斯斯坦、朝鲜、哈萨克斯坦等国家的中央银行签订了双边边贸本币结算协定，允许在我国与周边国家的边境贸易结算中使用双方本币或人民币。2002 年，中俄两国确定在双边贸易中可以使用人民币与卢布进行结算，本币结算 16 年来，规模不断扩大，对于促进中俄边境贸易发展意义重大。黑河市作为中国面向俄罗斯的重要窗口，近年来沿边金融业得到很大发展。

一是金融体系逐步健全。截至 2017 年底，黑河市共有各类金融机构 65 家：银行类金融机构 15 家，其中政策性银行 1 家、国有及国有控股商业银行 6 家、

城市商业银行 1 家、地方法人银行 7 家；保险类金融机构 22 家，其中财险公司 12 家、寿险公司 10 家；证券类金融机构 5 家；融资性担保公司 6 家；小额贷款公司 14 家；农村合作金融公司 1 家；股权投资基金公司 1 家；民间借贷登记服务中心 1 家。

二是金融业务稳步增长。截至 2017 年末，黑河市全金融机构本外币存、贷款余额分别为 752.8 亿元、585.9 亿元，同比分别增长 5.3%、4%。其他金融业务的增长情况如表 1 所示。

表 1　　　　　　　　　2017 年末黑河市金融业务概况

项目	金额（亿元）	同比增长（%）
银行机构各项存款余额	752.8	5.3
银行机构各项贷款余额	585.9	4
保险机构保费收入	32.06	29
证券机构投资者总资产	26.07	7.5
小额贷款公司注册资本总额	5.2	—
小额贷款公司贷款余额	4.78	3.9
融资性担保公司注册资本总额	3.07	—

三是金融产品日益丰富。近年来，黑河市金融机构在跨境业务合作、贸易金融等方面加大探索力度，推出了跨境同业融资、同步交收、中俄"速汇通"、跨境人民币等多样化产品，其中，黑河农商银行于 2017 年推出的人民币对卢布同步交收业务目前全国只有 4 家办理行；外币现钞兑换和自营外汇买卖币种不断丰富，目前支持 10 种外币现钞兑换和外汇买卖业务；外汇买卖业务规模不断扩大，截至 2017 年末，黑河市全金融机构外汇买卖业务余额达 58.77 亿元。

四是企业上市直接融资实现新突破。通过开展宣传推介、辅导培训、建立企业上市孵化基地等多项措施，黑河市企业上市工作实现了历史性突破。2016 年 4 家企业、2017 年 1 家企业进入资本市场挂牌，其中金禾股份公司、红河谷汽车测试公司在新三板挂牌。截至 2017 年末，已有挂牌企业 9 家、拟挂牌上市企业 15 家。

五是金融业对经济的贡献度进一步提升。2017 年，黑河市实现金融业增加值 22.42 亿元，增长 7.8%，占地区生产总值的 4.4%，占第三产业增加值的 11.8%。2017 年金融业实现地方税收 1.82 亿元，同比增加 0.15 亿元，增长 8%，占税收金额的 13.4%，占第三产业的 23.9%。近年来，黑河市积极开展政金企对接合作，金融各业有效落实国家供给侧结构性改革政策，积极为黑龙江大桥、五大连池德都机场及棚户区改造等重点项目工程提供金融服务，确保项目工程顺利推进。

（二）存在的问题

1. 宏观层面

（1）金融市场运行机制差异较大

跨境经济合作区的金融支持程度，有赖于中俄两国金融市场的发达程度，目前，从整体上来看由于两国金融市场起步比较晚，在相关的法律、担保、信托等制度环境上也相对欠缺，外汇管制非常严格，区域内的资源配置功能不能得到有效发挥，进而影响跨境经济合作区金融市场间的整体运行。

（2）缺乏有效的监管体系

由于金融机构的组织和业务结构变得越来越复杂，跨境经营大多数是以表外业务形式开展，由此增加了金融监管获取完整监管信息的难度，同时也会增加信息的不对称程度，这两方面原因使得金融支持跨境经济合作区面临着各种金融风险，加大了监管难度。同时，目前还没有形成一个专门针对跨境经济合作区建设和发展的金融监管体系，即使设立了跨境经济合作区，金融活动的监管也仅仅是单个政府的事情，金融监管的主权行为被限制在国别范围内，跨境地区的金融行为会存在许多监管的真空地带。

2. 微观层面

（1）金融机构的发展实力及金融创新水平有待增强

金融机构的市场化程度在很大程度上制约着跨境经济合作区的设立。主要表现为：资本市场发展不足，直接融资规模偏小；金融组织结构虽有所优化，但整体结构不够合理，银行业一家独大，保险、证券等差距较大，仍需不断加强；金融产品创新不足，难以满足企业多元化投融资需求。

（2）较大的汇率风险给企业贸易结算带来不便

2014年底以来，伴随着欧美制裁和原油价格大幅下跌，俄罗斯卢布大幅贬值，2015年底贬值约200%；伴随着油价回升，俄罗斯经济企稳，2016年2月以来，俄罗斯卢布反弹约30%；截至2017年末，俄罗斯卢布较2008年初贬值约140%。此外，目前黑河与对岸布拉戈维申斯克的经贸往来大多是小额边境贸易，中俄两国货币还不是主流的国际储备货币，在跨境经济合作中，面临更大的汇率风险，为企业的贸易结算带来不便。

（3）跨境人民币业务不完善

目前黑河市虽然已经开展了人民币结算业务，取得了一定的成绩，但是还缺少相关市场，存在一些问题：在银行结算、清算环节，现钞不能实现落地兑换并流通，延缓了本币结算的发展；俄方对现钞按总金额的1.5‰计收费用，成本较高，同时存在安全隐患，使现钞跨境运输较难。

四、推进黑河市跨境经济合作区金融支持的对策建议

（一）宏观方面

1. 加强金融外汇政策支持

一是对跨境经济合作区产业和基础设施项目优先给予金融支持。支持银行业金融机构对企业境外项目投放人民币贷款，支持符合条件的区内企业和金融机构按规定在境外发行人民币债券，募集资金可根据企业需要全额调回。

二是准予开展跨境人民币创新业务政策，推行跨境融资、跨境担保、跨境贷款等业务，实现人民币跨境使用便利。

三是鼓励开展个人本外币兑换特许业务，在有效监管的基础上实现卢布在跨境经济合作区内自由流通、自由结汇，助力沿边金融改革顺利推进。

四是支持跨境经济合作区金融平台与总部建设。支持跨境经济合作区试点设立创新型金融机构和要素交易平台。支持境内外金融机构在跨境经济合作区设立国际性或全国性管理总部、业务运营总部等。

五是支持跨境经济合作区企业多渠道募集资金。实质性生产、税收在跨境经济合作区内的企业申请 IPO 上市或新三板挂牌、发行公司债的，监管部门比照深度贫困地区的优惠政策予以"即报即审、即审即发"。

2. 建立健全金融风险防范机制

一是统一监管标准。为了更好地监管金融支持跨境经济合作区的力度与水平，中俄双方需要在金融政策、货币市场、资本市场、企业制度等方面设定共同的监管标准，降低管理难度。二是加强中俄双方金融监管当局的交流与合作，明确监管范围。加强中俄两国之间、两国政府与金融管理部门之间的交流与沟通，形成监管合力，并且通过协商科学合理地界定监管范围，明确监管职责，防止出现监管空白。三是建立信息共享及监测机制。在跨境经济合作区内建立有效的信息服务平台，及时了解两国中央银行的金融政策，尤其注重对货币结算代理行资信程度的了解，并形成预警机制，确保双方信息能够及时反馈，降低信息不对称带来的损失，全方位防范和化解金融风险。四是完善金融执法体系。建立公平、公正、高效的金融案件审判和仲裁机制，对于跨境经济合作过程中出现的非法集资、洗钱、恐怖融资等犯罪行为，加强监管和打击力度，规范市场秩序。

（二）微观方面

1. 推动跨境人民币业务创新发展

推动人民币作为与"一带一路"沿线国家和地区投资、跨境大额贸易计价和结算的主要货币，加快人民币国际化进程。推进与俄罗斯远东地区开展双向

人民币融资，允许跨境经济合作区企业在一定范围内进行跨境人民币融资；允许跨境经济合作区银行发展跨境投融资业务、开展离岸业务和跨境人民币结算业务，扩大人民币跨境使用；允许跨境经济合作区内的金融机构和企业从俄罗斯远东地区及国外借用人民币资金。研究探索金融机构与俄罗斯远东地区同业开展跨境人民币信贷资产转让业务。允许跨境经济合作区内证券、期货、保险、基金等非银行金融机构与俄罗斯远东地区开展跨境人民币业务。深化外债管理方式改革，促进跨境融资便利化。

支持跨境经济合作区内银行业金融机构发展跨境融资业务，包括但不限于大宗商品贸易融资、全供应链贸易融资、离岸船舶融资、现代服务业金融支持、外保内贷、商业票据等。支持跨境经济合作区内银行业金融机构推进跨境投资金融服务，包括但不限于跨境并购贷款和项目贷款、内保外贷、跨境资产管理和财富管理业务、房地产信托投资基金等。

2. 拓宽跨境经济合作区金融支持渠道

充分发挥我国的大国作用，对跨境经济合作区的建设和发展提供资金和技术上的支持。一是加强跨境经济合作区内的金融机构如银行、保险、证券、基金、租赁、信托、小额贷款公司、融资性担保公司等的种类和数量建设，此外还要鼓励多种金融机构组建联合机制，共同支持跨境经济合作区建设和发展；二是支持和引导民间资本与其他资本按同等条件进入银行业，并且积极探索由民间资本集资成立的由自己承担风险的民营银行、金融租赁公司以及消费金融公司等金融机构，促进金融支持资本来源的多元化，以便规避各种系统及非系统风险；三是鼓励符合条件的金融机构到跨境经济合作区设立外资金融分支机构，在风险可控的前提下，也放宽对方到我国设立金融机构的准入条件，从而扩大金融的服务范围，提升跨境积极合作双方的金融支撑水平，推动跨境经济合作区更快更好地建设和发展。

3. 提升沿边金融服务水平

鼓励黑河市金融机构加大对跨境经济合作区各项建设的金融支持力度，结合跨境经济合作区产业和边贸企业特点，开展以知识产权、应收账款、库存商品、仓单等为担保的信贷业务。在跨境经济合作区增设银行分支机构和服务网点，进一步开发适合边民、特色优势产业发展需求的金融产品和服务方式。将区内银行分行级以下（不含分行）的机构、高管和部分业务准入事项由事前审批改为事后报告。建立准入事项标准化运营制度，对准入事项的内容、时限、手续进行全流程标准化管理，提高金融机构准入事项办事效率，推动金融机构对跨境经济合作区部分准入事项开放网上办理业务，设立金融机构准入事项绿色通道。

新常态下农信消费金融创新实践与探索

——以路桥农商银行为例

金时江　张玲晓①

摘要：面对经济"新常态"、金融脱媒、利率市场化的冲击，农信亟须转变重资产、重资本的传统盈利模式，走轻型发展道路。如何发展消费金融，增强新形势下的适应力和竞争力，增加收入和盈利来源，已成为当前转型面临的新课题。本文从消费金融的背景切入，以路桥农商银行为例，探索分析当前农信消费金融存在的四大难点，有针对性地提出了以"网格化管理"为基础，构建场景布局、产品研发、平台服务和风险防控四位一体的消费金融体系，为城乡居民提供更便捷、更高效、更有品质的金融服务。

党的十九大报告提出，要实施"乡村振兴战略"，建设美好生活。在"互联网＋"浪潮下，消费金融已然成为美好生活的一大重点。2016年3月，人民银行、银监会联合印发《关于加大对新消费领域金融支持的指导意见》，从积极培育发展消费金融组织体系、加快推进消费信贷管理模式和产品创新、加大对新消费重点领域的金融支持、改善优化消费金融发展环境等方面，提出了一系列金融支持新消费领域的细化政策措施。面对经济金融新常态以及消费金融的不断升温，农信大力发展消费金融等新兴业务，走轻型发展道路，显得至关重要。

一、发展消费金融的背景及意义

（一）什么是消费金融

传统意义上的消费金融主要指的是以小额、分散为原则，为各个阶层的消费者提供消费贷款的一种金融服务方式，具有单笔授信额度小、审批速度快、无须抵押、服务方式灵活、贷款期限短等独特优势。

美国银行家协会界定的消费金融是指银行消费贷款，是家庭金融的一部分；

---

①　作者单位为路桥农商银行。

日本的消费金融是指提供个人消费性融资的小额贷款，或者指贷款业界中以对个人无担保融资为主的业态。中国银监会在关于设立消费金融公司的请示文件中指出："消费金融是向各阶层消费者提供消费贷款的现代金融服务方式，有两大提供商——专业消费金融公司及传统商业银行。"无论哪种定义，都有两个相同的要素：一是对象均为"个人"；二是贷款用途均用于"消费"而非投资或储蓄等。

（二）当前国内外消费金融现状

1. 国外消费金融发展现状及启示（以美国为例）

美国的消费金融服务已有80多年的历史，目前已经形成非常成熟的消费金融机制，涵盖法律制度、个人征信体系、消费金融机构、消费金融产品、欠款催收与信用监管五个方面。因此，美国的消费金融环境对我国消费金融的发展有着积极的借鉴意义。

表1　　　　　　　　　　　　　　美国消费金融发展模式

项　目	主要特色
法律制度	从1968年开始，美国联邦政府在10年间制定了一套完整的消费金融法律系统，有《公信信贷法》《社区再投资法案》《公平催收行为法》等
个人征信体系	采用以社会化的征信公司为特征的市场化模式，征信服务机构都是独立于政府之外的私人公司
消费金融机构	除了传统的商业银行、金融财务公司等大型金融机构外，还有诸如信用合作社、学生贷款机构等非银行类金融机构
消费金融产品	主要有房屋净值贷款或额度、分期付款、个人信用贷款或额度以及发薪日贷款等
欠款催收与信用监管	由于机构内部设置催收部门需要占用大量的资源，因此许多贷款人倾向于聘用第三方催收机构来帮助催收欠款

2. 国内消费金融发展现状及模式

我国消费金融源于2009年银监会发布的《消费金融公司试点管理办法》，自此启动消费金融公司试点审批工作。试点初期在北京、天津、上海和成都四地各批准一家机构进行试点，目前已有19家消费金融公司开业，3家已获批。据招商证券统计，到2016年底，中国消费贷款余额大约为5.4万亿元，其中银行发放的消费贷款（不含按揭）余额是4.93万亿元，持牌消费金融公司的贷款余额大约为1000亿元，京东白条、蚂蚁花呗的余额分别约为1000亿元和2000亿元。与欧美发达国家相比，消费金融发展水平较低。当前我国消费金融经营模式主要分为三类，如表2所示。

表2 我国消费金融主要经营模式

类　别	经营模式
商业银行	传统信贷转型，注重产品创新和场景延伸，在传统信用卡、消费贷等产品的基础上，创新信贷产品、延伸消费场景、成立消费金融公司等
消费金融公司	既有类银行模式，也有偏互联网模式，但其最重要的价值在于牌照，能够享受更多元的资金来源、更宽松的监管和更灵活的业务经营
互联网消费金融	基于电商主业衍生出金融服务，目前从事消费金融业务的互联网金融企业多起家于电商平台，凭借自身消费场景、大数据优势向消费者提供分期购物、现金借贷服务等

（三）农信为什么发展消费金融

1. 发展消费金融是农信直面机遇和挑战、走轻型发展道路的必然选择。面对经济"新常态"、金融脱媒、利率市场化的冲击，农信亟须转变重资产、重资本的传统盈利模式，走轻型发展道路。作为农村中小金融机构，农信面对的客户群体小、微、散，如何发展消费金融，增强新形势下的适应力和竞争力，增加收入和盈利来源，已成为当前转型面临的新课题。

2. 发展消费金融是赢得金融同业竞争、巩固区域龙头地位的强大砝码。近年来，农村金融市场竞争日趋激烈，在其他商业银行"城市包围农村"的竞争格局下，同质化的服务与产品推陈出新。农信要想打赢农村市场保卫战，必须与时俱进，在村民消费上寻求突破，节约成本，提升实效，打开业务新局面，为加快转型发展赢得先机。

3. 发展消费金融是解决年轻客群缺失、产品不够丰富的有效举措。当前，农信的客群仍然以"60后"、"70后"为主，而"80后"年轻客群的消费习惯已然发生改变。发展消费金融，通过对客户的消费习惯、行为特征、性格爱好进行分析，及时、准确地推出个性化消费金融产品，既可拓宽获客渠道，又可提升客户依存度与满意度。

二、路桥农商银行消费金融创新实践

近年来，路桥农商银行审时度势，抓住机遇，以"消费金融"为着力点，注重产品创新和场景延伸，为城乡居民提供了便捷高效、差异定制的消费金融服务。

（一）对接购车需求，大力发展分期业务

经过多年的发展，汽车分期市场日趋成熟，再加上客户消费理念的更新，越来越多的客户开始选择各种分期产品。为此，路桥农商银行积极对接购车需

求，推出了汽车分期业务。一是充分调研做足准备。前期，该行对路桥汽车交易市场进行了调研，全年路桥汽车新车销量（拿临时牌）约为4万辆，金额56亿元，按揭占比40%，有三分之一为汽车厂家按揭，其余都是银行；二手车成交额约为100亿元，按揭占比50%，汽车分期业务具有广阔的发展空间。二是加强合作准确获客。经过前期的大量走访与调研，以担保公司为主要合作对象的间客式是目前市场上主流的业务推广方式。市场上的一些潜在因素，导致直客推广方式在汽车交易市场上存在较大的阻力。而担保公司以其丰富的车商资源、专业的营销团队、强大的催收团队以及利益共享机制，在为银行带来大量客户的同时也节省了银行的人力成本。抓住汽车分期获客关键是由第三方推荐客户后，引进两家担保公司，拓宽获客渠道；充分考虑地理、市场因素，选择吉利、路南两家支行作为经办行，重点开展该项业务。三是专线接入交管抵押登记系统。为提升业务办理速度，该行与市交通警察局多次协商，最终将办理汽车抵押的系统专线接入该行，代办汽车抵押登记业务。

（二）对接多元需求，加大信贷供给力度

鉴于客户还贷资金周转困难等因素，适时推出了福农卡产品。在产品定位上，明确福农卡是小额贷款卡及创业卡的互补产品，重点面向小额消费、临时资金周转的客户群体；在费率定价上，为了与普通贷款形成产品分层，特将费率定位为10%以上，金额上限为30万元。在风险管控上，自行开发了福农卡程序，可随时查询辖内福农卡客户授信和用卡明细；并将福农卡纳入综合授信，其不良与客户经理绩效相挂钩，按笔对福农卡不良透支进行追责和处罚，切实提高发卡质量。福农卡是一种全新的产品，有些客户因流动资金短缺、还贷困难而选择高息的民间借贷，再加上银行续贷时间差等其他因素，使客户的续贷成本大大增加。而福农卡正好满足了这种市场需求，减轻了客户负担。自2016年5月推出以来，目前不良率为0.37%。

（三）对接生活便捷，丰富消费金融场景

加强与方林汽车城、二手车市场、保险公司以及团区委的合作，推广ETC业务，让百姓享受高速一路畅行；积极发展"丰收智能付""丰收一码通"，依托商圈开展批量优惠活动；建成"丰收豆"客户积分管理系统，将客户在存贷款、信用卡、电子银行、中间业务等业务上的贡献度换算成积分，实现了积分的统一累积和兑换，客户可凭丰收豆到营业网点柜面、"丰收豆"商城兑换礼品，或直接用于看电影、洗车、超市消费等。同时，根据业务拓展的需要，该行适时将消费金融等新业务纳入丰收豆积分管理，迅速推广新业务，引导消费。

三、当前农信系统消费金融发展难点

从实践来看，当前农信系统消费金融发展存在四大难点。

（一）获客渠道非常狭窄

由于消费金融业务大部分以具体消费场景为依托，商户、店主以及中介机构的营销主动性往往决定了对应产品的业务量。尤其是随着"互联网＋"时代的到来，互联网企业利用其互联网平台，通过与电商或者线下消费实体结合，打造低成本的触手可及的消费场景，方便快捷地开展消费金融服务，如京东白条、花呗等。农信虽然是天然的社区银行，但客群仍以"60后"、"70后"为主导，且在构建消费场景方面存在一定的不足，获客渠道仍然较为传统，如依托走访调查，开展政、银、村合作等。

（二）消费产品同质化严重

尽管近年来农信紧随市场，依托信用卡推出了许多消费分期产品，如大额分期、信用卡分期等，也结合当下热点推出了汽车消费贷款、住房装修贷款等多项信贷品种，但农信有的，其他金融机构基本也都有，产品同质化问题比较严重，客户体验感不强，需求的灵活多样与产品趋向不足的矛盾仍然存在。在现有条件类似的情况下，低手续费率就成了主要的竞争手段。国有银行以及一些股份制商业银行因其较低的融资成本而采取低价策略，这严重制约了农信业务的发展。

（三）服务机制不够高效

消费金融的特点是"授信金额小、产品覆盖广、业务数量大"，这就决定了对于消费金融应尽可能配备专门机构、专业人员，并辅以整套流程，提供契合需求、高效便捷的服务。目前，农信在消费金融上有专门机构建立的少之又少，大多是依托业务部门设计产品并出售而已，且开发的消费分期产品远不及商业银行服务方式灵活、还款便利，如以实体卡为载体的"一卡一贷"模式也大大增加了业务成本。另外，由于银行业监管以及传统信贷业务的审批流程要求，现有消费信贷服务审批程序多、手续烦琐，需要提交个人资产证明等文件，与小额消费所需要的方便快捷服务形成了很大的差距，长时间的审核流程与互联网金融公司几分钟的基本审核相比差距较大，因而也抑制了一部分预期外的短期小额贷款需求。

（四）风险管控标准缺乏

目前，消费金融仍未形成一套规范化、体系化的风险管控标准。对外，仍未形成量化评估的风控标准。短时间内完成批量的申请资料审核，需要一套高

效的、流程化的计算体系，同时也需要大量的数据支持。对于合作机构准入方面，由于目前分期业务办理中客户的面签、调查以及后期的催收、追账等工作大部分交由担保公司去完成，所以对担保公司的准入把握显得尤为重要。而当前以人工每笔审核的方式去审查贷款资料，随着业务规模的增长也会对人员的素质以及人力的配备提出更高的要求。对内，未建立健全专项风控考核指标，使得客户经理营销消费金融产品的积极性不高。

四、新常态下农信消费金融创新对策

随着扩大内需、消费升级提速，消费金融市场迎来了黄金发展期，农信必须把握好这一新常态，以"网格化管理"为基础，以"消费金融"为业务转型新的突破口，深化场景布局、产品服务和风险防控，加快社区银行转型建设，切实推进普惠常态化，为城乡居民提供更便捷、更高效、更有品质的金融服务。

（一）深推网格管理，布局消费金融服务场景

消费金融做的是小额分散的借款，因此如何低成本抓住大量的优质客户成为发展消费金融的前提。我们认为，农信必须深耕网格管理，以"1+N"模式布局消费金融服务场景，其中"1"为网格批量授信，"N"为多种服务场景或模式。一是做实网格批量授信，完善信用数据库。加快消费金融发展的关键，则是通过收集个人全方位的信息和数据，建立起完善的个人征信计算方式。在网格管理中，必须因格制宜配备"一格四员"，即网格管理员（客户经理）、协管员、联络员和监督员。例如，针对市场商贸区，配备收单POS和能说会道的年轻员工，准确掌握、收集客户信息，捕捉客户新动态，完善普惠快车建档；通过三轮背靠背评议，进一步了解客户资产状况、人品、还款能力等，把握信用程度，作出综合授信，并对信息准确率进行验收，为消费贷款提供数据库。二是创新网格服务模式，拓宽获客渠道。加强对城区网格、特色网格、标杆网格的打造，以一网格、一服务、一典型管理模式，创新个性化特色化的服务，例如，城区网格以路分界、以人命名区别管理，深推百晓服务，潜移默化引导消费理念，探索研究客户消费需求和特点，培育消费信贷群体。加强与三位一体农合联、城中村改造、特色小镇等服务的对接，突出一行业、一特色、一产品的创新服务模式，例如，用好"社银联通"等工程，依托社保卡激活，进行批量获客。三是构建线上线下消费场景，提高客户体验。按照"随时、随地、随心"的渠道定位，依托微信平台，打造一月一主题的社区（村居）消费场景，通过大数据分析用户消费行为为信贷提供基础。线上，可充分发挥丰收购、丰收家等自营平台的优势，或者选择与电商深度合作构建消费场景，在线提供消费金融支持；线下，可与产品销售商或服务提供商共同打造线下消费场景，

提供高体验度的金融服务。如"丰收豆"客户积分兑换等，无缝嵌入消费场景，既满足了客户的金融需求，又提升了客户体验。

（二）融合居家生活，推出个性消费金融产品

金融产品的创新要从提高消费能力和消费水平出发，努力探索符合消费者需要的金融产品，满足消费者的需求。一是细分群体，构建产品体系。目前消费金融服务主要有四类主体人群。第一类是18~23岁的学生群体，他们的特点是低收入来源，但对于3C类产品需求大，要大力推广嵌入式的分期产品；第二类是23~30岁的年轻白领，他们的特点是较低稳定收入，但短期消费需求旺盛，急需推广如京东白条、闪电借款类的快捷消费贷款；第三类是30岁以上的上班族，他们的特点是较高收入，房车、旅游需求旺盛，如购房、购车、旅游分期贷等；第四类是40岁以上的人群，应关注旅游、重大疾病、子女教育支出、养老保障等消费。二是契合需求，创新休闲贷款。随着国家鼓励大众消费多项措施的出台，全民旅游时代已到来。农信在加大消费信贷市场拓展力度的同时，也要将信贷支持向旅游等对消费拉动明显的产业倾斜。可以结合长短游等特点，与资质过硬的旅游公司合作，开发旅游消费分期产品；与有特色的农家乐合作，开发休闲消费产品，提升生活品质。三是延伸服务，创新配套贷款。在推出购房分期贷的基础上，与家装公司和家居公司合作，配套推出家装贷、家居贷。例如，红星美凯龙旗下星易通汇与海尔消费金融联手打造的线上产品"星易·家居贷"，通过全线上便捷申请、30分钟极速放款、最长50天免还款等，让用户享受到全新的家居消费体验。同样，汽车分期贷推广后，还可为客户提供汽车保养、年检等服务，全流程为客户解决资金需求。

（三）革新服务模式，打造消费金融专属平台

针对消费金融额度小、覆盖面广等特点，设立消费金融中心，革新服务模式，打造消费金融专属平台。一是服务管理专业化。组建集策划、营销、风控等于一体的专业团队，专注消费信贷研究，集中式拓展消费信贷业务，带动大零售金融业务快速发展。二是营销管理数据化。消费贷款要依托大数据应用，逐渐脱离传统的"上街拉客"营销模式，转向预先选择客户的精准营销，在提升营销成功率的同时提前预警并避开高风险客户。要充分发挥CRM系统、网格化管理平台和精准营销系统的优势，分析出客户的消费偏好度，为客户提供专业化、规模化的金融服务。三是流程管理快捷化。探索将消费信贷与信息技术相结合，包括运用互联网等技术手段开展远程客户授权，实现消费贷款线上申请、审批和放贷；运用大数据分析等技术，打造自助式消费贷款平台，推广"一次授信、循环使用"，真正实现贷款如存款一样便捷，提升客户体验感。四是考核管理专项化。在考核以规模为主导向以利润为主导的过渡期，认清农信

仍处于消费金融发展初期，适当放宽利润考核力度，及时研究制定有效的消费金融考核指标，提高客户经理营销的积极性。

（四）建构风控标准，护航消费金融稳健发展

针对消费金融业务单笔交易金额较小、消费场景比较分散的特点，借鉴发达国家消费金融公司对放贷业务的整个生命周期都进行相应风控管理的经验，构建四位一体的风控标准体系。一是建立内外准入标准。一方面对贷款政策的制定、相关贷款产品的设计、贷款的金额和期限以及客户的相应特征都有明确规定，另一方面对中介公司进行涵盖税收、客户等多方面的量化评价，从而有效防范风险。二是建立客户评分标准。在录入相应的贷款申请后，设置评分项目，用系统估计目标客户的违约以及利用贷款进行诈骗的可能性，从而计算出相应风险的加权平均价格以及确定出贷款的最高额度。三是建立贷后管理标准。在放贷之后，通过实时监测客户的账户，正确记录客户相应的还款信息，并利用系统及时更新相应客户的数据库。在账户即将到期时，事前对过期账户提出相应的预警，以便及时开始后续催收的相关工作。四是建立不良处罚标准。制定消费金融专项不良考核办法，将不良与客户经理绩效相挂钩，按笔对不良进行追责和处罚，切实提高金融质量。

普惠金融　转型发展赢好评

——以乌审旗包商村镇银行大力发展农贷为例

王淑芝①

普惠金融的概念是由联合国在 2005 年提出的，是指以可负担的成本为有金融需求的社会各阶层和群体提供适当、有效的金融服务，小微企业、农民、城镇人群等弱势群体是其重点服务对象。2013 年，党的十八届三中全会将"发展普惠金融"确立为国家战略。2017 年全国金融工作会议提出建设普惠金融体系，加强对小微企业、"三农"和偏远地区的金融服务，推进金融精准扶贫的工作要求。

村镇银行落实监管要求，坚持扎根县域、坚守定位、专注农小、做精做优，在完善农村金融组织体系、激活农村金融供给市场、优化城乡金融资源配置等方面作出了积极贡献，已成为助力普惠金融发展的金融生力军，然而村镇银行该如何做？本文以乌审旗包商村镇银行转变经营模式，大力发展农贷为例，阐述该行在普惠金融方面的一些做法和经验。

乌审旗包商村镇银行作为乌审旗唯一一家村镇银行，始终坚持以"支农支小"为市场定位，践行"包容乃大，富农利民"的宗旨，积极响应党中央和地方政府的号召，发挥乌审旗政府推动地方经济发展战略载体作用，发动全员力量，深入田间地头，全力配合当地政府、中国人民银行乌审旗支行等，坚持"小额、分散"原则，大力发展农贷，做好精准扶贫工作。

第五届全国金融工作会议中多次提及"服务实体经济""防控金融风险"和"深化金融改革"。在新形势下，要求金融把为实体经济服务作为出发点和落脚点，全面提升服务效率和水平，通过有力有效有序的外部监管和内部风险防控，引导资本服务实体经济，助力实现中国梦。乌审旗当地情况如何，怎样开展金融服务才能适应当地经济及"三农"发展的需求，需与属地各部门相互联动方能解决。乌审旗包商村镇银行通过与乌审旗地方政府、中国人民银行乌审旗支行多方联动，大力发展农贷。

合作共赢，落实精准扶贫。一是 2017 年 3 月我行与乌审旗扶贫开发中心共

---

① 作者系乌审旗包商村镇银行董事长。

同协商并达成合作共识，签订扶贫富民工程战略合作协议。协议双方就支持对象、支持产品类别、贷款利率等方面进行了约定，为乌审旗贫困嘎查村的农牧户、农牧民专业合作组织、农牧民自主创业等提供专项扶贫贴息贷款。此次合作为乌审旗贫困嘎查村农牧民致富提供了有力的政策及金融支持。协议约定由我行为当地农牧民贫困户发放"富农贷"及"强农贷"两种扶贫贴息贷款，截至 2017 年 12 月末，累计发放"富农贷"扶贫贴息贷款 762 万元，共计 179 户，扶持贫困户 48 户；发放"强农贷"扶贫贴息贷款 1750 万元，共支持 7 家企业，59 户贫困户。二是寻求村委的帮助与支持。我行把支持春耕生产作为每年的重点工作，通过乌审旗各嘎查村村委，了解当地"三农"发展、农牧户实际情况，紧紧围绕供给侧结构性改革主线，强化信贷服务力度，提升金融服务水平，全力满足乌审旗当地群众春耕备耕资金需求。为保障春耕备耕资金的及时流转与发放工作，我行持续优化金融服务，信贷工作人员走田头串农家、访农户谈农事，认真做好调查摸底，实施对接服务，及时办理农民所需的春耕备耕农业贷款。我行信贷服务覆盖乌审旗各苏木、镇，在春耕备耕阶段，该行大力抽调业务骨干，及时走访农户，发放农贷。2015—2017 年，我行共走访了 2163 户农户，投放春耕备耕贷款 687 笔，共计 2832 万元，充分满足了乌审旗辖区内农户购买农资、机械、化肥种子等农业设施的资金需求。同时在为农民送资金的同时出妙招，将金融知识及科技致富信息送到农民家门口，让农民掌握第一手资源，贯彻落实"送金融知识下乡"要求，为农民带去资金，也带去信息，充分发挥村镇银行立足县域、发展县域的优势。

顺应政策导向，大力发展农贷。我行积极寻求各方的支持与指导，尤其是中国人民银行乌审旗支行的支持与指导。为此，我行积极向中国人民银行乌审旗支行领导请教并沟通。为帮助我行大力开展农贷，中国人民银行乌审旗支行行长张君指出，应顺应时代发展，在政府部门、监管部门的政策指导下合理开展业务。通过指导，我行及时转变经营模式，发展重心为小额农户、乌审旗当地农牧业龙头企业，大力建立客户数据库，维护优良老客户，发展新客户，借鉴同行业优质服务模式，建立自身发展模式，逐步发展核心业务，进一步增强竞争力。2015 年发展的关键是内蒙古自治区"十个全覆盖"项目工程，正是我行发展小额农贷的良好契机；2016 年更积极响应政府精准扶贫号召，大力发展农贷，把支农服务做到极致。为此，我行积极进行各方协调，对业务进行严格审核，为及时获取中国人民银行支农再贷款专项资金奠定基础。2015 年 8 月我行获取支农再贷款 1000 万元，12 月再次获取 2000 万元支农再贷款专项资金。2016 年 6 月获取支农再贷款资金 3000 万元。2016 年 9 月，人民银行组织精准扶贫培训班，要求我行主要领导及相关业务人员参加，并对我行精准扶贫工作进行全方位指导。

创新金融产品与服务，提升信贷资产质量。我行在与外部多方联动的同时，积极创新金融，通过提升自身服务水平来实现金融需求和供给的有效对接。一是涉农贷款主要投向自治区要求的农村"十个全覆盖"中的农村基础设施建设、道路建设等工程项目，以及农牧民种养殖业。二是贷款方式灵活，增加审批额度。我行农牧业贷款由之前单一的企业可担保或抵押、"农户联保"发展为现在的"抵押+担保"、农户"公务员担保"、"农户联保"等多种形式。额度也由原来的2万~3万元，增加至现在的3万~5万元，今后视情况将有所提高。三是贷款投向多元化。2015年至2017年，我行贷款投向由单一的农牧民种养殖业发展为农村基础建设及农牧民种养殖业，具体用途包括购买牲畜、购买饲料、购买农机具、修缮房屋、街巷硬化工程周转，校园跑道建设，便民超市经营周转、修建农村公路工程周转等。四是降低贷款利率。自2015年起，我行降低农户贷款利率，由原来的年利率9%~12%，降至5.75%~8.5%（其中支农再贷款利率包括5.75%、6.85%、7.75%）。五是扩大业务覆盖面。2015年之前，受人力、物力、网点覆盖面等限制，我行信贷业务只涉及乌审旗嘎鲁图镇、图克镇、苏力德苏木镇，2015年图克支行开业后，我行扩大业务覆盖面，能够服务于乌审旗所辖范围内的5镇1苏木。六是大力扶持贫困农牧户。通过我行"富农贷""强农贷"这两种产品的实行给当地农牧户带来了很大的利益，特别是帮扶了当地的贫困户。七是减免银行卡办理、汇款、短信通知、ATM转账等业务的服务费用，通过优化流程减少业务办理时间。

空有信念和信心是不够的，还必须具备预估风险和抵抗风险的能力。村镇银行立足于农村，服务于农民，就要结合农村农民的实际情况，关注他们的现实困境，以商业可持续为原则，帮助农户建立起自身长期发展的能力，摆脱救济依赖性，而不是一时脱贫，这样才能真正实现金融扶贫。通过外部监管与内部防控，我行积极防范信贷风险，优化资产质量。中国人民银行乌审旗支行在支持我行发展农贷的同时，严格把控支农再贷款管理风险，通过现场和非现场核查方式，对我行支农再贷款资金执行情况进行监测。同时为规范支农再贷款的使用，我行严格按照《中国人民银行呼和浩特中心支行支农再贷款管理实施细则》管理和使用支农再贷款，做好贷款"双录"工作、信贷调查与审批、"三查"工作；对资金的使用进行跟踪监测；及时建立支农再贷款台账，台账要素齐全；支农再贷款发放的用途真实，资料完整且真实有效；我行对支农再贷款相关情况进行汇报，且汇报材料真实有效。针对支农再贷款以外的农贷，我行同样建立调查摸底台账和"扶贫小额信用贷款"花名册，一户一表，一户一审查，做到投放精准到户，风险全面可控。

　　"百姓的银行"才能真正立足当地，促进县域经济发展。事实证明，将资金与精力投向"三农"是适应乌审旗当地主要行业发展的正确选择，也为乌审旗当地政府各项政策的实施提供了资金支持，受到各方尤其是乌审旗农牧户的一致好评与支持，成为百姓信任与青睐的银行，成为真正的"百姓的银行"。

"三农"与小微金融篇

破解普惠金融难题　服务乡村振兴战略
以改革创新思维深入推进农业供给侧结构性改革

徐小建　王　远①

党的十九大提出"实施乡村振兴战略",是新时代党中央对做好"三农"工作的一项重大战略决策。"三农"既是经济社会发展的重要领域,也是当前经济社会发展的薄弱领域。人民日益增长的美好生活需要和不平衡不充分的发展之间的矛盾在"三农"领域表现相对集中。从实施乡村振兴战略到坚决打赢"三大攻坚战",党中央提出了一系列新政策、新举措,为农村金融机构做好今年和今后一个时期的"三农"金融服务工作指明了方向,提供了重要遵循。

作为区域农村金融服务的主力军和主渠道,武汉农商银行以习近平总书记治国理政新理念新思想新战略为指导,把扎实深入推进普惠金融发展与经济转型升级结合起来,与农业现代化建设、"新四化"同步发展、美丽乡村建设结合起来,与精准扶贫、保障和改善民生结合起来,不断提高农村金融供给水平,加快培育农业农村发展新动能,走出了一条促进农业增效、农民增收、农村增绿的创新发展之路,取得了良好实效。

截至2018年5月末,武汉农商银行涉农贷款余额近600亿元,在各项贷款业务中的比重超过50%,涉农贷款增速为9.07%,高于各项贷款增幅0.37个百分点;近3年来,累计发放涉农贷款近千亿元,涉农贷款年均增长35亿元,累计支持涉农企业1000余家,农村经济组织100余户,农户近3万户,支农力度和支农规模长期位于全市各金融机构之首。

一、充分认识当前农村金融供给中存在的若干短板问题

武汉农商银行在深入贯彻落实中央和省市关于"三农"工作的决策部署,保持和巩固新城区农村市场份额的同时,深刻认识到当前农村金融供给中还存在着与农业现代化发展不相匹配的若干短板弱项,不能很好地满足日益增长的多元化需求。一是"少"。农村信贷总量投入偏少,尚未满足各类经济主体的

---

① 作者单位为武汉农商银行。

发展需求。二是"难"。农业企业和农业经济组织大多缺乏有效抵押担保，贷款难问题较突出。三是"贵"。农业本身是自然风险、市场风险大的弱质产业，加上农村金融服务半径长、客户多、管理成本高，导致"三农"融资贵。四是"低"。广大农村地区基础金融服务还存在盲点，覆盖率偏低。武汉农商银行立足问题导向，突出发挥优势与破解瓶颈"两手发力"，把破解瓶颈、攻克短板作为打开工作局面的突破口。

二、聚各方合力统筹助推农业转型升级

武汉农商银行把推进农业供给侧结构性改革、普惠金融与加快传统农业转型升级、实现农业发展的质量和效益有机结合起来，把质量放在第一位。

一是推动新型农业经营主体发展壮大。实施新型农业经营主体主办行制度，大力扶持培育农业（林业）龙头企业、农民专业合作社、家庭农场、农业科技（核心）示范户、种养大户等新型农业经营主体，信贷支持构建规模化、专业化、产业化、集约化相结合的新型农业经营体系，提高农业规模效益和竞争力。截至 2018 年 5 月末，信贷支持新型农业经营主体 200 户，贷款余额达 33.3 亿元，净增额为 4.2 亿元。全行市级以上农业产业化龙头企业信贷客户为 130 户，其中武汉市 105 户，信贷支持面占全市名单的 38%。

二是推动武汉现代都市农业发展走在全国前列。围绕武汉市建设国家现代农业示范区规划，与武汉农业集团签订全面战略合作协议，获得示范区金融服务主办行资格，为示范区建设提供贷款及产业基金服务；围绕武汉市农业经济发展"十三五"规划，全面加大对全市 7 个现代都市农业重点示范园区的信贷支持力度，从园区建设、生产经营、流通销售三大环节入手，全方位对接金融需求，截至 2018 年 5 月末，共支持 7 个园区入驻企业及合作社 26 家，贷款余额达 8.3 亿元；围绕武汉市品牌农业发展三年规划，全力助推名优农产业品牌创建，扶持了木兰天池、武汉广地、小蜜蜂、汉口精武、天种养殖等一大批本土农产品知名品牌。

三是推动"高科技、低耗能、有市场"的绿色农业发展。紧跟武汉市美丽乡村提升计划，将生态农业、循环农业、旅游农业、赏花经济、林下经济等作为"三农"绿色金融支持重点。截至目前，全行信贷支持绿色农业客户近 300 户，美丽乡村发展带客户 10 户，贷款余额达 9.41 亿元，相继支持了武汉蔡甸花博汇、黄陂木兰花香旅游景区、江夏小朱湾、阳逻紫薇小镇等项目。

三、加快培育农业发展新动能

金融产品和服务模式创新。武汉农商银行不断加强涉农特色产品的开发、推广和运用，打造特色惠农品牌。一是支持农村集体产权制度改革，激活农村

"沉睡资本"。大力推广运用"三权"（土地经营权、林权、水域滩涂养殖经营权）抵押贷款，截至 2018 年 5 月末，支持涉农客户 153 户，余额为 14 亿元，历年累计发放 359 笔，金额达 26 亿元，支持企业户数和贷款金额全市同业排名第一，形成了"三权"贷款的武农商特色模式。2017 年，相继突破发放武汉市首笔农民住房财产权抵押贷款（"农房贷"）和农村承包土地的经营权抵押贷款（"农地贷"），为武汉市试点工作的顺利推进作出了新贡献。尤其是创新"农房贷 +"业务操作模式，促进了"农房贷"业务的高效发展。截至 5 月末，"农房贷"发放 153 笔，余额为 2 亿元，贷款发放额度占试点份额的 72%。二是以新型农业经营主体为服务重点，不断加大"惠农贷""银保贷"等特色支农产品的信贷投放。截至 5 月末，两项产品贷款户数为 80 户，余额为 3.7 亿元，投放规模占武汉市场份额的 90%。

服务范围创新。武汉农商银行通过实行跨区域经营战略，积极延伸支农服务新触角。一是认真落实监管部门关于加快设立新型农村金融机构，完善农村金融服务体系的政策要求，本着批量化组建、集约化经营、专业化服务的原则，先后在湖北、广东、云南、广西、江苏、海南 6 省（自治区）的国家级贫困县以及金融服务不充分的地区，发起设立"长江系"村镇银行 47 家，截至 2017 年已全部正式开业，在全国形成了"东西挂钩、集中连片"的机构布局，初步确立了规模化集群效应和资源整合优势。村镇银行通过共享发起行的科技系统、管理经验等，提供贴近县域经济特点的金融产品，所吸收存款全部投放当地，支持当地县域经济发展。二是按照"立足荆楚、辐射全国"的思路布局，设立咸宁、黄冈、宜昌 3 家省内异地分行，截至目前，下设分支机构达到 14 家，县域机构覆盖面分别接近 100%、80% 和 50%，今明两年将实现县域全覆盖。异地分行扎根当地，持续推动机构延伸和服务下沉，对当地经济发展起到了较大的助推作用。

四、持续健全金融资源向"三农"倾斜的保障机制

武汉农商银行在金融助力农业供给侧结构性改革的体制机制、政策举措上更加重视系统集成，发挥合力作用，使各项工作环环相扣、协同推进、更富成效。一是实行政策倾斜。全行实质涉农贷款不占信贷规模指标，不受信贷规模限制；对实质涉农贷款，降低其 FTP 计价标准，拉开实质涉农贷款与非农贷款在经济利润考核中的差距；执行涉农贷款优先受理、调查、审查、审批、发放的授信流程，切实提高办贷效率。二是实施限额管理。加大对涉农贷款"一个不低于"指标（涉农贷款增速不低于各项贷款增速）的监测。每月末，对未完成当月实质涉农贷款净增额计划的单位，停止下一个月非实质涉农贷款的投放。

三是加大考核奖惩。建立绩效考核挂钩机制，根据各单位年末完成全年实质涉农贷款净增额计划情况，给予年度经营绩效考核加分。

五、推动农村基础金融服务全覆盖

武汉农商银行实施普惠金融战略，持续拓宽金融服务渠道，延伸服务半径，有效促进薄弱领域基础金融服务创新和升级，不断提升农村金融服务的覆盖面、可得性和便利度。

一是健全线上线下服务网络。物理网点方面，截至 2018 年 5 月末，武汉农商银行共设机构网点 218 家，其中，武汉市内有 204 家，新城区机构网点数约占网点总数的 43%，基本实现了各乡镇街网点全覆盖。另外，还铺设了 1033 个惠民汉卡服务点、800 多台 ATM 机具，实现了网点业务的延伸和扩展。电子渠道方面，大力发展网上银行、手机银行、自助银行、电话银行、短信银行、微信银行等电子银行业务，打造全方位、多渠道、协同化的金融服务网络体系，让农民足不出村、足不出户即可享受小额取现、转账、支付等金融服务，极大地改善了农村地区的金融环境。目前，武汉农商银行正在探索在人流、物流、资金流比较集中的乡镇社区、行政村，开设可自助发卡、自助开户、自助办理存贷款和理财等业务的智慧银行，进一步方便民众。

二是扎实开展金融服务网格化活动。金融服务网格化以"小网格"铺设"大服务"，其目的是有效填补金融服务空白点，为物理网点覆盖不到的地方提供精准高效的金融服务，特别是解决农村地区金融服务不充分问题，打通普惠金融服务"最后一公里"。

武汉农商银行从城区到郊区再到省内分行，全面布设金融服务网格化工作站（室），按照城乡服务功能的差异，实行 A、B、C 三类金融服务网格模式，构建全覆盖的线下网络体系，确保"网格划分无缝化，责任跟进无缝化，金融服务无缝化"；聘请兼职网格员与专职网格员一起扫楼扫街，为网格居民建立全面的服务档案，受理网格居民的金融咨询、预约和办理；借助 CRM 系统平台，整合、分析客户信息，深层次挖掘客户潜力，提升精准营销功能；开发获客平台，打通居民金融需求反映和获取渠道，实现金融服务的线上预约、线下对接等功能，提供全天候、不间断金融服务；加强与市综治办的对接合作，借助网格化信息平台的大数据优势，实现系统互通和信息共享，在综治办"智慧社会管理"微信公众号上公示网点和网格员信息，实时为普通市民提供金融服务。截至 2018 年 5 月末，全行已建成金融服务网格化工作站 67 家，为网格内 13 万户城镇居民建档 8.5 万份，"三农"客户建档面为 77%；累计为金融网格服务区域内客户授信 124 亿元，已发放贷款 105 亿元，为"三农"客户、小微客户、城镇居民提供存款、结算、理财、咨询等服务 8.6 万次，荣获湖北银监局"网格之星"先进组织单位荣誉称号。

六、提高精准扶贫的有效性

精准扶贫是国家脱贫攻坚的基本方略，是"天大的事"，是全面建成小康社会的重要保障。武汉农商银行认真贯彻落实习近平总书记重要讲话精神，按照省、市政府"精准扶贫、不落一人"的总要求，向基层聚焦聚力，下好"绣花"功夫，推动精准扶贫、精准脱贫取得显著成效。

一是驻点帮扶。向全市 181 个贫困村分别指派一至两名服务专员（客户经理）定期下点服务，与村两委联合办公，从事分片调查建档、接受信息咨询、开展金融宣传、培育信用农户等工作。

二是资金帮扶。直接投入资金加强村垸基础设施建设，改造党员群众活动中心，改善村容村貌。用活用足小额扶贫贷款政策，帮助村民及贫困户扩大生产、实现就业。积极开展农村产权抵押贷款业务，为精准扶贫脱贫进一步开拓渠道。

三是产业帮扶。把引进企业家、因村因地发展现代农业作为构建脱贫长效机制、增强"造血"和自转功能的重中之重。根据贫困村产业特色，引入农业龙头企业，引导农民土地流转，实施生态农业开发，带动贫困户致富，开辟了"企业＋基地＋银行＋贫困户"的精准扶贫新模式，提高了扶贫措施的有效性。

截至 2018 年 5 月末，武汉农商银行对全市 4 个贫困重点街道的 58 个村组调查建档面达到 100%；累计支持扶贫企业及扶贫个人 39 户，金额 1.8 亿元，贷款余额为 1.7 亿元，带动贫困人口近 3000 人；累计发放扶贫小额贷款 19 笔、69 万元；在全市 271 个贫困村建设金融扶贫工作站 181 个，建站村中已有 57 个贫困村出列。

七、更加注重承担支农社会责任

农业事关国计民生，一方面受到国家政策的大力支持，另一方面由于其自然属性，具有生产周期长，易受到自然灾害和经济波动影响的天然弱势，是公认的弱质产业，行业风险也高于其他业务。因此，银行从事"三农"业务存在收益低、风险高的顾虑，而当前针对涉农业务的配套风险分担和转移机制仍不甚完备，也在一定程度上影响了金融资源向"三农"倾斜。

针对此，武汉农商银行切实把各种风险因素和应对措施考虑得更加充分，在注意保持强农惠农与风险控制有机平衡的同时，更加注重涉农贷款的社会效应和民生效应，把支农作为自身追求的最大社会责任，努力争取支持普惠金融实现最好的结果。

　　综合武汉农商银行以改革创新思维破解普惠金融难题，服务农业供给侧结构性改革的经验做法可以得出：在经济新常态下，金融服务供给方已不再是"零和博弈"的关系。农村金融机构应积极构建开放协作的普惠金融工作格局，取长补短，合作共赢。依托自身设备丰富、数量庞大、流程便捷的线下网点服务平台，吸引政府、互联网金融、保险、证券、基金机构将业务服务品种嵌入银行渠道，扩大中间业务收入来源。与互联网企业开展跨界合作，建设消费者数据中心和集成平台，通过账户互认、业务互通、优势互补，扩展资金融通、在线支付、信用中介和政府便民服务等业务功能，扩张业务服务边界，扩充业务服务客群，促进资金流、物流、信息流、商流、客户流"五流合一"，构建集金融服务与生产生活服务于一体的互联网金融经济生态圈，"无感式"融入企业生产、小微经营和民众生活场景的交易环节中，通过全民服务、全面服务、精准服务打造普惠金融升级版。

积极践行乡村振兴战略
为农业强起来、农村美起来、
农民富起来做更大贡献

陆向阳[1]

党的十九大嘹亮吹响了实施乡村振兴战略的号角，描绘出农业强、农村美、农民富的新蓝图，这是决胜全面建成小康社会、全面建设社会主义现代化强国的一项重大战略任务。食为政首，农为邦本。农村、农业、农民是关系国计民生的根本性问题。习近平总书记曾提出：中国要强，农业必须强；中国要美，农村必须美；中国要富，农民必须富。能不能决胜全面建成小康社会，关键还得看农村。农民有体面，小康才全面。我们在任何时候，都不能忽视农业、不能忘记农民、不能淡漠农村。回顾江南农村商业银行的发展历程，我们始终坚持聚焦"三农"、聚焦中小微企业的"双聚焦"策略，深耕"三农"金融服务，努力扩大金融服务覆盖面和可获得性，坚守本源，不忘初心，勇敢地肩负起时代赋予的责任和使命，种好服务"三农"的参天大树。

把信贷支持"播进去"，让"三农"之树的土壤更加肥沃。为大力支持"三农"经济发展，江南农村商业银行始终保持涉农信贷的优先投放，重点支持县域经济和农村金融消费，对城镇化建设的贡献力度不断增强。一是助推农村经济发展。江南农村商业银行对"三农"贷款始终执行专项信贷额度管理，确保优先投放。到目前为止，江南农村商业银行对"三农"的支持度和贡献度均稳居常州市各金融机构前列。截至 2017 年末，江南农村商业银行各项贷款余额为 1348.21 亿元，较年初增加 176.57 亿元，增幅为 15.07%。其中，小微贷款余额为 829.07 亿元，占贷款总量的 61.49%，比年初增加 120.63 亿元，增幅为 17.03%，增速高于各项贷款 2.28 个百分点，贷款户数为 15206 户，同比增加 1890 户，申贷获得率为 97.37%，达到"三个不低于"要求。二是支持农村消费金融。一方面，始终致力于支持农村居民的购房刚需，不断加大农村地区购房按揭贷款的发放力度。截至 2017 年末，江南农村商业银行共向农村地区发放购房按揭贷款 20.61 亿元，覆盖各区市主要乡镇，满足了农村群众的买房需

---

① 作者系江南农商银行董事长。

求；另一方面，加大与当地二手车市场的合作，优化流程加快放款速度，让更多的农村居民开上了汽车，促进农村消费金融快速发展。三是提升农村理财服务。随着农村地区经济的发展，农村居民的理财需求不断增加，江南农村商业银行积极推出各类人民币理财产品。截至 2017 年末，江南农村商业银行实现个人理财业务销售 688.07 亿元，其中农村地区 289.24 亿元，占比 42.04%。同时，为有效提升金融资产的流动性，江南农村商业银行于 2017 年初上线了"江南优＋"金融互市平台，实现了理财产品的随心转让和金融资产的灵活质押，对增强理财产品市场竞争力和促进零售业务发展起到了积极的推动作用。

把渠道建设"铺进去"，让"三农"之树的根系更加发达。江南农村商业银行主动发挥地方金融主力军作用，不断优化支农服务渠道，通过优化农村地区网点现有布局、推进"便民通"工程、加大电子渠道铺设等方式，不断拓宽服务渠道，为农村提供更为全面和便利的金融服务。一是优化农村地区网点布局。江南农村商业银行根据行政区划的调整，一方面，适时优化农村网点布局，更好地服务于农村居民，并根据其对电子银行新兴业务的需求，对现有网点进行智能化升级改造；另一方面，跨区域增设银行网点，目前已陆续在苏州、淮安、宜兴、丹阳、靖江、东台、赣榆等市（区）设立了异地分支机构，通过扩大网点辐射范围，不断增强金融服务"三农"的深度和广度。二是加强农村金融综合服务站建设。江南农村商业银行积极贯彻落实党中央关于发展普惠金融、深入推进新农村建设的精神，于 2012 年开始启动"便民通"工程，目前已在常州实现便民点自然村全覆盖。2014 年 6 月，全面启动农村金融综合服务站建设工作。农村金融综合服务站集支付结算服务站、金融服务创新试点站、人民币反假工作站、金融知识宣传站等功能于一身，是金融知识宣传、金融产品投放的"窗口和桥梁"。截至 2017 年末，江南农村商业银行共设立便民点 2007 个，其中农村金融综合服务站 456 个；2017 年已受理业务共计 159.97 万笔，累计交易金额达 12.89 亿元，其中，助农取款 81.51 万笔，金额 6.60 亿元。三是推进农村地区电子渠道铺设。不断加强农村地区的自助服务网络建设，提供全覆盖的"三农"金融服务网络。2017 年，江南农村商业银行积极参与常州"智慧城市"建设，在农村铺设"收银通"产品，让农村居民体验到了无现金交易的快捷与方便。截至 2017 年末，"收银通"商户已达 42000 余户，日均交易额近 1000 万元，较年初交易额增加 180%。已设立自助银行 369 个，其中农村地区 259 个，占比 70%，自助银行在农村地区已实现完全覆盖。四是反哺地方经济发展。为改善农村地区的支付结算环境，江南农村商业银行陆续推出江南芯片卡、江南龙城通卡、工会服务卡、社会保障卡等产品。截至 2017 年末，江南农村商业银行共发行借记卡 546 万张，其中农村地区 284 万张，占比达 52.01%。坚持以打造"收费最低的银行"为目标，积极反哺"三农"，让利于广大农村居民，如持江南龙城通卡乘坐常州公交可享受6折优惠，持社会保障卡可终身免年费、免全省农信系统ATM取款手续费，持工会服务卡可享受免费会员专享保障以及职工日常消费补贴等优惠。

把产品创新"洒进去"，让"三农"之树的果实更加丰硕。一是大力支持新型农业经营主体。江南农村商业银行根植本土，立足"三农"、服务"三农"，始终把家庭农场、农业龙头企业、专业合作社等新型农业经营主体作为支农的重点。其一，支持家庭农场试点。江南农村商业银行于2014年推出了"家庭农场贷款"，与常州市农工办、工商部门合作，稳步推进家庭农场试点。同时，将"周转易"与家庭农场贷款进行组合，最低可零成本、零费用转贷，有效缓解客户转贷的资金周转压力。截至2017年末，累计为267户家庭农场发放贷款6.92亿元，其中2017年新增184户，发放贷款1.26亿元。其二，支持农业龙头企业。自2011年起，江南农村商业银行与常州市农业委员会结成战略合作伙伴，根据《扶持"农业龙头企业"发展合作协议》，对申请贷款的农业龙头企业采取优先调查、优先审批、优先安排贷款信贷计划和给予利率优惠的政策，支持企业发展。截至2017年末，已向常州市农委推荐的64户农业龙头企业累计发放贷款79.28亿元，其中2017年新增36户，发放贷款11.11亿元，累计让利2052.24万元。其三，支持专业合作社。江南农村商业银行积极与常州市农机局、供销社合作，对由后者推荐的客户，采用优先调查、快速审批、优先放款的方式，并给予其一定的优惠利率。截至2017年末，累计向常州市农机局、供销社推荐的228户专业合作社发放贷款5.27亿元，其中2017年新增34户，发放贷款0.76亿元。二是重点推进"三权"抵押贷款试点工作。江南农村商业银行作为全国"三权"抵押贷款的试点银行，成功发放了全国首笔农村居民住房财产权抵押贷款、全省首笔农村集体经营性建设用地入市后的使用权抵押贷款。2017年，继续将"三权"抵押作为"三农"工作的重点之一，积极开展农村土地承包经营权抵押贷款和农民住房财产权抵押贷款工作，设计、开发并完善了"农村土地承包经营权抵押贷款"和"江南家园经营贷"等相关产品。截至2017年末，"三权"抵押贷款余额达到6249万元，较年初增加1322万元，增幅达26.83%。贷款户数达到42户，"三权"抵押贷款市场占有率稳居全市第一。三是推新丰富"三农"特色贷款品种。截至2017年末，新发放工会创业贷款659户，金额6608万元，较年初新增672.23%，极大地帮助有创业能力及创业愿望的下岗失业人员及农民等创业困难群体自主创业；共发放项目经理人贷款304笔，金额6.37亿元；推出"江南闪电贷"和"江南金贷"，前者是首款实现纯线上、小额、快速自助服务产品。截至2017年末，贷款户数已达1372户，贷款余额为2594.96万元；后者可实现个人理财产品、卡内定期整存整取、大额存单的线上质押、自动审批、实时放款。截至2017年末，已向1436位客户累计发放贷款6.40亿元；2017年新推出的"绿电贷"，为广大农户绿色能源的置业创造了有利条件。

把金融知识"照进去"，让"三农"之树的滋养更加充足。一是通过"金融知识进万家""普及金融知识万里行""送金融知识下乡"等进行多层次的金融知识宣传，宣传的内容包括江南农村商业银行最新利率政策、存款保险制度、反洗钱和反恐怖融资、小微企业金融服务政策和产品等。各营业网点"进农村、进社区、进校园、进商圈、进园区、进企业"，介绍金融知识、提示金融风险。各类宣传内容在报纸、网站、微信公众号等渠道同步宣传，大大增强了宣传的辐射面和影响力。二是努力打造出一支新时代"三农"工作队伍。只有懂农业，才能对农业有认同感，全力发展农业；只有爱农村，才能对农村有归属感，长期扎根农村；只有爱农民，才能对农民有亲近感，一心造福农民。始终确保我们的"三农"队伍心随党心、心系民心，坚决把全面建成小康社会、不断增进农民福祉放在心上。始终确保我们的"三农"队伍懂农业有担当，坚决做现代农业推动者；爱农村守初心，坚决做振兴乡村实践者；爱农民付真情，坚决做农民增收助力者。始终确保我们的"三农"队伍作风优良、能打胜仗，有信心有能力在不断变化、日趋复杂的国内国际环境中推动"三农"事业不断向前发展。

江南农村商业银行生来姓"农"、为"农"、务"农"，作为全国首家地级市股份制农村商业银行，必将始终牢记"懂农业、爱农村、爱农民"的总体要求，真正把思想和行动统一到党的十九大精神上来，把力量凝聚到实现乡村振兴战略上来，不忘初心，奋发有为，肩负起时代赋予的伟大使命。江南农村商业银行必将继续把加大对现代农业的金融支持、增强农村金融服务的针对性和有效性摆在更加突出的位置，助力脱贫攻坚，助力乡村振兴，为家乡的农业强起来、农村美起来、农民富起来作出新的更大贡献！

深耕家庭农场　推进农村金融服务

毛玉飞①

　　丹阳保得村镇银行成立于2010年，是一家由江苏银行总行控股并经银监部门批准成立的商业银行，从成立之初一直坚持立足县域、立足支农支小、立足基础金融服务、立足普惠金融的市场定位，专注于"服务县域、服务'三农'、服务小微企业"，不忘初心，大力支持涉农小微企业、农业经营户发展。我行先后获得了江苏省银行业协会颁发的"江苏银行业五星级营业网点""江苏省村镇银行优秀支农支小示范点""江苏省十佳村镇银行"等多种荣誉称号。

　　2013年中央一号文件首次提出了"家庭农场"这一概念，明确指出要扶持发展新型农业经营主体，将家庭经营形式作为农业生产的主要组织形式之一，为积极促进金融支农，使家庭农场快速、健康发展，有效解决家庭农场融资难融资贵的问题，我行专门成立了家庭农场事业部，由专人负责，面向丹阳广大的家庭农场推出了"惠农贷"产品。从2013年发放第一笔"惠农贷"产品至今，累计发放"惠农贷"300多笔，累计发放贷款8848万元多，共为丹阳市121户家庭农场提供了资金支持。

　　当前丹阳市家庭农场登记注册户数超过400户，我行通过短信、电话、报纸等不同方式宣传"惠农贷"政策，第一时间深入到田间、塘口实行"一对一"上门服务，由点带面，足迹遍布各个村镇，去了解家庭农场的需求，累计走访了300多户家庭农场，做到了授信覆盖。

　　为服务好家庭农场，我行专门制定了《江苏丹阳保得村镇银行有限责任公司惠农贷操作规程》，贷款额度最高可达300万元，基本覆盖了家庭农场的生产资金周转需求，同时贷款期限最长可至3年，在生产经营及利润产生周期上符合家庭农场的经营规律，做到从材料齐全到贷款发放最快只需2天。

　　我行不仅为家庭农场的发展解决资金需求，还为家庭农场降低了融资成本，我行对所有家庭农场贷款全部执行中国人民银行公布的相应贷款期限基准利率，从刚开始的基准利率6%，到现在只有4.35%，在我行存贷倒挂、单笔经营亏损的情况下，"惠农贷"利率仍然不断下调，一直坚持执行人民银行同期贷款

---

① 作者系丹阳保得村镇银行董事长。

的基准利率，真正做到让利于民，为丹阳市家庭农场降低资金成本，支持家庭农场的发展壮大。

在降低融资成本的同时，我行也积极化解家庭农场担保难的问题。家庭农场普遍由当地的种养殖大户转型升级而来，大多没有可以抵押的房产或者符合银行要求的保证人，为解决农场主的困难，我行放宽担保人的条件，允许弱抵押、弱担保，放宽担保额度。一是自然人担保，如公务员、教师、医生等自然人均可为家庭农场提供保证担保，上述任一自然人的担保额度可达 10 万元；二是村主任、村支书担保，由于村主任及村支书在当地具有一定的影响力，对借款人比较了解，所以保证担保额度放宽至 20 万元；三是保证保险担保，我行主动与中国人保财险有限公司丹阳支公司合作，在丹阳市范围内首家引入家庭农场贷款保证保险，较有效地解决了家庭农场融资需求中的担保难题。2018 年，我行在优化原有担保方式的前提下，又进一步与江苏省农业信贷担保公司进行战略合作，合作担保额度达 1 亿元，对有融资需求的新型农业主体开展服务，准入要求下降，担保费率低，仅为担保金额的 1%，担保额度高，办理流程更加方便快捷。

在做好资金支持家庭农场的过程中，针对社会上少部分人诚信意识缺失，以及多数家庭农场为征信白户，银行无法了解其信用的情况，我行在家庭农场中倡导诚信文化建设，与人民银行丹阳支行共同在我行已服务的家庭农场中选择部分家庭农场作为"信用建设示范户"，进一步强化诚信意识，前期已选择了 14 户家庭农场作为"信用建设示范户"，并颁发了"信用建设示范户"的牌子，对"信用建设示范户"进一步放宽授信条件、降低贷款门槛，进一步倡导诚信文化建设。

我行"惠农贷"有效地解决了家庭农场融资难融资贵的难题，较好地提升了家庭农场的规模和效益。但在近五年的运作中也发现了一些问题，一是有少部分家庭农场主尚未完全建立诚信意识，信用意识较为淡薄；二是家庭农场作为新型农业主体一般规模小，基本无财务核算，多为现金交易，材料无法核实收入支出情况；三是部分家庭农场的实际控制人申请抬头较多，难以掌握实际控制人的真实负责；四是多数家庭农场为征信白户，作为银行无法了解其信用情况，存在信息不对称；五是水产养殖和苗木业人保公司无法承保；六是部分借款人存在风险事项，如部分农场跨行业经营，资金用途及流向无法控制，有的法人代表个人信用不良。

下一步工作的想法和举措：

一是优化流程，简化手续。我行将进一步完善工厂化、流水线式的贷款流程设计，缩短家庭农场的贷款时间，让家庭农场主享受优质、便捷的金融服务。

二是强化宣传，做好服务。举全行之力深入乡镇集中走访家庭农场，分片区进行宣传，同时与政府部门共同发挥合力，加大"惠农贷"的宣传力度。

三是倡导诚信，惩戒失信。希望有关部门建立健全借款人失信惩戒机制，采取切实有效的措施，从各个方面对恶意逃废债等失信行为形成强有力的惩戒和制约。

四是坚持让利于民。继续对所有家庭农场贷款全部执行中国人民银行公布的相应贷款期限基准利率，真正做到让利于民，为丹阳市家庭农场降低资金成本，支持家庭农场的发展壮大。

五是利用好现有担保合作模式，进一步加强与江苏省农业信贷担保公司的合作，省农业信贷担保公司专业从事政策性农业担保工作，担保对象为适度规模经营主体，我行将充分利用好与省农担的战略合作机会，让更多的新型农业经营主体享受到优质的金融服务。

新时代需有新作为。我行将继续加大"惠农贷"的推广及覆盖面，坚持让利于民和予民便利的理念，践行我行立足乡镇、服务"三农"、面向小微的经营宗旨。

八年新跨越　启程百年村行梦

胡德军①

前言

过去的两年，世界的浪潮在变化。经济全球化把地球变成了地球村，但就在这两年，反全球化的力量甚嚣尘上，历史的车轮似乎要开始倒退。

过去的两年，中国的景象在变化。党的十九大顺利召开，标志着中国进入了新时代，中国正在以前所未有的大国姿态为合作代言，向世界宣言合则利、合则惠、合则兴。

过去的两年，金融的风向在变化。防范化解系统性金融风险是这两年金融工作的主题，去杠杆刮骨疗毒，整治乱象风风火火，大案要案此起彼伏，大鳄妖魔不断现形。

过去的两年，村镇银行的形势在变化。村镇银行在经历了政策红利和资本开放的十年大发展后，近两年的发展进入了瓶颈期。国家开发银行、澳洲联邦银行和建设银行前后脚甩卖了旗下的村镇银行，57 家村镇银行改名更张，村镇银行路在何方，形势在变化。

过去的两年，新疆农村金融的环境在变化。社会稳定和长治久安是工作总目标，兵团深化改革在探索中慢慢前行，农村金融的市场属性越来越强，环境在变化。

一切都在变化，唯有我们对村镇银行初心未变

回顾石河子国民村镇银行的八年发展历程，石河子国民村镇银行积极探索，勇于创新，走出了一条特色化、差异化的村镇银行发展之路。随着县域经济的发展，利率市场化、科技创新、产品竞争等给村镇银行带来了前所未有的挑战，在此背景下，我们积极创新思变，建立差异化、特色化竞争优势，探索可持续发展之路，做好"小而美、小而精、小而特"的经营模式。

---

① 作者系北屯国民村镇银行董事长。

　　不忘村镇银行的初心。2006年，国家怀着改革农村金融体制、增加农村金融供给、提升农村金融服务质量、激活农村金融活力的初衷，引入了村镇银行。村镇银行带着"立足县域、服务'三农'小微"的历史使命诞生了，这便是我们的初心所在。八年荏苒，我们从无到有、从小到大，但不能忘记初心。丢了初心，我们便不再是国家、社会、人民希望成为的村镇银行。

　　不忘发展历史的初心。历史是一面明镜，明镜所以照形，古事所以知今。艰苦创业的八年说短也长，村镇银行的发展没有对标学习的参照，一路奋斗的酸甜苦辣、辛酸荣辱在这一刻都将是宝贵的财富，前事不忘后事之师，有梦想有担当的人不会忘记过去，更不用说这是一段我们自己铸就的历史。

八年风雨路，我们凝心聚力、砥砺前行

　　明确服务定位，规模实现新跨越。石河子国民村镇银行以服务"三农"为使命、支持"小微"为己任，明确服务定位，坚持"小额、分散"原则，控制信贷风险，保证贷款业务稳健增长。以高效、优质和完善的服务，稳老增新。我行对到期还款的客户进行业务再受理。围绕石河子国民村镇银行信贷管理工作的基本思路，严格防范信贷风险，对老客户进行进一步的深入调查分析，优胜劣汰。如生产经营有较大变动的，不继续支持；对于信用好、经营好、效益好的老客户，优先考虑受理，并适当给予优惠政策。

　　创新信贷品种，促进业务发展。在已有的"兴农贷""兴商贷"基础上，我行与商会开展合作，制定出"兴会贷"操作规程，与商会成员建立起长期合作的友好关系。"兴会贷"的开发，成为石河子国民村镇银行的特色业务之一，也是石河子国民村镇银行创新金融产品的积极举措。我行产品坚持以市场需求为中心，摒弃信贷准入的"门第观念"，坚持与客户的实际经营情况和还本付息收入来源相匹配的原则，注重第一还款来源，实现客户与银行一起成长、共同进步的目标。

　　加强品牌建设，口碑形成新效应。石河子国民村镇银行以制度建设入手，进行品牌建设，重点以特色化优质文明服务、队伍建设巩固经营成果，继续推进"五化"建设（家园文化、竞赛文化、国民人文化、创新文化、培训文化），确保各项业务稳中求进，充分发挥机制体制优势，加强产品创新力度，提升会计、信贷基础，发挥利率杠杆优势，严格规范财务审批流程，防范风险，提高资产质量，做到合规经营，加强培训，做好人才储备及人员招聘工作，使管理再上新台阶，逐步达到精细化、专业化，最终达到流程化。为进一步加强品牌建设，2012年我行"梦之队"应运而生，建队的初衷便是进行存款的营销，而"梦之队"也很好地完成了使命。"梦之队"走出去请进来，利用八小时之外的

时间扫街串巷、风雨无阻，石河子的土地上到处都留下了我行小蜜蜂辛勤采摘客户的身影。"梦之队"的成立，为我行业务营销和品牌宣传吹响了冲锋号。2015 年"梦之队"二次转型，投身各项社会公益事业，提升品牌效应，成为行业内宣传的亮点。

石河子国民村镇银行员工严格遵循"三声服务"，即来有迎声、走有送声、问有答声，要求柜员站立服务，以示对客户的尊重，让客户感受诚心服务。随着新员工不断加入，服务礼仪培训也占据新员工考核的一部分，通过师傅演练、模拟实景、服务视频等方式开展服务礼仪培训，争取新员工在独立上柜前能做到基本服务礼貌，将服务理念一直传承下去，形成师傅带徒弟、徒弟学师傅的模式，将坚持下来的服务理念继续保持下去。同时随着新员工的加入，发现不足之处，不断总结，不断学习和讨论，将我们的服务做到更好。将我们的优质文明服务日常化、特色化，精准、高效地为客户进行服务。

铸就企业文化，彰显文化新特色。我们打造了自己的媒体，铸就阳光经营的企业文化。我们发行了自办报刊《国民人》，它是一个窗口，展现我们的成长，传播我行的文化。创办以来，《国民人》一共发行 71 期，纸张中满满的都是我们成长的印记。我们每年坚持四个必要的活动、一次拓展训练、一次徒步活动、一次警示教育、一台文艺晚会，愉悦身心，快乐成长。我们打造自己的课堂，铸就快乐学习的企业文化。我行创办的"国民夜校"由分管行领导、各部门总经理授课，全面提升员工业务知识水平。

管理有三重境界，即人管人、制度管人、文化管人。要想打造百年村镇银行老店，企业文化必须先行，要全面推进企业文化建设为抓手，打造拥有国民特色的企业文化，以文化吸引人才，以文化升级管理，以文化驱动效益，以文化引领发展。石河子国民村镇银行走出了一条"特色为要、服务为本、稳健为基、文化为魂"的村镇银行发展之路。

扎实打造队伍建设，团队获得新提升。我们不仅追求通过外聘精英和岗位晋升打造坚强团队，更强调为员工搭建培训和学习的平台，引导员工在现有的岗位上不断钻研、自我提升。我们按照"抓培训、重实践、提能力、强素质"的工作思路，用人机制上，能者上、平者让、庸者下；梯队建设上，建立并不断更新人才储备库；奖惩机制上，奖罚分明，公平、公开、公正；培训机制上，以实践操作为主，以理论学习为辅，以系统展开为主，以引导激励为辅，打造了一支素质过硬、业务精湛、作风扎实、纪律严明的金融服务生力军。

着力防范金融风险，构建风险防火墙。党的十九大报告着重指出防范金融风险的重要性，随着经济发展新常态进入新阶段，面对实体经济进入动能转换、增长换挡的新时期，石河子国民村镇银行将防范金融风险作为关键点，作为一切业务开展的基础和业务高效发展的保障，以本年度银监局"强监管严问责"

为抓手，完善风险管理机制，强化全面全流程内控监督，注重全员教育督导，形成"合规国民、知行合一"的合规文化。

2018 年是实施"十三五"规划承上启下的关键之年。绳锯木断，积土成山。村镇银行必将以新发展理念为指导，立足发展普惠金融和服务实体经济，严格落实各项监管要求，专注服务于"三农"和小微企业，开拓创新，锐意进取，不忘初心，坚守合规经营，团结砥砺前行，在前往村镇银行发展的康庄大道上走好脚下的每一小步，用我们的双手翻开村镇银行发展的新篇章，用我们的双脚走出村镇银行发展的新明天！

打造助推民营企业发展的高质量服务体系

尚修国①

　　支持民营企业发展是党中央始终坚持的大政方针，贯彻落实习近平总书记支持民营企业发展的讲话精神，支持和帮助广大民营企业发展是农商银行这种本土金融机构义不容辞的职责。一直以来，灌云农商银行在自身的业务发展和改革转型中始终将服务"三农"、助力中小微企业发展作为全行的重要战略定位，为破解民营企业融资难融资贵难题，灌云农商银行做了大量尝试和探索，持续优化营商环境，创新金融产品和服务模式，有力地支持了民营企业的发展壮大。

　　截至 2018 年 11 月末，灌云农商银行各项贷款余额为 83.18 亿元，较年初增加 12.55 亿元，增幅为 17.77%，贷款户数为 4.78 万户，较年初增加 4027户，增幅为 9.19%。其中，实体贷款 74.76 亿元，较年初增加 9.76 亿元，增幅为 14.9%；投放企业贷款 27.1 亿元，较年初增加 1.43 亿元，增幅为 5.5%，其中单户授信总额 1000 万元以下（含）小微企业贷款余额为 14.61 亿元，增幅为 19.64%，较各项贷款同比增速高 2.51 个百分点，贷款户数为 5520 户，较同期增加 1459 户。共缴纳各项税收 9775.62 万元，较同期增长 2476.6 万元，增幅为 33.9%。

一、在"实"字上下功夫

　　在工作中真正学深悟透习近平总书记在民营企业座谈会上的重要讲话精神，切实做到学思用贯通、知信行统一，把思想和行动统一到习近平总书记重要讲话精神上来，切实增强为民营企业主动服务的意识。充分利用市场反应能力强、决策链条短、执行效率高的优势，更好地践行"普惠农商"的理念，更加坚定深耕小微企业、服务实体经济、服务广大群众的市场定位。建立服务民营企业发展长效机制，全面打造高质量发展体系，把服务民营经济、支持民营企业发展落到实处。一是以开展金融惠企大走访活动为契机，主动加强与民营企业的沟通，逐户走访建档，建立走访台账，摸排民营企业融资和结算需求，扎实做

---

　　①　作者系灌云农商银行董事长。

好民营企业建档授信和金融服务工作，加大对优秀民营企业的信贷投放力度，实现应贷尽贷，切实解决民营企业的融资难问题，截至 2018 年 11 月末全县共采集信息 20.96 万户，建档率为 80%，其中采集建档企业及小微企业主信息 20600 条，授信余额为 35.49 亿元。二是围绕区域产业发展规划，借助乡村振兴战略实施的有利条件，充分利用央行政策工具，发挥支撑"三农""涉农"的信贷投向优势，用好用足支小政策工具，助推民营小微企业发展，推动业务结构转型和创新，打造本土化特色品牌，逐步将信贷结构向小微企业、个人金融等零售型、稳健型业务转变，不断探索小微和民营企业业务专业化。三是加大考核激励，对发放民营企业贷款客户经理给予其他同类贷款 1.2 倍的绩效，同时不断健全尽职免责条款，减轻客户经理不良考核包袱，提高客户经理投放积极性，让客户经理想贷、敢贷。

二、在"简"字上做文章

主动作为，靠前服务，提高对民营企业服务响应速度及效率，提升民营企业金融服务便利度和满意度。保持战略定力，全面准确地把握政策要领，提升金融服务能力，加大对小微企业、"三农"、扶贫及民营企业等领域的信贷支持，全面梳理和分析存量民营企业贷款客户的业务现状，建立民营企业审批"绿色通道"，不盲目"惜贷、抽贷、断贷、压贷、停贷"，促进企业健康发展。一是进一步拓宽申贷渠道。在原有的柜面申贷基础上延伸出微信公众号、手机 APP 等多种申贷渠道，运用线上线下相结合的申贷模式，有效提高办贷效率。2017 年 5 月至今，微信申贷共计 2104 笔，成功办理用信 170 笔，余额为 1460.5 万元。二是进一步解放思想，解决客户担保抵押难的问题。根据行业周期性，从客户资信状况、从业年限以及客户贡献度等多维度数据分析，开发"丰收贷""税易贷""渔易贷""农场贷"等十多种信贷产品，充分解决客户担保抵押难的问题。截至 2018 年 11 月末，共投放信用类贷款余额 13.72 亿元，较年初增长 23.6%，其中小微企业类信用贷款余额为 2.34 亿元，较年初增长 45.75%。同时加快推进与江苏省农业信贷担保有限责任公司的合作，充分借助其国家政策性担保公司优势，有效解决农村小微企业贷款担保难问题，确保年底前新增"农担贷"贷款 1000 万元以上。

三、在"惠"字上求突破

充分发挥独立法人银行优势，科学灵活地运用自身拥有的资金自主定价权，以让利的实际行动降低"融资高山"的海拔高度，打通信贷需求对接的"最后一公里"，努力打造更"方便"和"便宜"的银行，解决民营企业融资贵问题，努力打造"政策最优、成本最低、服务最好、办事最快"的高质量发展体系。一是持续做好小微企业转续贷工作，进一步加强与连云港市中小企业应急转贷资金的合作，对符合条件但足额还贷出现困难的企业给予应急转贷资金支持，减轻小微企业筹措资金压力。仅2018年前10个月就为13户企业协调转续贷金额1.4亿元。同时，根据上级统一部署，我行"中小企业金融支持中心"已于10月正式挂牌，为推动金融更好服务实体经济，改善中小企业金融服务环境打下坚实的基础。二是加快政策落地，加强小微企业贷款利率监测管理，细化贷款利率优惠标准，对优质民营企业提高优惠比例，切实帮助民营企业发展，有效解决融资贵难题。同时与县不动产登记中心合作，设立不动产登记"一窗办结"便民服务点，抵押登记费用全部由我行承担，切实降低客户的融资成本和经济负担，2018年前三季度共为客户节省不动产权证登记费用45.4万元。

西部小微金服之困与破题建议

郭春燕①

小微活,经济兴。小微企业的成长壮大离不开金融活水的浇灌。为进一步提升小微企业金融服务的深度与广度,再现昔日丝绸之路核心区盛景,笔者深入天山北坡经济带部分重点县市的小微企业与金融机构,从供需两端开展调研,探寻现阶段改进小微企业金融服务的解决方案。

一、党的十八大以来塔城小微金服发展情况

小微企业金融服务是普惠金融的重要组成部分,是欠发达地区提振经济的重要引擎。党的十八大以来,在政策引领和监管指导下,塔城小微金融服务不断改进,"六项机制"陆续建立,"四单原则"逐步落实,"三个不低于"要求全面达标。5年来,塔城小微企业贷款总体规模增长1.92倍,贷款增速高于各项贷款平均增速131个百分点,小微企业贷款户数翻两番,申贷获得率超过98%,平均借贷成本下降两成。5年来,塔城小微金融服务体系持续完善,服务主体与供给规模不断增长,小微企业金融渗透率不断提高,可以说,塔城小微金融服务进入了一个前所未有的快速发展时期。

同时,一些发展瓶颈也开始逐步显现,一方面,银行出现小微不良快速上升和大量资金闲置的双重压力;另一方面,贷款企业周转困难得不到再次资金支持。从本次调研的多家企业来看,部分产品还是有着稳定的市场需求,但资金方面都或多或少地出现了一些问题。这既为改进小微企业金融服务留下了操作空间,也对提升服务水平提出了更高的要求。

二、存在的问题

(一)企业规模小,资金需求大

塔城地处西部,经济发展相对滞后,小微企业类型主要围绕农业产业链收储、初加工环节,如轧花厂、油脂厂、玉米烘干厂、番茄加工厂等。这类小微

---

① 作者系塔城银监分局党委书记、局长。

企业的普遍特点是人员不多、设备简易、经营周期短、单位利润薄、原材料需求量大、收购资金用量多。近年来，随着农业机械化率提升，原材料收购期不断缩短，例如，棉花大规模机采后，收购期由两三个月缩短至 20 天左右，原来可以周转 2 至 3 次的收购资金只能周转 1 次，贷款需求总量大幅上升。受单一客户集中度限制，部分中小法人机构不能满足企业需求。由于不同类银行风控标准、审批流程、时效各不相同，银团贷款方式也未被广泛采用。

（二）银行门槛高，企业资质低

目前，辖区银行业金融机构虽然根据借款人的不同类型对小微信贷产品进行了细分，一定程度上提升了需求满足度，但产品创新在改进风控方面仍然办法不多，传统的抵押担保仍占绝对比重，缺少有效抵押依然是小微企业获得贷款的最大障碍。产业链融资模式方兴未艾，大部分银行机构还没有具体的可操作流程。现阶段信贷市场仍是卖方市场，银行更倾向于能降低管理成本的大额信贷或是风险损失更小的个人客户，对于改进小微企业金融服务的内生动力不足。

（三）问题隐患多，应对措施少

除了底子薄、实力弱，受经济环境影响大、抗风险能力差等小微企业共性问题外，本地小微企业还面临着一些其他的问题隐患，例如，作为经济落后地区，当地多年来承接了一些东部发达地区转移而来的企业，在一定时期对发展地区经济起到了积极作用，但在 2018 年打赢"防治污染攻坚战"的大环境下，部分企业经常被要求停产或技改，对信贷资金安全回收带来了很大的不确定性。此外，由于 2018 年全国大力整顿地方债务，一些地区政府出资建立的融资担保基金不能得到保证，以此为基础的信贷产品难以为继，原有的被担保信贷资金也出现了一定的风险敞口。对于这些问题，目前大多数银行机构还是显得办法不多，措施有限。

（四）风险传导快，化解速度慢

本地小微企业中，涉农类和承接内地转移类的较多，它们本身的抗风险能力较其他小微企业更低，受经济下行的影响也更大，由于融资渠道少，更容易陷入民间高利贷的泥沼，并且很快将风险传递给贷款人。在风险化解方面，当地问题小微企业通过贷款以外的融资方式化解危机的能力较低，由于当地营商主体数量不多，通过其他企业接盘化解风险不仅耗时较长而且成功率也不高，通过诉讼程序执行抵押物拍卖等手段也时有出现流拍的情况，沉淀信贷资金化解速度相对较慢，影响了银行机构支小的效率。

（五）问责约束强，守信意识弱

目前，辖区各家银行业金融机构基本都有较为严格的不良贷款考核问责机制，每笔问题贷款都会追责到具体责任人。虽然国务院、银监会等层面都出台了一些意见、指引，对符合一定条件的小微企业不良贷款免责或给予容忍度，但大部分机构出于效益或者谨慎的考虑并没有出台具体、明确的免责细则，难以在操作层面落实。与之相对，一些小微企业主的守信意识还有待加强，短贷长用、随意腾挪、主观逾期的冲动依然存在，贷后管理难度大，信用环境建设还需持续用力。在当前银行问责约束强而企业守信意识弱的反作用下，贷款难与难贷款的现象还在一定程度上存在。

三、改进的建议

（一）激发银行活力

小微企业贷款风险和管理成本都相对较高，在银行选择中始终处于不利位置，要改变这种局面，一方面，用好市场手段，发挥政府担保基金、融资担保公司、保险公司的作用，让银行能够把风险分散转移出去，从而提高对小微企业贷款的兴趣；另一方面，抓好政策落地，例如，让普惠事业部机制优势体现在基层一线，让"两增两控"达标机构切实享受到准入便利。同时，积极引导银行承担社会责任，把支持小微企业发展当作分内之事。

（二）破除操作阻力

从研究分析到政策指引，各个层面已经提出了许多很好的措施和方案破解小微企业融资难融资贵问题，如应收账款融资、无还本续贷、不良授信尽职免责，但在具体操作中往往缺乏细则和标准难以最终落实。下一步，要着重从制度层面下手，强化对操作流程、细则完备性的监管约束，把政策导向落到实处。

（三）挖掘内部潜力

用好绩效考核指挥棒，引导机构把"两增两控"等小微企业信贷指标融入绩效体系，激发员工内生动力；鼓励银行革新组织架构，发挥事业部、专营机构的作用，不断创新产品、改进流程，提升信贷供给与需求的契合度；用好大数据分析等技术，发挥内部数据价值，降低融资门槛。

（四）形成风控合力

引导银行机构加强与税务、法院、公安、地方政府等部门的沟通联系。贷前，按时搜集诚信纳税企业名录、失信人员名单，为风险判断提供更多依据；贷中，定期向金融办等部门了解已授信企业在小贷公司等机构的融资情况，及时掌握风险变化；贷后，对骗贷、恶意拖欠等问题贷款及时商情公安经侦部门协助稳控风险，对不良授信偿还无望企业依法提请诉讼，并协调执行时效，最大限度保全信贷资产。

（五）强化企业定力

　　银行要督导小微企业严格按照约定用途使用贷款资金，扎实开展贷后检查，一经发现挪用贷款，立即落实惩戒措施，让企业形成明确预期，不敢轻易违约；用好客户信用评级、采取差别化利率等，引导企业珍惜自身信誉。同时，大力开展诚信宣教，强化小微企业主守信意识，营造良好信用环境。

多措并举　精准发力
为实体经济健康发展提供"融动力"

朱彩涛①

近年来，江苏泗阳农商银行不忘初心、牢记使命，始终秉承"普惠金融"理念，积极推进自身改革，稳步推进新零售战略转型落地，积极强化服务创新能力，重点打造"价值名片、服务名片、精细化管理"三张名片，为实体经济健康发展提供"融动力"。

泗阳农商银行紧紧围绕中央及地方党委政府工作部署，以促进地方经济发展、助推泗阳高质量发展为己任，主动支持乡村振兴战略和民营企业发展，立足客户多元化金融需求，加快产品组合创新，与企业携手共进，全力支持地方小微企业和民营企业加快发展。至 11 月末，全行各项贷款为 128.50 亿元，比年初增加 11.36 亿元，其中小微企业贷款余额为 55.88 亿元，比年初增加 4.63 亿元；制造业企业贷款余额达 23.79 亿元，比年初净上升 2.03 亿元。

一、坚守定位，全力服务地方实体经济发展

1. 深耕小微市场，助推实体经济发展。服务实体经济发展既是上级要求，又是农商银行可持续发展的内在要求和使命担当。一是持续开展小微企业年度集中授信。至 11 月末，全行已完成家具制造、纺织化纤、生态农业等 5 大类 403 户企业授信工作，金额达 41.21 亿元。二是开展"六类"客户专项营销。2018 年泗阳农商银行对农业产业化龙头企业、小微企业、家庭农场、新型职业农民、电商客户、个人创业主体六大类型客户，开展专项批量营销活动，实行批量签约，简化信贷流程，提高客户信贷服务的便利性和可得性，更加有效服务实体经济，活动期间累计营销六大类小微客户达 18000 多户。三是开展金融惠企大走访活动。第四季度以来，全行深入各类实体企业开展金融惠企大走访，宣传金融支持政策，帮助企业解决实际问题，目前已走访 900 多户，实现有效营销对接 500 多户，收到较好效果。

---

① 作者系泗阳农商银行董事长。

2. 突出绿色引领，助力乡村振兴战略。泗阳农商银行以推动县域农业供给侧改革为方向，积极发挥金融杠杆作用，重点支持县域精品林果、绿色蔬菜、特色水产三大主导产业，至 11 月末，泗阳农商银行新发放高效水产、特色果蔬等生态农业贷款 58 户，金额 1.29 亿元。围绕"一村一品一店"，通过精准对接服务对象、产业项目，加大对优势农产品产业信贷支持力度，力求做到产业发展思路和贷款支持方向相统一。2018 年以来，泗阳农商银行共支持桃果、蘑菇、畜禽、稻米、青虾、蔬菜等规模企业 17 家，贷款余额为 1.59 亿元。

3. 坚持服务导向，助推产业转型升级。紧紧围绕纺织化纤、家居制造、汽车配件和食品包装主导产业，建立发展绿色信贷、支持生态经济发展的激励机制和抑制"两高一剩"行业贷款的约束机制，将信贷资金向致力于转型升级以及向绿色、环保、低碳、科技型企业倾斜，大力支持县域产业结构调整。不定期分类召开产品推介会，宣传该行各项金融产品，为广大客户提供更加优质的金融服务。主动对接好彩头食品、海欣纤维、加华种猪、华绿生物科技、东滢服饰等招商引资企业，支持本土企业如苏丝股份、吉福新材料、国润农业等发展壮大。

二、顺势而为，持续加快转型升级步伐

1. 构建网格化营销，推动新零售战略落地。通过搭建网格化营销平台，在全县扎实推进精准营销，根据地理位置、网点性质和网点资源能力划分 344 个二级实体网格和 129 个二级虚拟网格，深耕"四区两员"（进社区、进商区、进园区、进农区，走访公职人员和外出创业人员），建立起"人在网中走，标在格中建，格格有服务"的全覆盖网格化服务架构，稳步推进网点、客户和服务布局，提高小微企业和广大农户申贷获得率，确保用三年时间实现建档率达90%、授信面达80%、签约率达50%。为保证营销效果，泗阳农商银行还在每个网格组织一场金融夜校、一次客群集中批量营销、一个重点客群营销、一轮产品宣传、一支"打工群体"专营团队"五个一"活动，进一步做深做透网格，前十一个月共开展活动 645 场，有效获客 9800 多户。同时，还通过构建虚拟网格，主动对接政府部门大数据，以实现批量获客，截至 11 月末泗阳农商银行通过大数据运营，"E 阳快贷"实现线上注册客户 12.13 万户，授信签约超过1.19 万户，发放贷款 6.96 亿元。

2. 创新特色产品，实现精准滴灌实体经济。按照服务群体不同，将全行信贷产品按照逐梦、助梦、圆梦三大板块形成梦系列产品。如对外出打工和回乡创业群体推出"乡情贷""凤还巢"；为满足居民消费需求，推出"爱房贷""爱车贷"；围绕基层党员创业，推出"红创贷"，至 11 月末，用信余额为 7063

万元；助力"双创"，推出"618全民创业贷"，近年累计发放2343笔，金额17406万元；针对先进模范，推出"荣誉贷"，发放63笔、3347.7万元；扶持电商产业发展，推出"E阳电商贷"，明确10万元以下实用信用贷款，解决年轻人创业担保难题；为了积极响应县委县政府"532"政策，泗阳农商银行为购置和装修农村康居示范村或集中居住区房产的农户提供了"安居贷"产品，纯信用办理，无须抵押、担保，且利率低。

3. 拓宽服务渠道，着力提升广大客户体验。泗阳农商银行以年轻客群为目标，围绕手机银行等移动支付拓展、依托贷记卡发展消费金融、以"收银宝"拓展经营商圈以及线上线下场景融合应用等开展工作，为广大客户提供更为便捷、优质的金融服务体验。至11月末，手机银行17.63万户，比年初净增8.47万户，手机自助贷占比43.17%，收银宝12388户，替代率为90.2%，比年初增长5.2个百分点。针对居住群体和商圈特色，发展离行式自助银行网点，并深入推进营业网点服务智能化，将柜台人工服务向ATM、VTM、智慧银行服务迁移，通过打造主题化、特色化、专业化网点，不断改善客户体验，推动线上线下服务一体化，并以打通线上获客渠道为着力点，真正构建客户营销服务生态管理系统。

三、饮水思源，主动承担经济社会责任

1. 切实减轻小微企业负担。为减轻小微企业负担，泗阳农商银行及时推出"企信贷""农担贷"等信用类产品，解决小微企业担保难问题；为切实有效缓解小微企业贷款转续贷中造成的资金周转压力和过桥资金成本过高问题，泗阳农商银行推出"无还本续贷"业务，截至目前累放续贷102笔，金额5.59亿元，续贷余额为109笔，金额5.83亿元。累计为企业节约财务成本1000余万元。

2. 扎实开展金融精准扶贫工作。泗阳农商银行以县委县政府"三进三帮"工作为抓手，派驻扶贫青年顾问指导支行开展金融精准扶贫工作，并组织全行党员干部每周两次深入走访贫困村、贫困户，对接金融需求，为其建档立卡，对接金融需求，用好用足扶贫贷款政策。至11月末，全行扶贫贷款余额达11976万元，比年初增加5453万元。深化联村共建活动，泗阳农商银行详细规划出"十三五"期间对徐营村的13个帮扶计划项目，预算总投入约100万元，帮助省级经济薄弱村——徐营村脱贫致富。

3. 深入推进"金融夜校"工程。2018年，泗阳农商银行创新举办了"金融夜校"，组织骨干人员成立专业团队，深入田间地头，逐乡逐村面向广大群众普及金融知识、扶贫政策和惠农政策，帮助他们接受和体验金融新产品，把金

融知识、金融产品和金融服务送进千家万户，提高群众防范金融诈骗的意识和诚信意识，优化了金融生态环境，在全县农村掀起学金融、懂金融、用金融的热潮。2018 年以来，泗阳农商银行共举办"金融夜校"355 场，培训人数达 28000 人次，覆盖全县 19 个乡镇街道、50 多个行政村。

支持实体经济发展任重道远，泗阳农商银行将进一步围绕国家政策导向，用足、用好、用活信贷政策，不断加大对实体经济的金融服务力度，积极创新产品类型，优化信贷流程，为广大小微企业、民营企业提供更加优质高效的服务，把泗阳农商银行打造成为当地小微企业、民营企业融资服务的首选银行，打造成为有尊严、受尊敬的责任银行，有信仰、有情怀的品质银行，中国小微银行的标杆银行。

农商银行绿色金融专营机构发展实践与思考

沈家骅①

自2017年6月七部委联合印发五份关于建设绿色金融改革创新试验区总体方案以来，各试验区银行绿色专营机构逐步增多。其中农村绿色金融改革属于"难、重"领域，有其独特的环境因素和服务需求，部分农商银行在绿色专营服务的探索中形成了一定特色，但要进一步扩大辐射面和影响力，还需要更多的积累与创新。

农商银行绿色金融专营支行发展现状

近年来，绿色金融理念得到各地农商银行的日益重视和积极贯彻，而这次在开展绿色金融专营机制建设方面，农商银行也走在了前列。如作为"两山"理论发源地的湖州，当地安吉农商银行在全国法人银行中率先设立绿色金融事业部，而南浔农商银行则率先设立绿色金融专营支行。其中绿色支行的设置，为绿色金融产品提供了一块先行先试的"实验田"，同时也能为完善相关的审批、风控、考核等专业化管理机制提供试点机构，是绿色金融改革创新不可或缺的重要环节。经过近一年的探索，这些绿色支行也形成了具有一定专业化水平的经营模式、服务模式和管理模式。

在经营方面，能够得到上级行的战略支持，明确绿色经济领域为信贷主要投放方向，并在产品开发、经营定位方面形成定制性或专业化。例如，南浔农商银行根据全市政策导向建立绿色信贷分类标准，要求绿色支行投放的贷款全部为绿色贷款；同时将区域全辖的绿色农房改造贷款、农户光伏发电贷款等绿色信贷产品统一划归绿色支行经营。

在服务方面，形成差异化的客户分层服务机制。例如，南浔农商银行绿色支行将信贷客户分类为环境优先型、环境合格型、环境关注型和环境缺失型四类，在信贷准入、贷款授信、审批流程、利率定价和风险控制等环节实行差别化管理，对环境优先型贷款实行适当提额、利率优惠、简易审批等扶持措施。

① 作者系浙江南浔农商银行董事长。

在管理方面，重点是形成了具有明确导向性的考核激励机制。例如，南浔农商银行专门制定了《绿色支行绩效考核办法》，围绕信贷业务、支付业务、内部管理、发展质量、绿金活动五个方面分别设置指标和权重，其中绿色信贷占50%。同时在绿色信贷绩效考核模型中引入绿色优效系数，结合客户分层分类，形成了"绿色化"的激励机制。

总体来看，农商银行绿色支行既有其特色，也有其市场，一年来在业务发展方面初见成效。例如，南浔农商银行绿色支行到2018年5月末绿色贷款余额已达到2.27亿元，占比100%，其贷款规模已超过全市农信系统多家一级支行。

农商银行绿色金融专营支行发展中存在的问题

农商银行建设绿色专营支行毕竟处于探索阶段，其间暴露了不少问题，发展也面临现实难题，需要得到有效解决。

一是客户存款回报率低。根据农商银行绿色支行的设立初衷和服务宗旨，其选址一般靠近农村的高新技术区、现代农业园等产业园区，难以吸引居民储蓄存款，而绿色行业往往呈现轻资产化特点，科技研发等资金占用多，造成存款回报率较低。例如，南浔农商银行绿色支行到2018年5月末存款余额仅4000万元左右。

二是信贷投放存在瓶颈。农商银行原有网点网络覆盖面较广，绿色支行成立后通过内部协调获得的市场份额十分有限，同时，农商银行主要信贷经营模式是依靠人员线下调查营销，农村绿色产业密度小、分布广，如果沿用传统经营模式，受获客渠道和风控能力限制，单个专营支行的服务辐射范围十分有限。例如，南浔农商银行绿色支行开业近一年，前五个月贷款增长1.8亿元，后五个月仅增长0.4亿元，且环比增速呈下降趋势。

三是政策激励难以对口。综观各试验区的绿色金融统计制度，其统计口径主要涵盖各类企业贷款、项目贷款，其中大部分类型为农村地区罕见的行业，如新能源利用、相关专业设备生产贸易等，而生态农牧渔业、工业节能类等涉及广泛的，则又有十分严苛的评价标准，农户和小微企业中一般仅少数有相关"证、照、件"，对坚持做小、做散的农商银行来说，难以从配套的政策激励措施中获益，也难以体现其助推农村经济绿色转型的实际成效。例如，南浔农商银行绿色支行为百分百发放绿色贷款，一年来发放的企业贷款实际仅6户，其余680户均为农户贷款。

四是客户分层有待完善。发展绿色金融对社会信息透明度要求较高，当前各地企业环保信息共享机制正在加速健全，但对农村地区来说，由于小微企业数量巨大、经济转型未竟全功，信息共享平台建设基础差、难度大，进度相对滞后，因此农商银行对客户分层识别缺少信息技术支持，方法相对粗放，效率低、精度差、风险高。例如，南浔农商银行按环保属性将客户分为四种类型，其中通过环保局与征信系统获得的达标、处罚等信息，仅能明确后两类即环境缺失型和环境关注型，对达标之上的，则只能对照总行自定的准入标准人工判定，而这部分才恰恰是绿色支行的目标客户。

五是产品先试效果有限。绿色支行承担绿色金融创新产品"实验田"职能，但农商银行以存贷款业务为主，产品种类单一、创新能力较弱，真正需要试点或专营的产品不多，加上其绿色支行辐射范围有限、客户数量较少等因素，产品先试作用并不能得到很好的发挥。

六是业务结构明显"偏科"。绿色支付业务是绿色金融的重要组成部分，且与其他资产、负债业务相辅相成，是维系客户的重要纽带，但对农商银行绿色支行而言，在支付业务种类、兄弟支行辖区等方面难以划定边界，同等竞争条件下新设机构难以拓展支付业务，不利于其可持续发展。例如，南浔农商银行绿色支行目前贷款客户数量占全行的 2.26%，但网银及手机银行客户仅占全行的 0.5% 左右。

农商银行建设绿色金融专营支行的启示与建议

第一，确保"垂直专营"的真正落地。只有做到人员配备、信贷规模、审批渠道、资金价格、风控指标、绩效考核五个方面全部由总行"单列"，实现信贷业务"垂直管理"，才能真正实现专业化运营。人员单列是指总行绿色金融领导小组要届入专业员工管理，在支行行长交流、客户经理轮岗等过程中，对进入绿色支行的人选进行额外把关，确保队伍有较高的绿色金融政策执行定力和专业水平；规模单列是指在当前窗口指导信贷规模的情况下，要加强机构协调，为绿色支行预留一定资源，实现优先保障；审批单列也就是开通绿色通道，能够提升服务效能，并围绕产品的"专营、先试"形成配套审批机制；资金价格与风控指标的单列则是为了针对绿色贷款需求特点，形成明确的激励导向，真正将专营支行与普通支行区分开来，为其营造良好的发展环境；而绩效考核的单列，是为了弱化客观因素对存款类、电银类指标的影响，突出主营服务绩效，保障员工应有报偿，切实调动发展积极性。

第二，贯彻"农商支行"的固有定位。作为农商银行的分支机构，只有牢牢守住市场定位，才能发挥固有优势，实现差异竞争。一是围绕支农支小实施绿色普惠。绿色支行信贷业务要始终以服务供给侧结构性改革为核心，坚持着眼于农业和小微企业的绿色转型薄弱环节；同时围绕农民日常需求，打造农户消费、安居、出行等方面的绿色普惠系列金融产品体系，并以便民服务点和手机银行为核心构建"动＋静"绿色支付网络，营造环保、低碳、惠农、便农的绿色生活。二是紧抓发展短板探索联动营销。在农商银行全辖范围，对符合绿色支行服务定位和风控要求的客户，实行内部推荐转移，即由其他支行客户经理建档、向绿色支行推荐，实行风险与利润分摊以及按户激励机制，集合全行联动营销力量，扩大服务辐射范围。三是根据经营特点优化考核细则。针对农村绿色金融客户个体小而杂、归类难度大，而客户经理专业水平较低、人均负担大的特点，应结合上级政策与自身实际，将指导意见转化为更简单、易理解的考核制度，从而与客户经理激励约束有效挂钩。

第三，树立"现代金融"的创新理念。党的十九大报告提出了"现代金融"的概念，明确要求实体经济、科技创新、现代金融、人力资源"协同发展"，绿色金融则是其重要组成部分。一是创新融资产品。对农户和农企，充分利用农业补贴、土地权益等建立农业发展基金、农贷担保基金，对小微企业，持续探索权益质押类绿色信贷产品和投贷联动模式，牵头发行中小企业绿色集合债等。二是创新风控理念。根据农商银行现有人员素质和技术水平，着重从客户信息数据质量监督、授信额度测算把控、风险预警机制建设入手，切实加强源头控制和合规建设，以"管人"防风险、以"做小"控风险。三是创新服务模式。借助"最多跑一次"改革有利时机，进一步简化操作流程、强化渠道建设、优化系统支撑，积极探索"一体化服务、一站通办事、一键式放贷"，打通绿色金融服务"最后一公里"。

第四，优化"农村绿金"的改革环境。在围绕农村绿色金融改革制定政策时，应在精细化管理与更有效落地之间找到新的平衡点，根据农商银行的实际情况、绿色支行的设立初衷，对其进行差别化的统计管理与政策激励。一是放宽判定准入标准。在保持大中型企业精细分类的同时，对农户和小微企业，在强化生态、环保、可循环导向的基础上，适当放宽界定标准与准入条件，以"宽进严管"的方式，降低绿色信贷门槛。二是深化信息沟通合作。完善企业污染排放、环境信用评价等信息的披露系统和机制，强化绿色信息共建共享，在加强监管联动的同时，鼓励农商银行发挥自身政银合作优势，探索建立绿色项目储备库和限制进入名单库，进一步提高资源配置的效率。三是实行风险补偿机制。农商银行绿色支行风险总量小、导向意义大、改革效果好，可以成为风险补偿机制的有效"着陆点"，也可结合绿色金融专营机构试点评优活动，额外加强正向激励，逐步打造层次分明、各具特色、优势互补的绿色银行体系。

立足服务本土经济　践行普惠金融使命

陈迎宾　郑　洁①

从 20 世纪 50 年代初第一家信用社成立起，伴随着新中国的发展壮大，历经 60 多年的风雨兼程，南昌农商银行始终立足本土，服务当地，在与地方经济社会融洽发展中不断壮大。

南昌农商银行始终坚持把加快有效发展作为工作主线，持续推进业务发展，不断巩固提升市场地位和竞争优势。截至 2018 年 10 月底，南昌农商银行员工人数近 1000 人，资产总额达 538.15 亿元，较改制之初增加 432.13 亿元，增长 4.08 倍；改制 9 年多来，累计实现各项收入 181.58 亿元，实现拨备前利润 66.06 亿元，缴纳各项税收 25.66 亿元，收入、利润、纳税年均增幅达 20% 以上，是全省系统业务规模最大、经营效益和风险控制优良的成员行。同时，牢牢守住了不发生系统性金融风险的底线，改制 9 年多来未发生重大风险事件，资本充足率、不良贷款率等主要风险指标持续优于监管标准，目前监管评级为 2C，是全省农商银行中唯一一家连续 7 年监管评级保持在二级以上的成员行。

近年来，南昌农商银行业务发展及各方面取得的成绩，得到了上级部门的充分肯定和社会各界的广泛赞誉。先后被国务院授予"全国再就业先进工作单位""全国就业先进企业"，被全国总工会授予"全国五一劳动奖项"，连续三次被中国银监会评为"全国农商银行标杆银行"，连续蝉联六届"全国十佳农商银行"，并获得其他国家级、省市级荣誉称号百余项。

立足本土　服务地方经济

坚持"立足本土、服务社区、支农支小"市场定位，始终以"三农"、城乡居民、个体工商户、小微企业等客户为重点服务对象，切实加大有效信贷投放，成立以来，累计发放各项贷款 3000 多亿元，为推动地方经济发展、构建和谐社会作出了积极贡献，成为勇担社会责任、践行普惠金融的农商标杆。坚持以服务地方实体经济发展为己任，将小微企业和各类个私经济等群体作为主要

---

① 作者单位为南昌农商银行。

服务对象，通过创新体制机制、服务模式、信贷产品、经营模式等方式，充分发挥地方中小银行决策链短、机制灵活的独特优势，有效缓解小微企业融资难题。改制9年多来，累计向南昌辖内投放小微贷款1289亿元，截至2018年10月底，小微企业贷款客户数达10896户，小微企业贷款余额为239.38亿元，为促进地方实体经济发展和普惠金融作出了突出贡献。

在服务好城乡百姓、小微企业的同时，地处城区的南昌农商银行始终不忘服务"三农"这一根本。根据区域经济发展现状，在充分满足城郊农户蔬菜种植、水产养殖等传统农业信贷需求的基础上，以支持煌上煌集团、汇仁集团、正邦集团等农业产业化龙头企业为重点，带动周边农户发展生产和农村劳动力转移，助推城乡一体化发展，支持辖区内"城中村"改造，支持村级经济发展；不断提升区域金融辐射能力，在上海市嘉定区和江西抚州、共青城等地发起设立了7家村镇银行，实现了跨区域发展，在解决农村金融供给不足、满足小微企业融资需求等方面发挥了重要作用。改制9年多来，累计向南昌城郊投放涉农贷款779.69亿元，截至2018年10月底，涉农贷款余额为165.6亿元，较年初增加20.75亿元，增长20.75%，高于各项贷款平均增幅，有力支持了辖内农村建设、农业发展和农民增收。

创新驱动　拓宽发展渠道

创新服务，做社会认可的"本土银行"。推进网点综合化经营全覆盖，赋予二级支行、分理处500万元以下优质商品房抵押贷款审批自主权，为全部网点配备了移动营销设备，客户办理业务更为方便。在全省金融系统率先成立中小企业服务中心，推出全省首条中小企业申贷热线，开展深度"四扫"营销、划片区营销，整片地毯式推进。走进园区举办银企对接活动，主动上门为企业服务，降低小微贷款门槛，使符合贷款条件的小微企业能通过正规金融渠道获得有效信贷支持。坚持支农支小的市场导向，深耕细作本土市场，支持小微企业发展，发展绿色普惠金融，结合南昌农商银行城区行的发展特点，加大对绿色、民生、消费、供应链、物流等产业的支持力度，着力推进现代农业发展升级、精准脱贫攻坚，大力促进实体经济发展，积极引导信贷资源向500万元以下特别是100万元以下农业贷款倾斜，有效满足广大客户的信贷需求。

创新模式，做"江西人民自己的银行"。为更好地服务"三农"客户，要求客户经理在调查阶段，通过"创业信贷绿色通道""一站式服务"等方式，实施优先调查、优先评级、优先授信、优先发放。为提高"三农"客户申贷获得率，进一步简化审批流程、缩短审批链条，对权限内贷款实行审批小组委员会签制，对辖内单户500万元（含）以内的"三农"信贷业务实行"集中决策、分级授权、有效监督"的运行模式，做到存量客户授信 1 个工作日内办结，新增客户 3 个工作日内办结，提高审贷工作效率，加快小微贷款办理速度；切实将速度和效率打造为"三农"信贷品牌。

创新定价机制，降低融资成本。对不同信贷产品以 500 万元为界按授信金额又设定不同标准利率。严格遵守"七不准、四公开"和对小微企业收费"两禁两限"要求，严禁收取没有实质服务内容的收费，继续免收小微企业客户相关费用，同时承担房屋抵押登记费，抵押物内部评估免费。针对企业风险溢价上升与降低企业融资成本之间的矛盾，引入转贷公司，创新续贷方式，解决了优质小微企业倒贷问题，截至 2018 年 10 月，通过转贷基金发放贷款 437 笔，转贷金额 63.94 亿元。发展互联网金融，对多个贷款品种开通自助办贷服务，客户可以根据资金使用与周转情况随借随还，且按贷款实际使用天数计息，有效降低企业的融资成本。

贴近民生　践行普惠责任

积极支持民生工程，扶助社会困难群体。按照贴近市场、贴近需求、贴近民生的思路，深化与政府的合作，依托"创业贷款服务中心"平台，加大对辖内下岗职工、大学毕业生等困难群体的信贷支持。2003 年在全国率先开办下岗再就业小额担保贴息贷款业务，成立再就业服务中心，已累计向 19 万人次发放 35 亿元贷款，支持和带动就业 30 余万人，占全市创业贷款扶持人数的 60% 以上；深化与地方政府的合作，帮助被征地农民解决养老保险缴费难题；不断扩大扶持范围，将妇女、大学生、退伍军人、进城创业农民工、残疾人等纳入扶持对象，形成综合型创业贷款服务中心，为更多群体创业就业提供有力的信贷支持；积极创新与推广各类场景下的贷款产品。借助省工商局"星级文明诚信个体户"创评活动的平台，推广"诚商信贷通"贷款。截至 2018 年 10 月末，累计发放"诚商信贷通"贷款 1815 户，金额 10 亿元。积极响应政府金融举措，大力发放"助保贷""财园信贷通"等民生类贷款；加大与园区政府的对接力度，累计向 252 家企业发放 16.37 亿元"财园信贷通"，目前已将"财园信贷通"合作园区覆盖了整个南昌城区，成功与高新区、昌东工业区、经济开发区、西湖区、东湖区、红谷滩新区及望城新区 7 个区域签署了业务合作协议，有力推动园区企业发展。与市人社局签订合作协议，推出"社区创业贷""村户创业贷""村干部创业贷"等信贷产品，为南昌市 10 家创业孵化中心授信 1 亿元，有力支持"双创"，助推城镇化进程，促进农民增收致富；加大对失地农民群体的信贷支持力度，投放被征地农民养老保险贷款，累计向近 2 万户农民发放该项贷款 4.56 亿元，帮助解决养老保险缴费难题，深受地方政府和群众的好评。曾先后被国务院授予"全国再就业先进工作单位""全国就业先进企业"，2017 年荣获"全国农村金融十佳普惠金融机构"称号。

积极投身公益事业，真诚回报社会。近年来，向"百福慈善基金会"捐赠 2100 万元，利用基金投资收益，重点帮助解决贫困家庭子女上学经济困难；自 2012 年起，每年向慈善总会捐赠 50 万元，用于支持南昌市慈善事业；捐赠 50 万元援建全省首所鄱阳湖生态希望小学——洪银小学，为贫困地区教育事业发展贡献一份力量；捐赠 30 万元帮助建立特困民警救助金；积极开展"慈善一日捐""阳光助学"、捐助 SOS 儿童村等活动，改制以来，已累计向公益慈善事业捐赠逾 3000 万元，曾先后获得"江西慈善突出贡献企业""江西希望工程致敬单位""最具慈善爱心单位"等荣誉称号，赢得了社会各界的广泛赞誉。

好风凭借力，扬帆正当时。面向新时代，立足新起点，南昌农商银行将主动适应新时代带来的新要求，始终保持战略定力，在省联社的正确领导下，朝着江西省农商银行打造历久弥新、行稳致远的"百年老店"奋斗目标，不忘初心、继续前进，担当践行社会责任、普惠民生的金融标杆，为建设富裕美丽幸福江西、助力地方经济社会发展贡献更大力量。

新时代金融支持民营企业发展的对策建议

裴　璇① 　郭树华②

摘要：2018 年 11 月 1 日，习近平总书记在召开的关于民营企业座谈会上进行了相关演讲，在此以后，关于支持民营企业发展的政策不断被实施与完善，相关部门快速落实与实施这些政策。本文分析了民营经济的地位及其发展中遇到的困难，结合当前金融支持民营企业的现状，从政府与银行两个层面给出金融支持民营经济高质量发展的建议。

一、新时代金融工作的根本要求

党的十九大报告指出："中国特色社会主义进入新时代，我国社会主要矛盾已经转化为人民日益增长的美好生活需要和不平衡不充分的发展之间的矛盾。"通过建设现代化经济体系着力破解经济发展的不平衡不充分问题，来解决新时代我国社会的主要矛盾。并将现代金融归为产业体系的组成部分，进而提出了"深化金融体制改革，增强金融服务实体经济能力，提高直接融资比重，促进多层次资本市场健康发展。健全货币政策和宏观审慎政策双支柱调控框架，深化利率和汇率市场化改革。健全金融监管体系，守住不发生系统性金融风险的底线"。这是习近平新时代中国特色社会主义思想在金融领域的根本要求，是金融发展一般规律与我国金融改革实践探索相结合的科学部署，是指导金融改革发展稳定的行动指南，是做好新时代金融工作的根本遵循。

自 11 月 1 日习近平总书记主持召开民营企业座谈会并发表重要讲话以来，相关部门和各地支持民营企业发展的政策相继出台并陆续落地实施。在高层重视、政策明了、要求明确的情况下，金融支持民营企业被提到前所未有的高度，形成共识。在此背景下，市场可以预期，民企融资困难、融资成本高会得到有效缓解，可以说在融资方面民营企业的春天即将到来。

---

① 作者所在单位为北京国家会计学院。
② 作者所在单位为云南大学发展研究院。

二、民营经济的地位及发展中遇到的困难

1. 民营经济的地位和作用

我国非公有制经济，是改革开放以来在党的方针政策指引下发展起来的。党的十一届三中全会为非公有制经济发展打开了大门；党的十五大明确提出"非公有制经济是我国社会主义市场经济的重要组成部分"；党的十六大提出"两个毫不动摇"；党的十八大进一步提出"毫不动摇鼓励、支持、引导非公有制经济发展，保证各种所有制经济依法平等使用生产要素、公平参与市场竞争、同等受到法律保护"；党的十九大把"两个毫不动摇"写入新时代坚持和发展中国特色社会主义的基本方略。

国务院为了加强促进国内中小型企业的发展，前段时间领导小组在第一次会议中明确点明，当下我国民营经济的特征可以用"五六七八九"几个字来概括，即需缴纳50%以上的税收，创造60%以上的GDP，贡献70%以上的技术创新和新产品开发，提供80%以上的就业岗位，拥有90%以上的企业数量。在我国，相当一部分的国民经济来源于民营企业创造的产出，并从而带动社会发展，这不仅助力了经济的增长，而且提供了就业岗位与需求，在带动创新、改善民生方面更是有着至关重要的作用。

2. 正确认识民营经济的发展困难

目前，我国正处于一个民营经济发展较为困难的阶段，如果我们想发展并振兴民营企业，则需要认识并发现困难，然后对症下药，才能有效地解决民营经济发展的问题。在民营企业的发展过程中，有各种各样繁杂的问题会影响到民营经济，这些问题形成的原因究其根本有多方面的因素，如外部和内部因素，也有从不同观点角度看问题的原因，诸多的因素汇聚在一起，往往产生连锁反应进而产生各式的问题，可以将这些问题总结为"三座大山"：市场的冰山、融资的高山、转型的火山。

3. 金融支持民营企业发展的现状

就目前的状况来看，我国的金融服务对民营企业的支持力度远远不够，换句话说，也就是银行应该放宽相关的贷款政策，起码要契合民营经济在国民经济中的相应比重。举例来讲，在我国总体国民经济中，民营企业已占有多于一半的份额，但相比之下，放给各种民营企业的贷款数目只达到全部数额的四分之一，这就证明民营企业获得的金融支持根本不成正比。为改变这一情况，中央金融部门有关领导人发表意见，表示为了支持民营企业的发展，今后大型银行对民营企业的贷款不得低于1/3，而其他中小型银行至少要放款2/3给相关民营企业，助力发展，解决困难，几年以后，各银行还会针对民营企业新增许多

公司类贷款项目，其比例不会低于50%。

三、金融支持民营经济高质量发展的建议

1. 政府层面

（1）政府政策需精准持续

政府出台的相关政策必须符合实际情况，可以精准地解决根本问题，同时该项政策可持续发展，在这三方面的基础上，金融机构才敢于放贷，没有基本保障金融机构是不敢大量进行贷款活动的。支持民营企业的政策措施要落地，关键是要符合实际。在温州乐清市，很多科技型小微企业由于企业自身的素质，以及贷款期限和方式不灵活，造成科技型小微企业融资困难的现象。科技型小微企业缺少融资渠道，由于抵御风险的能力低，银行为了控制风险制定了烦琐的手续与规定，科技型小微企业很难通过银行进行融资，只能完全靠个人信用寻找高利息的个人集资、担保公司等风险较大的渠道，这样不仅融资成本提高，危险性也相对要大得多。针对这一现象，当地科技局牵手农业银行和浙江省担保集团，制定并且出台了相关政策，设立"人才科技贷"，科技型小微企业可以在无抵押、担保的情况下进行贷款，银行在调查过后，依据企业信用度进行贷款，按照3∶3∶4的比例，与乐清市科技局、浙江省担保集团共同承担风险。

（2）政府设立专项基金

政府出资在为企业增信的同时也增加了金融机构的信心，既惠及企业，同时也有利于金融机构产品创新和渠道拓展。各省可以根据不同地区的实际情况进行整改，成立省担保基金，这是为了更加便利地解决小微企业贷款难问题，以及当地龙头企业再融资问题。比如，浙江省政府为了解决上市公司股权质押困难，将100亿元的资金设立成上市公司的发展基金，该项新组建的基金对上市公司的发展起到了决定性作用。福建的民营企业由于缺乏创造力，注重传统产业的发展而忽略研发。为了解决这一弊端，政府出台政策进行宣传，支持企业创新转型，并且设立了技术改造基金，促进该省的民营企业发展。

（3）"综合服务包"模式

近日，北京市政府给民营企业送出一批含金量高的综合服务包，所谓综合服务包，意思就是因企施策，对症下药。基于各地方存在各种类型的民营企业，而在北京的民营企业则是以中关村为代表的创新型企业为主，北京市政府进行多项研究，研制出适合于此类型企业的服务包，做到有的放矢。其他地方政府也应该效仿北京市政府这一举动，先分析企业类型与问题特征，再设计出一套独特的解决办法，为企业送上"综合服务包"。

2. 银行层面

（1）创新金融产品

创新金融产品有利于银行助解中小企业融资难问题。现如今，全国各个类型的大小商业银行均不断推出面向民营企业的金融产品，针对中小企业融资难问题，各类创新型金融产品可谓灵丹妙药。其中有代表性的温州"无还本续贷"模式值得各商业银行借鉴。

"无还本续贷"是前文中综合服务包的一个具体体现，当地政府考虑到在温州市存在着相当数量的小微企业，这种类型的民营企业的特征是一般来说先发货，等商家收到货之后再支付货款。但对以往的商业银行放款方式来说，银行同意贷款的条件之一，就是贷款者需按照固定期限归还贷款，或者是先还后贷。这就与温州市普遍的小微企业运营方式相冲突，很多民营企业考虑到这一点，需要提前到处筹借资金才敢发货，因为很多时候到了银行的还款日，收货方的货款还没有到达，从而导致资金周转困难。这不仅直接增加了民营企业的财务压力，而且间接拉低了企业的生产效率，大大降低了该地区的民营经济活力。而"无还本续贷"作为当地银行的一个新举措，如果获批，企业可以直接节省数额可观的财务成本，提高当地的民营经济发展。

（2）建立三市联动机制

在诸多民营经济存在的问题中，很多种解决办法都是治标不治本，唯有金融支持是一种有效的解决办法，能做到药到病除。然而，需要建立"贷市、债市、股市"三市联动机制来配合这种方法产生效果。其中，"贷市"，顾名思义，指的就是银行信贷市场，也可以被说成是帮助民营企业融资的一个市场。可是前文中我们也有提到，从目前情况来看我国的信贷市场有关政策，并没有真正帮助到民营企业，各类银行需要放宽贷款政策，帮助民营企业快速发展。

"债市"指债券融资市场，也是另一种民营企业可以融资的方式，只不过换成了市场举债的方式。最近几年来，以许多银行作为债券市场代表出现，帮助民营企业融资从而周转资金，效果良好，然而也有问题干扰，例如，因债券违约事件越发频繁地出现，民营企业的融资效率降低，难度加大，阻碍了民营经济的发展，有关部门应制定相关法律法规，尽量减少或避免此类事件的发生。

"股市"就是民营企业通过市场进行股权融资，即公司股东为了周转资金，让出部分股权进行销售，有人愿意帮助融资，共同作为股东，也就是股权代表。这种融资方式并不是太常见，也是民营企业一般情况下不愿意打出的牌，在这种体系与市场下，有关部门必须防止股权质押风险的爆发和蔓延，为处于困难时期的民营企业续命。综上所述，唯有这三种机制联合起来，融会贯通，并且执法严明，才能达到理想的效果，帮助各种民营企业快速融资，渠道畅通，互惠互利，达到健康高效地发展民营经济的目的。

（3）借助金融科技服务实体经济

近几年来，在互联网金融和大数据金融方面，已经通过验证的技术和模式，商业银行要积极主动应用金融科技在这些方面取得的最新发展成果。商业银行自身要加大金融产品科技、市场科技的研发资金投入，同时也要增加在合规科技和风控科技方面的投入。中小银行金融科技应用更应该重视细节方面。原因有两点，一是其主要的客户来源就是细分市场的小客户；二是因为大数据在应用中经常缺失具体目标，而中小银行借助大数据支持小微企业、服务实体经济具备现实的可行性。由此可见，中小银行金融科技应用应更重视小目标、小任务。

（4）风险防控

对银行来说，风险的防范是永恒的话题。中央高层要求金融机构支持民营企业，主要目的在于纠正过去金融企业在支持民营企业方面存在的不足与问题，为民营企业营造一个公平的获取金融支持的环境。金融支持民营企业要细水长流，不能一窝蜂。否则，政策效果差，执行不到位，导致民营企业对政策产生怀疑，影响发展信心。盲目跟风，不根据企业自身的情况进行投资，也没有做好前期的市场调查，不清楚国家相应的政策与方针，对未来没有进行相应的风险预测；又或者对投资风险分析不够全面，只看到了获利一面，就迫不及待地盲目扩大投资范围。如此导致企业陷入困境。

深耕普惠金融　助力小微发展

——自贡银行提升小微金融服务实践

何　跃①

　　从国务院常务会议关于"进一步缓解小微企业融资难融资贵，持续推动实体经济降成本"工作部署，到五部门联合印发的《关于进一步深化小微企业金融服务的意见》（以下简称《意见》），再到人民银行定向降准，释放小微扶持资金、下调支小再贷款利率，可以看出缓解小微融资难融资贵问题的迫切性。

　　近年来，自贡银行作为地方金融主力军，积极贯彻落实党中央、国务院和监管机构的要求，在坚守金融本源、服务实体经济、支持自贡老工业城市转型升级示范区建设中，更加突出发力普惠金融，以创新产品、优化服务模式为手段，从降成本、破难题出发，全面提升小微金融服务能力和质效，并在服务模式、产品创新等方面进行了一系列探索和创新，成效显著。

一、战略引领，掀助力小微热潮

　　自贡银行始终坚持以习近平新时代中国特色社会主义思想为指导，全面贯彻落实党的十九大、全国金融工作会议和中央经济工作会议精神要求，紧紧围绕"服务实体经济、防控金融风险、深化金融改革"三大任务，主动调整中长期发展战略和经营理念，更加突出抓好"发力基础业务"工作主线，坚定发展普惠金融、小微金融，夯实业务和客户基础，实现平稳和可持续发展。一是将发展普惠金融战略作为全行"十三五"发展规划核心和业务着力点，将普惠金融发展成效作为检验全行战略转型成败的关键，集中全行优势资源，显著倾斜人力、财力和物力，率先成立普惠金融部，负责全行普惠金融业务发展规划，努力推动普惠金融业务突破。二是制定支撑普惠金融业务发展的相关制度和配套体系，建立了一整套完整的小微金融业务准入、风险控制、绩效考核、产品创新、业务管理流程。将小微企业贷款、涉农贷款、扶贫贷款等贷款业务单列

---

　　① 作者系自贡银行董事长。

信贷投放、绩效考核和激励约束机制。提高小微企业不良贷款容忍度，建立小微企业贷款尽职免责评价工作体系。三是强化战略落地和激励考核机制。制定了服务实体经济十五条措施、加快提升小微企业金融服务质量的意见以及普惠金融专项考核细则等制度和通知，将普惠金融业务拓展列为全行重点考核目标任务，与班子成员 KPI 考核和各责任部门年度绩效考核挂钩，将工作任务落实到部门和人员，强化分工协作和责任落实，形成强有力的工作推进机制。截至 2018 年 6 月末，全行小微企业贷款余额为 150.87 亿元，占全部贷款余额的 81.22%，较年初增长 11.19 亿元，有效支持了自贡实体经济发展。

二、创新产品，助小微转型升级

国家积极推动供给侧结构性改革，但不同地区的产业结构和企业类型、特点往往有较大的差别。自贡作为全国首批老工业城市和资源型城市产业转型升级示范区城市，除了积极化解传统化工、盐业等"老工业"的产能过剩问题，引导高新技术等"新产业"发展，培育创新型小微企业发展壮大，倒逼产业转型升级就显得尤为重要。因此，自贡银行充分考虑中小微型企业难以得到及时、有效的资金帮助的现实情况，以普惠金融打破传统金融机构产品服务单一的壁垒，形成了汇聚自贡特色的众多产品体系，帮助更多的小微企业脱离传统金融的束缚，获得及时的金融扶助，助力小微企业转型升级。

近年来，紧紧围绕企业担保弱的难题，先后推出"专利权质押贷款""订单便捷贷""专业担保机构担保贷""支小再贷款""支小贷""商圈贷""支小彩灯贷""经营性物业贷""商标权质押""支小助科贷""税信贷""无还本续贷"等一系列服务于创新的金融产品，缓解企业融资困难。为解决农户融资难问题，推出了"惠农贷""提升贷"等无须抵押担保的金融产品，为当地农业种养殖大户、专业合作社、农村集体经济组织、农业龙头企业等提供金融支持，为当地的乡村振兴提供强有力的支持。截至 6 月末，自贡银行非抵（质）押类小微企业贷款余额为 100.29 亿元，占全部小微企业贷款余额的 66.48%。

三、减费让利，促小微降本增效

始终秉承"普惠金融，服务民生"发展理念，为进一步缓解企业融资难融资贵问题，积极探索金融创新，推进流程优化，全方位地切实减轻企业负担。

一是降低融资成本。设定小微企业授信综合成本最高限价，启用新的小微企业利率测算表，分类定价，增强利率的市场敏感度。调整后的利率区间为 5.5%～6.5%，较原有小微企业贷款利率定价平均低 1～2 个百分点。针对小微企业客户，进一步减少和降低各类评估费用，全面取消非必要的抵（质）押物购买保险和办理公证费用，小微企业相关费用由行里承担。组建行内专业评估小组，减少或取消外部第三方评估，由行内开展相关评估，减轻企业各类评估费用负担。500万元以下的小微企业贷款继续坚持不强制要求企业提供经审计的财务报表等优惠政策。依托小微特色网点优势，针对本市小微企业"万家千亿"红名单逐户上门走访、宣传、营销，严格按照人民银行支小再贷款政策准入条件，建立对支小再贷款企业名单制管理和信息沟通机制。对于符合条件的小微企业，优先发放"支小贷款"，降低企业融资成本。截至7月末，全行500万元及以下贷款余额为56166.78万元，较年初新增8888.9万元。

二是简化审批流程。进一步完善小微业务单独审批流程，精简业务办理环节，提高小微金融服务的便捷性、实效性，提升服务效率。授信500万元以下的小微企业贷款授权管理行自主审批发放，为更好更快服务小微企业提供了制度和管理支撑。同时单列年度小微信贷（含小微、涉农、扶贫）计划，专项用于500万元以下小微、涉农、扶贫信贷，做到不挤占、不挪用。截至2018年6月末，小微企业贷款户数为2402户，较上年同期增加401户；全行小微企业贷款余额为150.87亿元，较上年同期增加36.09亿元，增速为31.34%，较全部贷款增速高出10.14个百分点。全行"两增两控"指标1000万元及以下小微贷款户数为1087户，较年初新增666户；普惠型涉农贷款余额为2.74亿元，较年初新增0.97亿元，增速为55.14%，较全部贷款增速高出47.54个百分点。

四、多方联动，解小微燃眉之急

为破解小微企业融资难、融资贵问题，在大力普惠金融、切实提升小微金融服务质效的同时，特别注重与政府、担保公司、保险机构等合作，发挥各自优势，推动形成助力小微企业发展合力。一是积极对接各区县经信局、金融办、就业局、农工委、扶贫办以及工业园区管委会、各行业协会等，以召开座谈会、签订战略合作协议等方式，建立起小微企业金融服务对接平台。二是与省农业信贷担保公司、省再担保公司、市农担公司、国担公司、工投公司积极开展合作，形成多方联结、多重分险的风险防范机制，在解决小微业务担保不足、风险分担机制缺失上发挥了重要作用。比如，已与四川省农业信贷担保有限公司合作，创新推出"惠农贷"特色贷款产品，建立了简化流程、利率优惠、扩大客户覆盖面的风险防范和风险共担机制。三是与市工投公司联合推出"提升贷"特色产品，针对符合条件的政府重点支持小微企业，通过落实市工投公司与自贡银行风险分担机制，快速发放不超过1000万元的贷款，全力支持纳入

"提升贷"业务服务对象的企业发展。

作为地方金融主力军，自贡银行坚持以战略的高度、完善的机制、创新的产品、优质的服务，持续提升小微企业金融服务质效，有效支持地方小微企业和实体经济发展，荣获"全国十佳普惠金融银行"殊荣。今后，自贡银行将一如既往地坚持定向发力，全力推进普惠金融发展，切实履行好社会责任。

乡村振兴篇

武汉农商银行实施乡村振兴模式解析

武汉农商银行董事长　　徐小建

　　党的十九大报告首次提出实施乡村振兴战略，史无前例地把这个战略庄严地写入党章，是新时期"三农"工作的总抓手，为抓好新时期的"三农"工作提供了遵循。农商银行因农而生，因农而长，因农结缘，因农结晶。没有"三农"就没有农商银行的现在和过去，更没有农商银行的未来。所以，为乡村振兴战略的实施提供有效的金融服务，是银行业积极支持供给侧结构性改革、服务实体经济的重要内容，更是农商银行经营发展的应有之义，是义不容辞的责任和使命担当，也是加快自身发展、提升竞争力的重大机遇和切实的需要。武汉农商银行站在政治的高度和自身长远发展的角度，牢牢把握党的十九大以来土地规模流转经营、农民财产收入增加、新型农业经营主体不断壮大等惠农政策的机遇，充分发挥地方金融的主渠道和主力军作用，坚决把党中央和各级党委政府实施乡村振兴的决策部署落到实处。

　　立足区域实际，当好六个主力军。

　　第一，落实新政策的主力军，2018 年中央 1 号文件对实施乡村振兴战略进行了全面布局，明确了产业兴旺、生态宜居、乡风文明、治理有效、生活富裕的总要求，武汉市从 2017 年郑重提出建设"三乡工程"，鼓励市民下乡租用农村的闲置房，增加农民的收入。促进村民就业，支持企业家到农村投资兴业，带动农民致富。"三乡工程"是武汉的实践和样板，抓住了破解新时代"三农"发展不平衡不充分的牛鼻子。所以，对此，武汉农商银行及时响应，迅速制定了金融服务乡村振兴的指导意见、金融支持武汉市"三乡工程"的实施方案、金融服务武汉市都市田园的方案，从组织领导、目标任务、机制保障、考核激励等方面建立健全制度体系，明确提出了支持现代农业、美丽乡村、城乡融合、普惠金融、脱贫共建五大重要项目。

　　第二，服务新主体的主力军。主动参与集农业、产业园区、田园社区于一体的武汉都市田园综合体的项目建设，大力支持农业示范园区、农业基础设施建设及品牌特色服务，抓住农业产业化龙头企业和新型农村经营主体的关键，形成市场牵龙头、龙头带基地、基地连农户的一体化发展格局。截至目前，武汉农商银行累计支持产业化的龙头企业近 100 家，培育新型主体近 2000 户，在武汉始终保持在前面。

第三，建设新农村的主力军。按照整村推进、产业支撑的发展思路，建设美丽乡村及特色小镇，带动发展民俗养生、文化创意、分散化经济等新业态，支持武汉市首批 23 个美丽乡村旅游点，支持面占到全市 70% 以上。

第四，激活新动能的主力军。早在 2009 年，武汉农商银行就顺应国家建立健全土地承包经营权流转市场的政策导向，以武汉市农村综合产权交易所为依托，创造性地将农村土地经营田和所有田、承包田三权分制，用于实现贷款的抵押，创立了在全国有影响力的武汉模式，率先激活农村产权融资的功能。2017 年以来，通过引入政府财政补偿作为增信，稳步推进"两权"贷款的试点业务。尤其是通过农房加贷的模式，农村产权作为征信的基础，有效地满足了农民的需求。截至 2018 年 10 月末，累计发放农村土地承包经营权的抵押贷款近 40 亿元，在武汉市农村综合产权交易所挂牌的交易比例占到 80% 以上。

第五，金融产品创新的主力军。配合依靠村基层党组织建设起 1693 个"三乡工程"信息客户部，实施金融服务网络化工程，在武汉市涉农地区构建了近 90 家网点、432 个网格服务站、1026 个惠民服务站，实现对 1800 多个行政村的服务。

第六，金融精准扶贫的主力军。围绕中央"精准扶贫、不落一人"的总体要求，积极与政府扶贫办对接，聚焦精准推行资金到户，实行帮扶、产业扶贫、间接带动和驻村帮扶，扎实开展金融精准扶贫，确保脱贫攻坚工作务实、脱贫过程扎实、脱贫结果真实。

在实践过程中，我们认为金融服务乡村振兴当前还面临着很多问题，面临着政府规划落地难、自身政策研判难、风险处置难和金融产品创新难以及差异化监管不足"四难一不足"的矛盾和问题。在此，从政府监管的层面提出六点倡议：一是制定行为清单，着力加强政府政策的指导，强化主要职能部门的协同联动，探索建立乡村振兴战略行为清单制度。明确哪些事情鼓励做、哪些项目禁止做，防止金融机构因政策拿不准发生塌陷越界。二是搭建平台，针对市场化交易，加大政策性公司对农村产权不良贷款的出让组织，建议各省成立政策性农业资产经营管理公司进行资产处置，建立农村产权评估交易处置机制，以政策性手段引导带动市场化手段，真正让农村产权活起来。三是建立一项政策基金，建议成立乡村振兴专项基金，由政府牵头，引导社会各界资本积极参与，探索形成由财政补贴资金、金融信贷资金、社会资本等共同构建的风险共担机制，充实发展资金的保障。四是建议成立一家专门服务乡村振兴的政策性银行，在资本金的构成上，由政府部门控股，民间资本参股，面向所有开展"三农"业务的商业银行，发行乡村振兴债券，用于补充资本金，为乡村振兴重大基础设施建设提供中长期、长期的贷款，开发农村期权抵押贷款并创新产品，定位于微利银行履行社会责任。五是强化专项指导，尽快出台银行业服务乡村振兴战略指导意见，并在促进治理、工作指标、考核评价、激励约束、产品创新等方面健全配套制度，有效地指导银行机构提高站位、创新思维、找准重点。六是推进信息共享，搭建统一公开透明的普惠金融信息共享系统，推进数据部门与银行业信息共享，数据共用，提升互联网金融和大数据的联系，夯实社会征信体系基础，为金融机构降成本、提效能、控风险提供有力的支撑。

创新高原精准扶贫模式
打造藏区金融服务品牌

——对邮储银行青海省分行助力精准扶贫
与产业脱贫的调查

张宏伟①

中国邮政储蓄银行官网资料显示，"十三五"以来，邮储银行已在832个国家级重点贫困县（区）累计投放各项贷款超过3500亿元，服务客户近207万次，累计向建档立卡贫困人口精准投放贷款152亿元。经过多年实践，邮储银行已涌现出宁夏"蔡川模式"、内蒙古"三到村三到户"、四川"金融立体扶贫"和青海"双基联动"等金融扶贫先进典型，取得了良好的社会反响。《地方金融》应邀参加中国银行业协会声誉风险管理专业委员会组织的"2018年中国银行业'铭记初心　砥砺前行'高峰论坛前期调研——中国邮政储蓄银行青海站"，深切体会到邮储银行从总行到分行到支行网点，高度重视金融精准扶贫工作，认识到抓好脱贫攻坚工作既是国家的需要、社会的需要，也是企业发展的需要，增加了提升金融扶贫工作的责任感和紧迫感，创造性地开展工作，克服高寒缺氧、气候恶劣的艰苦环境，创新农牧民与小微金融服务模式与产品，为支持藏区经济发展谱写了一曲金融精准扶贫新篇章。

一、青海省精准扶贫总体情况

青海地处我国内陆，集高寒、偏远、民族区域于一身，作为国家扶贫工作重点地区，贫困发生率高，贫困人口分布广泛，地区整体经济落后，贫困人口从业技能欠缺，产业形式单一，扶贫攻坚工作难度大，金融扶贫工作见效慢。六盘山特困区和四省藏区特困区两个国家级集中连片特困区几乎占据了青海全境，仅省会西宁市本级不在其内。位列青海省致贫原因前三位的分别为缺少发展资金、缺乏技术及因病致贫。2018年9月11日，记者随同中国银行业协会及邮储银行总行相关部门负责同志来到青海省分行。青海省分行党委书记、行长

---

①　作者系《地方金融》副主编。

李开贞、副行长张宁亚等领导班子成员及有关部门同志在分行会议室热情接待了调研组一行。调研座谈会由邮储银行总行办公室品牌管理处副处长黄璨玢主持，中国银行业协会宣传信息部主任姜涛代表调研组重点介绍了调研主题与背景，并表示将发挥协会平台与媒体舆论的作用，做好邮储银行青海省分行金融精准扶贫成果宣传。青海省分行行长李开贞就调研组关心的"金融精准扶贫与支持产业脱贫工作开展情况及青海省分行战略发展"等回答了记者提问，张宁亚副行长介绍了省分行推进普惠金融与支持精准扶贫具体工作安排及组织地市州支行精准扶贫做法。据介绍，青海省分行 7 月 16 日召开扶贫工作专题会议，及时传达学习邮储银行总行 7 月 12 日在青海召开的金融精准扶贫推进会提出的"提高认识，抓好扶贫工作的责任感和紧迫感；压实责任，完善扶贫工作的机制；严控风险、夯实基础，防控扶贫工作的风险；要真抓实干，改进扶贫工作的作风"四点要求，创造性地贯彻总行部署要求，做好脱贫攻坚的顶层设计，将工作目标、任务及措施细化、分解到全年 12 个月中，并以制度形式固化下来，建立部门间联动机制，授信、风险、法规和业务部门建立定期沟通机制，共同研究制约发展和风险管控的问题。三农金融事业部、授信管理部业务骨干下派支行蹲点办理扶贫贷款业务，实施平行作业，加快扶贫贷款受理发放时效，按照"五个一批"脱贫工作要求，把金融精准扶贫重心落在脱贫产业、项目上。

二、邮储银行青海省分行精准扶贫开展情况

青海省分行党委书记、行长李开贞对记者说，青海省分行党委非常重视金融扶贫工作，将打好金融精准扶贫攻坚战作为首要政治责任，多次召开专题会议及业务推进会，全面安排部署各项工作，压实推进社会主体责任。青海省分行充分结合当地贫困实际和自身特点，采取扶贫理念转变、模式创新、产品嵌套、服务延伸等综合措施支持精准脱贫工作，赢得了青海省委省政府、人民银行、监管部门的充分肯定。截至 2018 年 6 月末，邮储银行青海省分行"精准扶贫"贷款结余 43.21 亿元（其中，项目扶贫 41.78 亿元，产业扶贫 0.54 亿元，个人精准扶贫 0.89 亿元）；发放扶贫小额信贷 399 万元；向六盘山地区和青海藏区累计发放贷款 227 亿元。具体做法是：

（一）坚定立场、提高站位，金融精准支持产业扶贫和创业扶贫

邮储银行青海省分行大力开展产业扶贫、创业扶贫，把金融精准扶贫重心落到脱贫产业、项目上来。第一，推出"授信池"贷款，助力产业脱贫。青海省分行与省农牧厅合作开发"授信池"业务，由农牧厅协调担保资金，青海省分行根据担保资金按比例发放贷款。这项扶贫信贷业务的优势在于，一是解决

了客户问题，由省农牧厅推荐的客户均是符合产业政策、国家大力支持的农业产业化项目和农牧区骨干企业，是总行授信政策鼓励的行业。二是通过大力扶持农村产业和项目，带动了农牧民就业，增加了收入，扶贫效果良好，社会效益明显。截至 2018 年 7 月末，青海省分行发放"授信池"贷款达 11.3 亿元。第二，研发推出青春创业贷款，以"双创"促脱贫。青海省分行和省扶贫开发局、团省委合作推出青春创业扶贫小额贷款产品，重点扶持青海省青年创业，通过创业带动贫困户脱贫致富。以在农牧区从事种养殖、农畜产品加工、民族手工、乡村旅游、生态环保、牧区电商等与产业扶贫相关联的合作社、个体户、中小微企业等经营实体为重点扶持对象。取消了户籍、学历、贷款申请地等方面的限制，营造创业创新便利条件。在贷款利率方面，青海省分行把财政担保资金、贴息资金科学结合起来，最大限度地让利于创业者和贫困贷款户。截至 2018 年 7 月末，青海省分行发放大学生创业贷款 736 笔，金额 2.05 亿元，直接受益个人和团队成员达 2645 人。

（二）深耕农村、服务农民，"双基联动"贷款成为扶贫名片

2015 年，青海省委组织部、青海银监局组织开展"双基联动"合作贷款试点工作。"双基联动"合作贷款是指村委会或社区居委会基层党组织全程参与银行贷款调查及贷后管理，由基层支行向贫困户及农牧民发放的无抵押小额贷款。青海省委组织部和青海银监局将邮储银行青海省分行列为第一批试点单位，青海省分行积极行动，将"双基联动"贷款作为金融精准扶贫、服务"三农三牧"发展的主要措施，全力推进"双基联动"合作贷款，不辜负地方党委和监管部门的期望。随着业务开展，青海省分行结合行内规章制度，创新完善"双基联动"合作贷款制度建设，使其固化、内化、常态化，确保业务推进有章可循。青海省分行以"双基联动"合作贷款为主要抓手的精准扶贫工作呈现良好的发展态势。一是联点基层支行服务模式发生了变化。从"坐等客户上门"转变为"主动深挖农村社区金融市场"，借助基层党员干部人熟、地熟、情况熟的优势采集各类信息，发展新的客户群；通过在联点村推广"双基联动+"合作模式，涌现了果洛州支行的"双基联动+精准扶贫"、格尔木市支行的"双基联动+信用体系建设"等贷款模式。二是农牧区客户风险管理基础不断改进。驻村信贷员（第一书记）通过与基层党员干部联合办公，夯实了在农牧区市场的经营管理基础，有效防控了贷款的道德风险、操作风险及信用风险。三是群众的金融意识不断增强，延伸了金融知识进村入户的深度和广度。截至 2018 年 7 月末，邮储银行青海省分行共有 22 家基层网点办理"双基联动"合作贷款业务，签订合作协议并建立信贷工作室 57 个，是青海省内试点最早、推广最快、成效最好的银行之一，累计发放"双基联动"合作贷款 1142 笔，金额达 1.29

亿元。"双基联动"合作贷款不仅推进了金融精准扶贫、做大了"两小"业务，还把村民、村委、银行有机联系在一起，村委和银行共同完成对客户的信用评级、信贷发放及贷后管理等工作，在授信环节要求公示并接受村民监督。村委得到村民的信任，树立了公仆形象，增进了党群关系，充分体现基层党组织的桥梁纽带、战斗堡垒、模范带头作用，有效增强了基层党建能力。村委与基层银行工作人员双向挂职，信息互通、服务互动，把村委的信息、组织、行政资源优势与银行的资金、技术和风险管理优势对接，从而使村委服务村民有了新抓手，银行开展基层金融服务有了新平台。青海省分行"双基联动"合作贷款业务在全省树立了标杆，走在前列，实际效果超过预期，多次受到省委组织部和青海银监局的表彰。

（三）积极参与、勇挑重担，跻身青海金融扶贫开发主办银行

邮储银行总行与国务院扶贫办于2015年6月签署《金融扶贫合作战略协议》。青海省分行认真落实总行要求，与人民银行西宁中心支行、省扶贫开发局等部门加强沟通，强化合作，取得青海省扶贫开发金融服务主办银行资格（青海省仅邮储银行和农信社获得这个资格），主要为产业园区、专业合作组织、建档立卡贫困户发放贷款。邮储银行青海省分行以公司贷款、小企业、个商和小额贷款产品对接相应的产品和项目，大力发展"五万、三年、零担保零抵押、执行基准利率"的扶贫小额信贷业务。在具体业务推进中，青海省分行密切联系政府派驻贫困村的第一书记和联点干部，大幅提高了金融精准扶贫工作的效率，降低了成本，促进青海省分行的金融扶贫工作更加精确、有效、科学。

（四）因地制宜、创新模式，"流动金融"破解金融服务空白

青海省面积为72万平方公里，人口593万人，地广人稀，人口密度为每平方公里7.87人，仅是全国人口平均密度的5.6%。特别是广大牧区的牧民群众以游牧为业，居住分散，具有冬季定居、夏季流动和农牧产品交易时间地点不确定等生产和生活特点。这种状况决定了数量有限的银行物理网点难以实现对广大牧区的金融服务全覆盖。针对这一实际，青海省分行实施"固定平台＋流动服务"模式，通过流动服务车对牧民群众实施追随式金融服务，有效弥补了银行物理网点覆盖率低的不足。目前，青海省分行配置了3台功能齐全的金融服务车，服务范围覆盖全省各市州，尤其在没有银行机构的偏远农牧区延伸了金融服务。金融服务车年均累计服务里程超过15万公里，在青海省枸杞、虫草收购，新农保、低保资金代发，牧民草场补贴资金代发等方面，发挥了不可替代的作用。

（五）严明纪律、强化作风，扎实推进脱贫攻坚作风建设

青海省分行全面深入贯彻落实习近平总书记关于开展扶贫领域作风问题专项治理及进一步纠正"四风"、加强作风建设的重要指示精神，按照国务院、

监管部门和总行相关工作部署，全行以"脱贫攻坚作风建设年"为契机，持续开展扶贫领域作风问题专项治理工作。全行上下严格按照《中国邮政储蓄银行青海省分行扶贫领域作风问题专项治理工作方案》落实各阶段工作，坚决执行各项政策保障措施，扎扎实实推进脱贫攻坚领域作风建设。

（六）深化深度贫困地区金融扶贫示范支行建设

据青海省分行副行长张宁亚介绍，青海省分行认真落实总行《关于加强金融扶贫示范支行建设的通知》要求，深化金融扶贫示范支行建设，拟定了《中国邮政储蓄银行青海省分行金融扶贫示范支行建设方案》，在贫困区选定四家支行作为金融扶贫示范支行，选定果洛州支行为深度贫困地区金融扶贫示范支行。通过对金融扶贫示范支行优先给予政策支持，加大对深度贫困地区授信政策的倾斜力度，对扶贫小额信贷、贫困地区小微企业贷款、扶贫项目等优化审批流程，在项目精准扶贫、产业精准扶贫、个人精准扶贫、基础金融服务等方面实现突破、做出亮点。发挥金融扶贫示范支行的引领作用，把金融扶贫示范支行建设成为贫困地区、深度贫困地区脱贫攻坚的排头兵和试验田。一是派驻"第一书记"推进精准扶贫。邮储银行果洛州支行发挥党员干部示范引领作用，创新推进扶贫工作落地，选派懂藏汉双语的党员扎西闹吾到下大武乡开展为期两年的第一书记驻村工作。通过逐一走访 106 户建档立卡贫困户，进一步完善贫困户建档立卡信息，全面掌握贫困户的家庭详细情况以及民政、教育、医疗等12 个行业对贫困户的覆盖信息，注重调查贫困户的劳动就业意愿、是否具有经营项目、资金需求状况、是否有不良嗜好、村里的声誉情况、欠贷欠息等软信息，成为"一户一策"授信的重要依据，有效实现精准扶贫。建立起果洛"双基联动＋驻村第一书记"模式，加快与政府的惠农金融服务平台的对接，实现农牧户信用档案的有效归集，解决了藏区信用体系不健全、金融机构与服务群体信息不对称等问题，改善了农牧民群众金融服务观念，完善了果洛州地区多层次普惠金融服务架构。陪同记者调研的省分行三农金融事业部赵总经理说，目前青海省分行共有 6 家一级支行为全省 7 个贫困村实施定点扶贫，派驻扶贫干部 5 人。通过扶贫干部派驻，密切与村两委沟通联系，既高质量地完成了地方政府的扶贫任务，又促进小额扶贫贷款落地，管户信贷员与驻村干部实施双向贷后认定，提高了贷后管理的效率和质量，以"双基联动"合作贷款为主要抓手的精准扶贫工作呈现良好的发展态势。二是制定专项制度"一户一策"授信。青海省分行面向果洛专门制定扶贫小额贷款制度《中国邮政储蓄银行青海省分行果洛州畜牧业扶贫小额信贷管理办法》和《中国邮政储蓄银行青海省分行果洛州畜牧业扶贫小额信贷操作规程》，优化了扶贫贷款业务流程、单式，突出可采用单人调查、集中作业、单人审查审批等方式拓宽金融扶贫的覆盖面，强化合同签署、贷后管理过程，最大限度防范风险。

为乡村振兴注入金融活水

崔建强①

党的十九大提出，实施乡村振兴战略，加快推进农业农村现代化。这是党中央对新时代"三农"工作作出的新的战略部署，具有十分重要的现实意义和深远的历史意义。2018 年中央一号文件指出，要坚持农村金融改革的正确方向，健全符合农业农村特点的农村金融服务体系，推动农村金融机构回归本源，把更多金融资源配置到农村经济社会发展的重点领域和薄弱环节，更好地满足乡村振兴的多样化金融需求。

作为农村金融主力军，农商银行应主动承担起服务乡村振兴战略的历史使命，把握乡村振兴带来的发展机遇，落实好乡村振兴战略的重要部署，努力谱写新时代农商银行支持乡村振兴新篇章。然而，农村金融支持乡村振兴的任务依旧繁重：农村金融市场发展不平衡，经济欠发达地区农村金融需求仍难以有效满足，供求配比失衡；金融服务创新能力不足，服务能力和水平有待提高。中国社会科学院发布的《"三农"互联网金融蓝皮书》数据显示，我国"三农"金融的缺口达 3.05 万亿元，农村金融发展无论是在覆盖面上还是在深度上都还有很大的提升空间。如何承担起服务乡村振兴战略的历史使命，落实乡村振兴战略的重要部署，将服务乡村振兴与自身转型发展目标相结合，需要认真思考、分析"三农"金融新需求，精准发力，无缝对接，大力支持战略关键领域，聚焦乡村振兴，服务乡村振兴，为乡村振兴注入金融活水。

服务乡村产业振兴，激发乡村振兴新动能

乡村振兴，产业兴旺是重点、是基础，应通过大力支持粮食生产、特色农业、农产品加工流通和一二三产业融合发展，加快构建适应"三农"特点的现代产业体系，为促进乡村产业兴旺、带动乡村全面振兴提供强有力的金融支撑。

一是大力支持新型农业经营主体发展。新型农业经营主体是发展现代农业的主力军和突击队，是实施乡村振兴战略的重要力量、重要平台和载体。信贷

---

① 作者系莱芜农商银行党委书记、董事长。

资金应重点投向家庭农场、专业合作社、种养大户、龙头企业等新型农业经营主体，不断扩大总体规模，增强单体和联合体的经济实力、发展活力和带动能力，为加快推进农业农村现代化、实现乡村振兴提供强有力的支撑。重点发展优势产业、品牌农业、"三品一标"（无公害农产品、绿色食品、有机农产品和农产品地理标志），形成"一村一品、一镇（街道）一业"特色产业发展格局，促进传统农户与新型主体利益联结，辐射撬动农村农业农户全面发展。在这方面，莱芜农商银行紧紧围绕"服务好新主体、满足好新需求、开拓好新市场"的思路，以"总有一款产品适合您"为目标，创新推出订单贷、商票质押贷、"免评估"抵（质）押贷款、中小企业转贷应急资金贷款等产品，降低贷款担保条件，着力破解涉农企业融资难题，重点扶持"三辣一麻"、"三黑一花"、精细菜、食用菌、山楂、景观松、桃、中药材、休闲农业、黄烟、丹参等特色产业，培育壮大一批农业龙头企业、农民专业合作社、家庭农场等新型农业经营主体；并按照"从无到有、从不规范到规范、从小到大、从弱到强"的引导培育理念，推出"农商银行＋村委＋合作社＋农户"信贷模式，与具有较高威信的村两委主动对接，把分散经营的农户集中起来，成立专业合作社，村两委辅助管理，合作社统一购进生产资料、统一市场销售、统一管理标准，提高农业生产的产业化、规模化程度。截至2018年6月末，以"专业合作社＋村委＋农户"模式发放贷款余额1586万元，支持专业合作社60余家。

二是大力支持乡村三产融合发展。积极为现代农业产业园、科技园、创业园、农业产业化联合体和农村产业融合发展示范园等新园区新主体提供综合化金融服务，重点加大对"农业＋旅游""农业＋文创""农业＋康养"等产业融合模式的支持力度；支持运用互联网、人工智能等技术，拓展农村电商、休闲农业、文化创意等新产业、新业态，因地制宜打造"创客小镇""农业互联网特色小镇""乡村连锁众创空间"等新模式；加大对"龙头企业＋合作社＋农户"等产业化联合体以及现代农业园区的支持力度，打通相关产业的上下游供应链，提高农业综合生产效益，提升产业价值链。莱芜农商银行近年来创新推出"流动资金循环贷""小微诚信贷""出口退税账户托管质押贷款"等产品，其中"流动资金循环贷"产品可以使企业实现"随用随贷、周转使用"，降低了企业长期占用资金的成本；"小微诚信贷"产品可由企业实际控制人的家庭成员提供担保，解决了担保难问题；"出口退税账户托管质押贷款"拓宽了农副产品出口企业的融资渠道。截至2018年6月末，莱芜农商银行针对农业产业化龙头企业提供信贷资金支持约1.24亿元。

三是加大对农户的信贷支持力度。我国有2.6亿农户，其中2.3亿是承包农户。现代农业的建设，需要新型经营主体和承包农户一起共同创造现代农业发展的新局面。在相当长的一段时间，小农户会占大多数，是农业生产的基本面，也是保障国家粮食安全和农产品有效供给的基础，这是我国国情决定的。相对于新型经营主体，小农户在采用新技术新机具、对接市场、抵御市场风险、质量安全风险等方面，都面临着更多的困难。农商银行应从培育和引导市场的角度出发，打破以支持农户为主的传统经营模式，不断拓宽支农服务的深度和广度，做实做精农户小额信用贷款，支持小农户与现代农业有机衔接，发挥新型经营主体的带动作用，积极构建"公司+农户""基地+农户""合作社+农户"等连接机制，提升小农户的生产经营组织化程度，把千家万户的小农户与千变万化的大市场连接起来，把小农生产引入现代农业发展轨道。莱芜农商银行在支持农户发展上，作出了一些积极探索，比如深入开展家庭银行推广及网格化营销活动，对莱芜市所有行政村，逐村逐户开展工作，建立全村电子档案，摸清整个村的年龄结构、产业结构、信用状况、存贷款需求、特色农业产业等，全面掌握地方产业特点和农户信贷资金需求，为支持"三农"发展奠定基础。截至6月末，共采集家庭客户信息5.87万户，签订"家庭银行"合作协议3.25万户；家庭银行授信客户1.46万户、18.2亿元。同时，面对农民在贷款申请中往往面临担保人难找、有效资产少从而导致信贷需求无法得到满足的现状，以农户的家庭为切入点，推出了"家庭亲情贷"系列贷款产品，无须外人担保，由自己的家庭成员提供担保就能贷款，贷款用途广泛，可用于生产经营或消费，贷款可在3年内循环使用，且贷款利率优惠，有效解决了农户贷款担保难问题。

四是推进探索"两权"抵押贷款。"两权"抵押贷款，指用农村承包土地经营权和农民住房财产权来进行抵押贷款。作为盘活农村资源、资金、资产的有效途径和解决农民增收、农业发展、农村稳定问题的重要支撑，"两权"抵押贷款工作的进一步推进，是实现乡村振兴战略的一条重要途径。对此，农商银行应将着力点放在支持农村土地流转，侧重于对土地经营主体的支持。一方面支持农村基础设施建设，另一方面把扶持农业综合开发、农业产业化经营作为信贷支农的重点，支持发展农产品生产、加工、销售等企业和经济实体。同时，更需要政府政策的引导和大力支持，政府层面应制定科学合理的土地价值评估标准和农用土地估价体系，完善土地流转制度，健全交易规则，强化风险补偿机制建设，促进农村土地承包经营权依法规范流转。

完善信用体系建设，营造诚实守信的乡风文明

信用体系建设是金融支持乡村振兴战略的基础和前提条件。信用体系建设不足是造成"三农"贷款难贷款贵的重要原因。农村信用体系建设是一项系统性工程，说起来容易做起来难，一是农村经济主体的信息分散在不同的政府涉

农部门，信息收集难度大，导致无法形成有效的征信共享机制；二是农民信用意识不足，忽视自身信用的积累，加上守信激励和失信惩戒工具发挥的作用有限，守信激励不足，失信成本较低，部分客户信用意识不强，存在恶意逃废债务现象，金融机构对其惩戒作用有限。农商银行应坚持不懈地以深入开展农村信用工程为契机，加强与政府、村委的沟通对接，提高农民的诚信意识和农村地区的信用水平，为振兴乡村经济营造良好的农村信用环境。积极开展多渠道、多层次的农户信用宣传工作。在农村地区广泛开展各种形式的金融知识宣传和普及活动，依托村级宣传栏、微信公众号等载体，举办征信知识讲座、信用座谈，充分利用报纸、广播、电视等传统媒体和互联网、微博、微信等新兴媒体进行大力宣扬，增强农户征信意识和信用意识，营造"守信光荣、失信可耻"的良好社会氛围。规范农户征信管理，对农户信息采集、加工、管理、使用、披露等环节进行规范，正确处理好农户征信过程中所涉及的隐私权、查询权、知情权、异议权等问题，增强具体工作实施的合法合规性。制定科学合理的农户信用评价机制和奖惩机制，积极推进信用户、信用村、信用乡（镇）创建活动，将评价结果作为银行确定授信额度大小、衡量利率高低等方面的参考依据，对信用好的村组优先给予优惠政策，营造"好信用建好档案，好档案得优贷款"的良好氛围。以莱芜农商银行为例，辖内某镇 1.75 万户居民中，有 3500 户家庭涉及不良贷款，在一户"赖账"的情况下出现集体拖欠贷款，从"抱团取暖"转化为"抱团欠债"，当地金融生态环境受到重创，信用环境急剧恶化。面对这一情况，积极与镇党委政府携手，以寻找支持致富带头人、优化农村信用环境为抓手，立足当地实际情况，推广"致富通"小额信用贷款和"家庭亲情贷"系列贷款产品，通过拆分联户联保小组，对符合条件的通过家庭银行亲情贷的方式重新授信，对重塑农村诚信文化、营造良好的信用环境起到了重要推进作用。截至 6 月末，累计清收处置表内外不良贷款 6 亿元，不良贷款占比 2.87%，较全省农商银行系统平均水平低 2.87 个百分点；挖掘致富带头人 476 户，新增"家庭亲情贷"贷款客户 2897 户，授信 5.06 亿元，用信 4.52 亿元。

深化普惠金融建设，创造美好乡村生活

金融首先要以实现普惠金融全覆盖为目标，提升普惠金融水平，让农村消费者以平等的机会、合理的价格享受到符合自身需求特点的金融服务。2016 年 1 月，国务院印发《推进普惠金融发展规划（2016—2020 年）》，将普惠金融界定为立足机会平等要求和商业可持续原则，通过加大政策引导扶持、加强金融体系建设、健全金融基础设施，以可负担的成本为有金融服务需求的社会各阶层和群体提供适当的、有效的金融服务，优先扶持农民、小微企业、城镇低收

入人群和残疾人、老年人等特殊群体。推进普惠金融工作、加快农村普惠金融发展仍是重点。农商银行应加快乡村金融服务网络建设，强化金融科技运用，优先解决欠发达地区和弱势群体的基础金融服务可得性，提升服务便利性，实现基础金融服务不出村、综合金融服务不出镇。

一是继续下沉服务渠道。落实农村金融服务"最后一公里"，加快农村金融自助服务建设，在没有网点的行政村建设农村金融综合服务站，加大向农村偏远及贫困地区布放农金通、POS 机、ATM 等自助设备，积极发展以农村商店、村委办公室为主的助农取款服务点，为农村居民提供小额现金存取、补贴支取、转账汇款、话费充值、余额查询等普惠金融服务，实现一站式的金融结算渠道。莱芜农商银行共有 71 个网点、740 名农金员，布放农民自助服务终端 400 余台，遍布 620 多个村庄（社区），为全市 130 万人提供金融服务；2017 年通过农民自助服务终端为村民累计办理业务 64.2 万笔，切实为偏远山村农户提供金融便利。

二是加快电子渠道建设。电子渠道具有服务便捷、成本低廉等诸多优势，是未来银行最主要的服务渠道；依靠物理网点为客户提供服务，服务效率较低，服务成本较高，农商银行应研究传统物理网点、新兴电子渠道的综合服务方案，加快网上银行、手机银行、微信银行、网上商城等电子渠道建设，通过电脑客户端、手机客户端为城乡居民提供存取汇等绝大部分金融服务，让传统优势资源和新兴电子渠道资源形成合力，为城乡居民提供立体式的金融服务。

三是加快数字化普惠金融建设。在互联网快速发展的今天，发展数字化普惠金融成为大趋势。探索利用互联网大数据等信息技术，降低农村低收入人群金融服务的成本，将移动互联、大数据、人工智能、云计算、区块链等新技术与普惠金融深度融合，以数字技术驱动普惠金融发展模式创新。2018 年以来，莱芜农商银行创新开展大数据背景下的新信用评定，将普惠金融和集中信用评定相结合，同步实施客户主动营销和数据采集工作，加快大数据、移动办贷、互联网技术在小额信贷领域的运用，大力推广"信 e 贷"自动化办贷新模式，完善线上、线下双重服务手段，进一步满足普惠金融客户微小额度、临时周转性资金需求，提升普惠金融覆盖面和渗透率。截至 2018 年 6 月末，共采集客户信息 4.18 万户，累计发放"信 e 贷"贷款 1658 户，金额 4420 万元。

四是加强金融知识宣传。偏远山区的农户很少主动了解金融政策信息，其金融需求也不能及时传达给银行，这在一定程度上导致当地金融基础薄弱、农户金融知识匮乏。有些地方非法集资、金融诈骗频现。对此，农商银行在广泛开展金融知识宣传的同时，应联合地方政府建立持续的宣传培训机制，让村干部、农金员能够熟练掌握金融基础知识，普及金融科技成果，增加农户的认同感，提高农户的金融认知水平。

抓好金融精准扶贫，助力城乡共同富裕

2017 年底召开的中央经济工作会议提出，要保证现行标准下的脱贫质量，既不能降低标准，也不能吊高胃口。精准扶贫是三大攻坚战之一，助力打赢脱贫攻坚战是农商银行义不容辞的责任，应把扶贫与扶志、扶智相结合，把外力帮扶措施和激发贫困群众的内生动力结合起来，进一步找准金融精准扶贫的着力点，改变嫌贫爱富的观念和做法，因地制宜探索金融扶贫新机制、新路径、新模式，不断提升金融扶贫综合能力，未脱贫的要如期脱贫，已脱贫的要巩固提升成果，为全面小康和现代化建设解决好"短板"问题。

一是推进扶贫小额信贷工程。对符合信贷条件且有信贷需求的贫困户做到应贷尽贷，撬动贫困户发展的内生动力；创新金融扶贫模式，持续加大扶贫信贷投放，采取扶贫贴息贷款、"银行 + 互助金 + 贫困户"贷款等方式，助推脱贫目标如期实现；大力支持乡村能人兴业、返乡下乡人员创业，满足多层次的创业项目贷款需求，助力实施"回家工程"，支持发展"归雁经济"，促进乡村经济回暖。

二是大力支持产业扶贫。积极对接产业扶贫项目，促进产业扶贫与贫困地区主导产业深度融合，鼓励新型农业经营主体帮扶建档立卡贫困户实现增收脱贫，采取"银行 + 龙头企业 + 贫困户""银行 + 合作社 + 贫困户""银行 + 脱贫项目 + 贫困户"等产业发展模式，通过产业带动、企业帮扶、合作社联动，形成以信贷为支撑、产业为引领的金融扶贫新模式，激活"造血"功能，减少对"输血"的依赖。对土地入股、资金入股、长期劳务用工等方式带动建档立卡贫困户脱贫的龙头企业、农民合作社、家庭农场、专业大户等，分类分级给予适当奖补，充分发挥新型农业经营主体在帮助贫困群众脱贫致富中的龙头带动作用。

三是加大对农村消费和民生领域的信贷支持。适应农民收入提高、需求升级的新情况，研究农村消费升级新趋势，创新金融产品，更好地满足农民日益增长的个性化、差异化的金融需求。探索满足农业农民在城镇化发展、农业转移人口再就业过程中的金融支持新路径。

以乡村振兴战略为引领
做好新时代"三农"金融服务工作

李文军①

2018 年，乌苏农商银行在党的十九大精神的引领下，继续坚持服务"三农"、服务小微、服务市域经济的市场定位，把服务乡村振兴战略作为新时代深化"三农"服务的根本抓手，以更有力的信贷投放、更便利的渠道服务、更丰富的金融产品，全方位多层次支持乡村实体经济发展，为乡村振兴的有效实施提供强有力的金融支撑。针对下一步如何以乡村振兴为引领，做好新时代"三农"金融服务工作，我有几点看法。

一、立足行业，以有力的信贷投放为乡村振兴添砖加瓦

乡村振兴战略描绘了新时代"三农"发展蓝图，为持续做好"三农"金融工作提供了基本遵循。下一阶段，乌苏农商银行应紧紧围绕乡村振兴战略的总要求，坚持服务"三农"的总原则，以"三农"信贷投入为抓手，切实找准金融服务的切入点和聚焦点。

一是根据银监会"三个不低于"（确保涉农贷款增量不低于上年、增速不低于各项贷款平均增速、小微企业户数及申贷获得率不低于上年同期）工作目标，乌苏农商银行持续加大"三农"贷款投入，切实把"美丽乡村"建设放在突出位置，使更多资金投向稳定粮食生产、现代农业、新型农业经营主体、农村城镇化、县域工业化、农村商业流通、农业科技研发推广等重点领域。

二是积极支持农村新民居建设、购建房、乡村小微企业发展。以 2017 年为例，乌苏农商银行共投放下岗再就业小额担保贷款 40 万元，投放农机贷款 850.85 万元，个人购房贷款 10082.8 万元。全年为 139 家中小微企业发放信贷资金 596124.25 万元，撑起当地涉农中小微企业一片"蓝天"。同时，该行还持续发放农牧民住房贷款，该贷款实行基准利率，并由财政进行利息补贴，当年申请财政贴息资金 51.28 万元。农牧民住房贷款的发放，对推进乡村建设，改

---

① 作者系乌苏农商银行董事长。

善农民住房环境，为农民减负，达到节约土地，保证村庄布局整齐的目标又向前迈进了一大步。

三是乌苏农商银行立足当地实际，充分发挥信贷资金优势，积极引导农民调整产业结构，通过支持富民产业和特色养殖业，助力现代农业的发展。2017年，乌苏农商银行对玉米、小麦、番茄、棉花、油料等农作物共投放153919.62万元贷款，一定程度上提高了农民的经济效益；对鸵鸟、肉鸭、羔羊、皮毛动物等特色养殖业同时加大了信贷资金投入，当年共投放养殖类贷款18965.54万元，带动农民增收致富。

四是持续开展业务创新，实现金融产品普惠。"农贷通"产品是一款为农户量身定制"一次授信，循环使用，多种渠道，自助办理"的新型农贷产品。该产品能有效优化农贷支用流程，改变以前普通贷款模式为额度支用模式，在提高农户信贷业务办理效率的同时，实现"秒贷秒还，随用随贷"功能，有效解决农户办理贷款周期长、手续繁杂等问题。自治区联社于2016年12月底开展了"农贷通"试点推广工作。自乌苏农商银行被自治区联社选为"农贷通"第二批试点推广的行社后，乌苏农商银行领导高度重视，精心组织部署，各部门联动协作，圆满完成了"农贷通"上线前期的准备工作。截至2017年末，乌苏农商银行已选定七家拟上线的支行，初步完成"农贷通"客户数据批量导入，当年累计发放农贷通贷款2366.3万元。

二、围绕"生活富裕"主线，全力做好金融精准扶贫和民生金融工作

生活富裕是乡村振兴的出发点和落脚点。通过全力做好金融精准扶贫、农户信贷服务和民生领域的金融服务工作，为人民群众追求美好生活提供全方位、高质量金融服务。

一是全力开展金融精准扶贫。乌苏农商银行将突出"精准扶贫、精准脱贫"基本方略，紧紧围绕市域经济发展大局，持续发挥农村金融服务主力军的优势，践行服务"三农"的社会责任，深化金融扶贫和惠民行动工作，针对扶贫现状，坚持从实际出发，因地制宜，充分发挥金融机构优势，做到思想上帮扶、行动上帮扶、感情上帮扶，帮助贫困农民，尤其是少数民族群众脱贫致富。加强基础设施，发展农村经济，改善村容村貌，竭尽全力地为帮扶群众办实事、办好事，为推进扶贫工作和新农村建设工作作出积极贡献。

二是全力做好农户信贷服务。加快品牌塑造，以打造"普惠银行、特色银行、零售银行"为手段，在确保传统农业生产贷款需求的同时，进一步在支农广度和深度上下功夫，对与农业生产息息相关的，在认真调查了解借款户的资

信、项目、前景等的基础上，对有效益、有市场、有管理经验的涉农企业给予贷款支持，促进农村经济协调发展。大力支持农民工、科技人员等返乡下乡人员开展"双创"（创业创新）工作，引导广大农民创业致富、就业致富。

三是全力拓展消费信贷和民生金融业务。大力拓展农民进城购房、自建房、汽车消费和生活消费信贷业务，创新推广惠农保险、惠农理财等适合农民特点的金融产品，切实做好农户和农业转移人口金融服务工作，提升农村地区民生金融服务水平。

三、围绕"乡村治理"和"乡风文明"主线，积极推动农村金融生态环境建设

乡风文明和治理有效是乡村振兴的重要保障。通过着力加强农村信用环境建设和推动"村村通"工程转型升级，为营造和谐安定有序的乡村社会环境作出积极贡献。

一是着力推动农村信用环境建设。积极参与农村征信体系和农户信用档案库建设，推动各地创建"信用乡（镇）、信用村、信用户"，与政府共同构建"守信受益、失信惩戒"的信用激励约束机制。大力开展"金融知识进农村"活动，切实改善农村信用生态环境。

二是着力推进"村村通"工程转型升级。继续以"村村通"工程为抓手，大力推广和应用方便农民使用的银行卡支付结算工具和终端设备。由于农村现金流动频繁、存取额度小的特点很适合银行卡的应用，乌苏农商银行应结合新农保、新农合和惠农财政补贴发放，加大自助终端等自助设备在自然村的投放，努力开通有利于农民足不出户即可完成交易的网上银行、手机银行等新型电子支付业务，为银行卡的广泛使用创造便捷的终端设备应用条件，为农民日常结算提供高质量服务。

四、切实做好针对性"三农"金融创新工作

围绕乡村振兴的重点领域和关键环节，不断加大金融产品、服务模式、新型工具的创新推广力度。

一是创新经营理念。按照为"三农"服务的经营方向，乌苏农商银行不断改进服务方式，完善服务功能，切实提高为社会主义新农村建设的服务水平。在帮助市域经济腾飞、增加社会效益的同时，也时刻关注信贷风险，实现农村商业银行的自身效益。为进一步实施乡村振兴，乌苏农商银行将信贷支农方向从支持传统农业向支持"大农业"转变，努力发现、培育、开创新的支农平台；从支持传统农村向新农村转变，不断更新观念，坚持与时俱进；从单一信

贷支持向全方位信贷服务转变，把农业增效和农村产业结构调整相结合，为新农村建设提供全方位的信贷支持，全力服务新农村建设。

二是加快特色产品研发。为有效应对市场同质化竞争，深层次发掘客户需求，乌苏农商银行结合市场现状、客户需求等实际情况，2018年相继推出四大系列14个信贷产品。它们分别是安薪"闪"贷、融惠"易"贷、安居"快"贷、富农"惠"贷四大信贷套餐，一定程度上满足了客户多样化需求。以此为基础，乌苏农商银行将深入研究"三农"新主体新要素新业态金融需求，抓紧研发返乡下乡人员创业创新贷款、民俗手工贷款等"双创"信贷产品，有效整合了信贷资源，深入发掘客户融资需求，促使其成为乌苏农商银行信贷投放的新增长点。

下一步，乌苏农商银行将以习近平新时代中国特色社会主义思想为指导，深入贯彻党的十九大和中央经济工作会议精神，按照自治区党委九届四次全体会议和经济工作会议安排部署，不忘初心，牢记使命，持续抓实普惠金融。坚持服务"三农"的市场定位不动摇，支小支微，做活做精，在全面提升金融服务水平的基础上，与当下开展的"精准扶贫"工作及"村村通"工程合力推进，持续抓实普惠金融，为乌苏市经济发展作出新的更大的贡献。

金融服务乡村振兴战略实现路径探讨

——以乐山三江农商银行为例

李思亚①

实施乡村振兴战略，是深入贯彻落实习近平新时代中国特色社会主义思想的重要体现，是党中央统筹推进"五位一体"总体布局、协调推进"四个全面"战略布局的重大战略选择，是落实新发展理念的重大举措，是服务社会的新使命，也是历史性发展机遇。

为深入贯彻落实中央、省委、市委和区委关于乡村振兴的工作部署，践行新时代新使命，三江农商银行率先发力、积极对接，全面实施助推乡村振兴各项举措，奋力书写金融服务乡村振兴的时代答卷。

服务乡村振兴战略，三江农商银行大有作为

乐山市市中区是乐山市的政治、经济、文化和信息中心，全区土地面积837平方公里，辖25个乡镇，7个街道办事处，196个行政村、58个社区，户籍人口63.1万人，常住人口80万余人。区境内以平坝、丘陵为主，共有耕地38.6万亩，林地45.3万亩，森林覆盖率为37.6%。近年来，全区经济社会持续稳步健康发展：2017年，全区地区生产总值完成321.8亿元，增长8%；城镇居民人均可支配收入实现32000元，增长8.7%；农村居民人均可支配收入实现16096元，增长9.3%；畜牧、蔬菜、花木、水产四大农业主导产业不断发展壮大，已发展省市龙头企业29户，农民专合组织414户，家庭农场132家。

三江农商银行坚持面向"三农"、面向社区、面向中小企业、面向区域经济的市场定位，着力服务创新和信贷投入，聚力金融精准扶贫和重大项目建设，助力乡村振兴战略，充分发挥地方金融主力军作用，目前，全行42个营业网点、331名从业人员、118台自助设备、222台POS机、80台助农取款机具覆盖全区25个乡镇、7个街道办事处，能在第一时间提供安全快捷优质贴心的金融服务。

---

① 作者系三江农商银行党委书记、董事长。

服务乡村振兴战略，三江农商银行责任重大

实施乡村振兴战略，是党的十九大作出的重要战略部署，是新时代做好"三农"工作的总抓手。作为始终扎根农村、服务"三农"的本土银行，三江农商银行要因农而生、因农而兴，更要因农而强。所以，实施好乡村振兴战略，是义不容辞的政治责任，是支持供给侧结构性改革的重要内容，也是提升发展质量的重大机遇。

三江农商银行始终紧扣农业供给侧结构性改革主线，围绕一二三产业融合发展和城乡融合发展，坚持农业农村优先发展，坚持乡村振兴信贷资源优先安排，坚持乡村振兴贷款优先发放、乡村振兴金融服务优先满足，积极推进质量变革、效率变革和动力变革，做乡村振兴主办银行，永续打造"主力军"银行。明确以"双基共建""金融村官""金融扶贫""金融综合服务站（点）""产业支持"等领域工作为主要载体；在涉农资金营销、新型农业经营主体服务、社保服务、乡村金融综合服务站等方面做实做细，全力支持"'三农'、小微企业、社区居民"和"服务地方实体经济"的战略方向，全力助推乡村振兴。

第一，系统联动搭建平台，学习调研充分准备。

2018 年，省联社乐山办事处不断推动乡村振兴战略，加强系统联动，与党政部门开展对接合作，为基层行社工作开展搭建平台。三江农商银行在年初就将"乡村振兴"列为全年重点工作，成立工作领导小组积极推进工作，力争成为地方支持实施乡村振兴战略的主办银行。6 月 22 日，省联社与乐山市政府签订战略合作协议，在推动乡村振兴、服务地方经济发展等方面加强战略合作达成共识。为进一步增强乡村振兴的力度和广度，省联社乐山办事处党委提出了以党建为引领，由组织部门向村（社区）派驻农信"金融村官"的思路，契合了地方政府乡村振兴的需求。三江农商银行党委高度重视、积极贯彻落实。6 月底，由区委组织部牵头，联合一行前往遂宁实地学习考察先进经验。结合考察结果，全行多次召开推进会，开展工作调研、讨论工作方案、提前设计印制宣传资料，这些前期扎实的准备工作都为接下来的工作推动提供了基础支撑。

第二，区委组织部大力支持，联合发文汇聚合力。

7 月初，经前期多次沟通和调研，得益于区委组织部的大力支持和指导，最终促成由区委组织部牵头，联合区委农办、区金融办、区民政局与三江农商银行共同发文，向全市中区村（社区）派驻"金融村官"。来自三江农商银行的 29 名骨干员工组成了首批"金融村官"队伍，分别派驻到全市中区 23 个乡镇和 7 个街道办事处所辖的 32 个村（社区）挂职，以党建为引领，持续推进走

访建档、信用创建、整村（社区）授信等基础普惠性工作，与地方一起共推乡村振兴。此举开创了乐山首家地方性银行与区级部门联动的先河，为三江农商银行推进乡村振兴工作提供了坚实的组织保障。

第三，严格选拔"金融村官"，使命光荣助力普惠。

在"金融村官"的选拔上，三江农商银行突出"金融村官"选拔条件，重点从支行中层干部、网点负责人、客户经理中，将思想政治素质好、热爱农村事业、熟悉金融业务、甘于奉献的同志作为"金融村官"选拔对象，按照当地组织部门规定的程序进行报送和确认。同时，迅速制订乡村振兴实施方案，召开全行"金融村官"培训会，明确了"金融村官"的四项职责。一是坚持党建引领，共推普惠金融。协助挂职村（社区）开展支部共建、金融夜校等，积极向群众宣传党的强农惠农政策和经济、金融政策，指导群众使用手机银行等金融产品，开展防电信、网络诈骗，反洗钱、反假币等金融知识宣传，引导群众享受现代金融生活。二是开展评级授信，提升金融服务。以走访建档、信用创建、整村（社区）授信的模式在全市中区全面铺开评级授信工作。三是引领创业致富，提供专业参谋。协助村组和社区编制完善产业发展规划，指导产业发展。充分利用农信系统的资源优势，为挂职机构"牵线搭桥"寻找致富产业项目。协助村组拓展本村农副产品销售渠道，帮助建立网络销售平台。四是开展结对帮扶，金融精准扶贫。每名"金融村官"在联系村（社区）结对帮扶 1~2 户困难群众，定期了解情况，开展走访慰问，解决实际困难和问题，帮助脱贫奔小康。目前，全行 29 名"金融村官"已经全部报到上任，投身到挂职村（社区）的具体工作中，参与乡镇、街道办事处、村、社区等各级工作会，开展宣讲 32 场，组织完成建档立卡 176122 户，授信评级 80560 户，贷款发放10880 户。

第四，构建信息沟通机制，配套精准考核方案。

为整体推动和提升工作效率，掌握工作进程，全行着力构建顺畅的信息报送和沟通机制。一是在区委指导下，通过现场办公、动态交互、联合实地调研等形式，共同推动工作开展。对工作中的重要节点和情况，及时向区委组织部汇报请示。二是要求各支行每周上报辖内工作进程数据，在全行进行通报。三是各支行"金融村官"在工作开展中的动态、问题及时向总行反馈，迅速解决。每周汇总发布全行普惠金融工作动态，加强对支行的工作督导。与此同时，配套制订"金融村官"考核方案，定细则、分任务，将"金融村官"工作开展情况与个人考核和所在支行考核挂钩，奖惩并重。

第五，多重维度齐头并进，打好服务组合拳。

在"金融村官"作为桥梁纽带推进乡村振兴工作的同时，总行党委及各职能部门也从多个维度加快行动，多措并举同步推进。一是总行统筹，各支行乡村振兴举措多样。7月16日，三江农商银行举行助力安谷镇烽火村脱贫攻坚捐赠仪式，并全面参与到车子镇、安谷镇的乡村振兴计划中，助力脱贫攻坚，发展乡村经济。7月30日，三江农商银行助力乡村振兴垃圾清运车捐赠仪式在茅桥举行，向茅桥、青平、普仁等7个乡镇捐赠13台垃圾清运车，总价值6万余元，积极助推"美丽四川　宜居乡村"农村人居环境整治，助力打好"污染防治"攻坚战。二是职能部门加快专项工作，协同合力共推乡村振兴。通过"党建＋乡村振兴"模式，强化党建引导，加强"双基"共建，加快推动示范支部打造，全行还加快乡村金融综合服务站（点）建设，加大EPOS等电子机具在乡村的覆盖力度，在年内预计打造5个规范化乡村金融综合服务站（点）。聚焦农村新型集体经济的金融支持、产业支持等，全力打造亮点产业支持项目。

乡村振兴工作，时间紧、任务重。三江农商银行不忘初心、牢记使命，坚定全方位支持"三农"发展的战略方向和战略定力，按照产业兴旺、生态宜居、乡风文明、治理有效、生活富裕的总要求，把助力乡村振兴战略作为新时代三江农商银行支持"三农"工作总抓手，围绕"强基固本、开拓创新、提质增效"总体思路，在乡村振兴这个大格局、大方略中找准位置，抢先发力、率先突破，全面推进合规银行、智慧银行、主力军银行建设。

构建乡村振兴金融创新试验区
努力打造乡村振兴沂蒙新样板

厉建仁①

实施乡村振兴战略，是党的十九大作出的重大决策部署，是决胜全面建成小康社会、全面建设社会主义现代化国家的重大历史任务，是新时代"三农"工作的总抓手。2018年6月14日，习近平总书记在山东视察时指出，要发挥农业大省优势，扛起农业大省责任，打造乡村振兴的齐鲁样板。临沂市委市政府立足区域优势，努力打造乡村振兴"沂蒙样板"。金融作为现代经济的核心、实体经济的血脉，是乡村振兴的关键环节。临沂市既是农业大市，也是革命老区，农业基础好、小微企业多，在农村产权抵押融资、新型农村合作金融、田园综合体等方面具有突出亮点，具备了申报农村金融改革试验区的条件和基础。临沂市以申报创建试验区为抓手，在金融服务乡村振兴方面积极改革创新，力争为全国探索总结可借鉴、可复制、可推广的经验做法，意义重大。

一、在临沂创建金融服务乡村振兴改革创新试验区的必要性、可行性及政策机遇

（一）必要性分析

一是推动新旧动能转换的现实需要。在当前国内需求低迷、产能过剩，要素投入、人口红利、增长动力明显减弱的背景下，传统产业融合发展转型难度大，即便是主导产业、大型企业，由于装备水平、技术水平低，两化融合、跨界发展也很难。二是解决金融供需不均衡矛盾的客观需求。首先，区域金融供需不平衡，全市县域和农村金融发展水平明显滞后于城市，农村金融机构网点密度较低，县域每1000平方公里拥有网点32个，远低于市区的152个，每万人拥有网点1.6个，仅为城市地区的一半。其次，信贷投放不均衡，信贷资金多流向政府公益性项目、大型企业项目和个人住房贷款，对实体经济特别是中小微企业的信贷投放力度不够。三是革命老区完成脱贫攻坚目标的重要保障。

---

① 作者系山东省临沂市金融工作办公室主任、市地方金融监管局局长。

精准扶贫仅依靠政府财政出资不足以根本解决，更需要金融机构的信贷支持，在沂蒙革命老区设立金融服务乡村振兴改革创新试验区，是精准扶贫的重要抓手，通过创新金融产品，优化金融扶贫政策，不断增强金融扶贫力度。

（二）可行性分析

一是具有较好的农村金融发展基础。近年来，全市初步形成以银行、证券、保险业金融机构为主体，产业基金、创业投资、地方金融组织等机构为补充，层次分明、门类齐全的金融组织体系，金融基础设施水平逐步提高，开展金融服务乡村振兴改革创新试验区具备扎实的金融基础支撑。二是具有良好的发展与政策环境。近年来，全市金融机构突出普惠金融发展导向，不断加大金融基础设施建设力度，积极推进农村金融体系建设。大力发展区域性大数据产业和云服务中心，打造"沂蒙云谷"，在全省率先推出"两权"抵押贷款、富民农户贷和富民生产贷、贷款保证保险业务，在全国率先设立土地收储公司，在全国率先发行第一只扶贫效应债券。三是具有政治优势。2013 年 11 月，习近平总书记在视察临沂时指出："沂蒙精神与延安精神、井冈山精神、西柏坡精神一样，是党和国家的宝贵精神财富，要不断结合新的时代条件发扬光大。"国家应综合考虑沂蒙革命老区发展实际和未来潜力，支持将沂蒙革命老区列为全国革命老区发展示范区，依托临沂市的国际贸易、生态文明、装备制造等优势，探索创新欠发达区域和革命老区新旧动能转换发展的新路子。

（三）政策机遇

一是申报金融改革综合试验区获重点支持。2016 年 11 月，"一行三会"出台《对真抓实干成效明显地区激励措施的实施办法》，将上海市、浙江省、福建省、山东省、四川省五个省市作为激励对象，人民银行将在这些省市开展金融改革创新先行先试，在同等条件下对其申报金融改革综合试验区等予以重点考虑和支持。二是财政政策支持。2016 年 9 月，财政部印发了《普惠金融发展专项资金管理办法》，用于支持包括县域金融机构涉农贷款增量奖励、农村金融机构定向费用补贴、创业担保贷款贴息及奖补、政府和社会资本合作（PPP）项目以奖代补 4 个使用方向的普惠金融发展。三是货币政策工具支持。能获得结构性信贷政策、扶贫再贷款政策倾斜。引导金融机构加大对限于"三农"、扶贫等领域的信贷投放。扶贫再贷款实行比支农再贷款更优惠的利率，对县域金融机构适当提高不良贷款容忍度。

二、在临沂金融服务乡村振兴改革创新试验区方案设想

以习近平新时代中国特色社会主义思想为指导，全面贯彻党的十九大精神，紧紧围绕"产业兴旺、生态宜居、乡风文明、治理有效、生活富裕"总要求，

坚持农村金融改革发展的正确方向，推动农村金融机构回归本源，把更多金融资源配置到农村经济社会发展的重点领域和薄弱环节，更好地满足乡村振兴多样化金融需求，打造乡村振兴的"沂蒙样板"。

（一）完善乡村振兴金融组织体系

1. 更好地发挥银行业金融机构的作用。鼓励大中型商业银行把发展普惠金融的重点放在农村，向基层延伸普惠金融服务机构网点。鼓励商业银行建设面向"三农"、小微企业、绿色企业的专营机构和特色支行。推动农商银行系统充分发挥支持"三农"主力军作用，进一步提高对农村地区的金融服务效率。支持村镇银行在乡镇布设网点、拓展业务。

2. 规范发展新型金融服务组织。规范小额贷款公司、融资担保公司、民间融资机构、典当行的管理，引导其合理控制贷款利率和服务费用，扩大"三农"领域资金投放。稳步扩大新型农村合作金融覆盖面，鼓励基层创新信用互助模式，促进新型金融服务组织向农村延伸。完善涉农融资担保体系，支持发展政府出资为主的融资担保机构或基金，探索设立服务"三农"的消费金融公司，支持农村消费升级，更好地满足规模农业机械化资金需求。

（二）加大对重点领域的金融服务

1. 优化新型城镇化金融服务，构建乡村振兴发展新格局。拓宽城镇建设融资渠道，建立政府引导、市场运作的城镇化投融资新机制，支持市场化运作企业通过政府购买服务、政府和社会资本合作（PPP）模式等方式，参与农业农村基础设施建设和运营。鼓励金融机构做好农业转移人口的综合性金融服务，逐步将在城镇稳定就业的农民纳入住房公积金制度实施范围。

2. 推动农业新旧动能转换，助力乡村产业振兴。加大对粮食高产创建项目、耕地质量提升、农田水利、主要农作物生产全程机械化、农业科技创新等的信贷支持力度。稳步推进金融支持沂南县、费县高标准农田建设模式创新试点项目工作。探索终端型、体验型、循环型、智慧型新产业新业态金融服务，重点支持"新六产"示范乡镇、示范县创建以及现代农业园区、科技园区、创业园区和田园综合体"三园一体"建设，支持创建"全国电子商务进农村综合示范县"，促进农村一二三产业融合。

3. 引导发展农村绿色金融，助力乡村生态振兴。围绕农村人居环境三年整治行动的金融服务需求，集中绿色信贷资源，重点加大对农村"七改"工程、美丽镇村等领域的信贷支持。围绕推进农业绿色发展的金融服务需求，重点加大对"绿满沂蒙"、品牌农业、生态农业、休闲农业、智慧农业的信贷支持。

（三）强化精准扶贫金融服务

1. 加大金融扶贫资金投入。紧紧围绕精准脱贫攻坚战三年行动，实施扶贫信贷工程，严格落实扶贫小额信贷政策，加快推广金融扶贫示范区、示范点创建经验，保持贫困地区、贫困户信贷投入总量持续增长，对符合条件的建档立卡贫困户的有效信贷需求实行扶贫小额信贷全覆盖。扩大富民农户贷、富民生产贷、央行资金产业扶贫贷等的信贷规模，撬动贫困户发展内生动力。

2. 精准聚焦扶贫重点领域。精准对接扶贫对象和扶贫项目的融资需求，加大对脱贫重点县、重点乡镇和重点村的信贷支持力度，突出对产业扶贫、电商扶贫、乡村旅游扶贫、光伏扶贫等特色产业项目的信贷支持，满足易地扶贫搬迁贫困人口安置、安居和就业创业各阶段的金融服务需求。推进实施教育扶贫，加大对贫困家庭学生助学贷款、贫困人口创业就业的信贷支持力度。

3. 完善金融扶贫工作机制。建立健全与脱贫攻坚相适应的金融服务体制机制，支持涉农银行业金融机构建立扶贫专项工作机制，对目标任务、责任划分、进度计划、信贷政策、业务授权、金融创新、资源配置、跟踪督查等进行统筹安排。支持商业银行以政策扶持为支撑，主动对接扶贫开发项目。

（四）拓展农村地区普惠金融服务

1. 深化农村普惠金融工作体系。开展助农取款服务点综合支付服务建设，将助农取款服务点建设成集助农取款、非现金结算、金融消费者权益保护、金融知识宣传和农村电子商务一体化的农村普惠金融综合服务点，实现"基础金融服务不出村"。优化县域现金流通环境，打通农村地区人民币兑换、回收梗阻，推进"票亮"工程。鼓励银行业金融机构、非银行支付机构不断丰富应用场景，推广安全可靠的移动支付产品。推广"普惠金融一卡通"，将扶贫惠农补贴、务工工资、入股分红等多项收入一卡汇入。

2. 全面提升农村居民金融素养。加强金融知识普及教育系统规划，实施基础金融知识扫盲工程，建立金融知识教育发展工作机制，将金融知识宣传教育逐步纳入国民教育体系。培育金融消费者风险防范意识，大力开展非法金融广告治理整顿，严厉打击金融欺诈、非法集资、制售假币等非法金融活动。

3. 加强农村金融消费者权益保护。建立完善金融消费者权益保护协调机制、金融消费者权益争议处理机制和监管执法合作机制。畅通金融机构、行业协会、监管部门、人民调解、仲裁、诉讼等金融消费争议解决渠道，发挥非诉第三方社会组织在解决金融纠纷中的重要作用，逐步建立符合基层实际的多元化金融消费纠纷解决机制。

（五）培育发展多层次资本市场

1. 积极发展股权融资。大力培育挂牌上市主体，支持符合条件的新型农业经营主体在境内外资本市场上市或者在全国中小企业股份转让系统、区域股权交易中心挂牌融资。引进培育农业种子基金、农业风险投资基金、农业私募股权基金、"三农"并购基金、农业产业投资基金、现代高效农业母基金,支持发展创业投资和天使投资,重点投向高成长性的农业产业化及关联产业的涉农企业。

2. 支持开展债务融资。鼓励和引导符合条件的涉农中小微企业在银行间市场发行短期融资券、中期票据、中小企业集合票据等非金融企业债务融资工具,支持符合条件的涉农中小微企业发行公司债券进行直接融资,降低融资成本。

3. 探索农产品期货期权市场。开展"保险+期货""订单农业+保险+期货(权)"试点,发挥农产品期货市场的价格发现和风险对冲功能,支持农产品生产经营企业进入期货市场开展套期保值业务。

(六)构建新型农业保险体系

1. 拓宽保险覆盖面和品种。加快发展地方特色农业保险,探索开展天气指数保险、奶业和蜂业保险等新型险种,扩大森林保险覆盖面。推广农房保险、大型农机保险等普惠保险业务,拓宽农业保险保单质押范围。探索建立农业巨灾风险分担机制和风险准备金制度,鼓励开展特色农业保险和农产品安全责任保险,稳步扩大主要粮食作物、生猪、蔬菜等特色农产品目标价格保险范围。大力推广农民家庭财产险、农村小额人身保险,加快建立健全困难群众重大疾病商业保险医疗救助制度。积极开展保险资金运用创新试点,引导保险资金以适当方式服务于乡村振兴。

2. 发挥保险增信分险功能。稳步推动小额贷款保证保险业务的发展,探索深化"政府+银行+保险"模式试点。按照权责均衡、互利共赢的原则,构建合理的风险共担与利益分配机制,为小微企业和"三农"提供综合性的优质服务。深化银行和保险公司合作机制,支持将涉农保险投保情况作为授信要素,拓宽涉农保单质押范围,改善小微企业和"三农"融资服务。

农商银行助力乡村振兴战略的几点建议

张　华①

"乡村兴国家兴，百姓富国家富。"在党的十九大报告中，习近平同志首次提出"实施乡村振兴战略"，并描绘出一幅"产业兴旺、生态宜居、乡风文明、治理有效、生活富裕"的振兴蓝图，成为新时代农村建设的总体目标。农商银行作为服务"三农"和支持地方经济发展的金融主力军，应主动迎接新时代的机遇和挑战，不断开创农村金融工作的新局面。

一、我国乡村发展现状及农商银行支持乡村发展的优势

（一）我国乡村发展现状

城乡发展不平衡依然存在。乡村振兴战略提出的主要背景，是城乡发展不平衡。党的十八大以来，我国全面建成小康社会不断向纵深推进，但由于发展条件和能力的差异，地区平衡性和城乡差异性依然有待进一步改善。党的十九大报告提出的乡村振兴战略，目的就是着力解决区域发展不平衡问题，促进农村全面发展和繁荣。

乡村振兴条件已经成熟。诺贝尔经济学奖获得者刘易斯在"二元经济"发展模式中提出"随着农村富余劳动力向非农产业的逐步转移，农村富余劳动力逐渐减少，最终达到瓶颈状态，甚至劳动力回流的转折点"，这个"劳动力回流的转折点"被称为"刘易斯拐点"。随着我国人口红利的逐步消失，在2016年前后，劳动力出现了从东向西、从城市向农村的回流迹象，"刘易斯拐点"出现。在此预见，接下来，劳动力会继续大规模回流，这是经济发展的客观规律。富余劳动力的回流，带回了先进的发展理念、开阔的现代视角、精湛的专业能力及积累的资金，为乡村发展提供了必要的人力资本、物质资本和社会资本。

（二）农商银行支持乡村发展的优势

农商银行是服务"三农"的主力军，在支持小微企业的工作中也取得了诸

---

①　作者系东海农商银行董事长。

多成绩，积累了宝贵的经验。具体来说，有如下优势。

人缘优势、地缘优势突出。农商银行长期以来扎根农村，密切联系群众，与地方建立了深厚的人缘亲和力，是广大农民、个体工商户、农村集体经济组织为主的客户群所依赖和信赖的地方金融机构，带有鲜明的机构地方性、分布社区性色彩，与所在地域的联系比其他金融机构更多、更广。面在农村，根在农村，是农民自己的银行，具备独特的人文关系，突出的人缘、地缘优势，在经营区域内比大银行更能获得当地居民的支持。

网点资源、人力资源丰富。农商银行网点布局通常以撒网式进行，基层网点多、覆盖面广，一般每个乡镇都有一个网点，每个网点都有 5 人以上，人力资源丰富。网点多、人力资源丰富为网罗客户、吸存揽储奠定了良好的基础，也给农商银行广泛收集地方信息提供了有利的条件。

管理层次、决策程序便捷。农商银行作为地方小法人金融机构，具有小范围、小规模经营信贷的优势。由于管理层次少、经营方式及信贷审批程序灵活，相较于大银行，决策程序更为便捷。同时，基于人缘、地缘优势，积累了大量本地客户信息，在需要发生信贷业务关系时，能对客户需求具有快速的决策能力和灵活的处置能力，从而及时满足中小企业的融资需求。

二、农商银行助力乡村振兴战略面临的挑战

近年来，农商银行在经营管理制度建设方面取得了显著的成绩，但部分农商银行仍然存在制度建设落后于业务发展需要的现象，法人治理结构和经营机制仍有待进一步完善。受规模和能力的限制，相较于其他国有银行来说抗风险能力较弱，业务和产品较为单一，创新动力略显不足。很多县级农信联社改制为县级农商银行后，部分基层员工依然存有"卖方思想"，营销意识不强，重业务，轻服务，满足于过去的成绩和传统固有优势，没有认清新形势下的挑战，思想认识不够全面。

三、农商银行助力乡村振兴战略的几点建议

农商银行应深化"三农"金融服务，进一步巩固农村金融、普惠金融、民生金融三大主力军地位，发挥独特优势和作用，助力农民增收、农业增效和农村发展，大力支持乡村振兴战略。

（一）围绕擘画乡村生态宜居蓝图，深化绿色金融服务，支持美丽乡村建设

习近平总书记指出：中国要美，农村必须美；绿水青山就是金山银山。在人们对美好生活的构想中，"碧水蓝天"是一道不可或缺的背景色。农商银行

应围绕国家政策导向，从体系、制度、档案、产品四个方面深化绿色金融服务基础，着力支持美丽宜居新乡村建设。

构建"一个"体系。作为县域金融的主力军，农商银行应加强与地方政府的沟通，积极与相关部门合作，建立农商银行、农委、环保部门等多方共商的工作协调体系，搭建信息渠道，及时了解国家政策导向、环保标准、贷款客户的环境信息等。在此基础上，有针对性地大力支持节能减排、循环经济等方面的企业和项目，支持节水、节肥、节药等方面的生产技术。

建立"一本"档案。农商银行应主动与环保部门、农委、农机局、新农办等部门对接，建立沟通机制，加强合作联动，积极参加"银企对接会""农村新型经营主体现场会"等会议，及时了解辖内涉及安全、环保的生产企业情况，掌握农村新型经营主体信息。逐户上门走访，掌握其生产经营情况和金融服务需求，建立经济档案，为进一步提升金融服务水平提供第一手资料。

制定"一套"制度。积极探索制定绿色信贷相关的授信、管理办法，明确贷前、贷中、贷后管理重点，从制度层面加强绿色信贷管控。贷前抓准入，企业和项目不仅要符合国家产业政策，还必须符合节能环保标准；贷中抓审查，重点关注审批对象是否符合环保标准，对高耗能、高污染行业收紧审批权限，控制信贷投放；贷后抓检查，通过加大检查的频次、与环境保护部门沟通、实地查访等方式，掌握借款人环保情况，及时进行风险预警并采取相应控制措施。

创新"一类"产品。加强绿色信贷产品创新，在对环保、节能、清洁能源、清洁交通等绿色产业深入调研的基础上，根据行业、产品、生产经营周期等特点，推广研发"绿能贷""光伏贷"等配套绿色贷款品种，并出台相应的管理办法，明确贷款对象、贷款条件、操作流程、管理规定、风控措施等，做到业务有章可循、程序规范科学、风险全面可控。

（二）围绕人民对美好生活的需要，提升科技金融水平，支持便捷乡村建设

党的十九大报告明确指出："中国特色社会主义进入新时代，我国社会主要矛盾已经转化为人民日益增长的美好生活需要和不平衡不充分的发展之间的矛盾。"农商银行应顺应金融科技时代的新趋势，深化普惠金融，增强农村科技金融服务供给，着力通过技术进步提升金融服务水平和效率，支持便捷乡村建设，满足人民日益增长的美好生活需求。

在组织架构上下功夫。秉持"以客户为中心"的经营理念，推动金融流程的整合和机构的改革，建立多层次、广覆盖、适合农业农村特点的组织架构体系，使农商银行的组织系统更加合理，缩短客户业务的需求路径，更好地满足

客户需求。一是进行事业部制改革。进一步升级普惠金融事业部，构建由小微金融事业部、网络金融事业部等组成的专业化服务体系。二是加强流程银行建设，清晰划分前中后台，明确部室定位和职责界定，形成"前台营销、中台控制、后台支持"的组织架构体系。

在渠道建设上求突破。围绕农村普惠金融发展，积极建设线下、线上相融合的多元化服务渠道，加快大数据、智能服务、移动互联、云计算等新技术的推广应用，拓展服务的广度和深度。按照"全天候、全覆盖、可持续"三项原则，不断加强农村金融渠道建设，逐步实现"基础金融不出村"的普惠目标。一方面，在居民集中居住区、专业市场，积极推行离行式自助银行、社区智能银行建设，延伸服务半径，深入推进农村金融综合服务站建设，将助农取款服务点、村级服务点进行有效整合，解决农村金融服务"最后一公里"问题；另一方面，加快推进农商银行卡在医疗、交通、校园等领域的应用，加快推进网上银行、手机银行、微信银行、支付宝快捷支付、京东支付等支付渠道建设，优化支付结算服务，为乡村振兴提供快捷高效的结算通道，努力让乡村居民享受现代金融服务。

在科技提升上做文章。顺应金融科技融合趋势，强化科技创新驱动，深度融入"互联网＋"，着力实现农商银行在业务、服务、产品及技术等方面的移动互联网化升级。一是丰富产品服务。加大明确各类产品的服务市场和服务目标，不断深入了解客户的需求，从医、学、住、行、游、养、娱等各个方面为客户提供优质的服务和产品。二是优化业务流程。开展柜面无纸化平台建设，实现填单电子化、签字电子化、凭证电子化、存储电子化，提高柜面业务办理效率，同时保障业务数据安全性和完整性；借助互联网、云计算、大数据等技术手段，拓宽农村客户申贷渠道，优化业务审批流程，提高信贷投放效率和申贷获得率；在有效防范风险的前提下，实现合同签署电子化、在线化，进一步提升客户体验。

（三）围绕供给侧结构性改革主线，加大信贷支农力度，支持富裕乡村建设

农商银行要积极围绕供给侧结构性改革主线，强化金融服务方式创新，不断优化金融资源配置，更好地促进农业经营模式转型调整，支持一二三产业融合发展，助力乡村产业兴旺、农民生活富裕。

明确支农重点。一是围绕农业农村产业链加大支持服务力度。对产业提供上中下游链接式融资支持，立足产业链布局，做精做细产业链上每个环节的金融服务；立足乡村资源禀赋特点，因地制宜支持打造"一村一品、一乡（县）一业"特色产业发展格局，重点支持农副产品、旅游产业、文化产业等涉农特

色产业，实现涉农产品产业化、信息化发展，推动乡村产业振兴。二是锁定种养大户、新型农业经营主体、农业产业化龙头企业等对象，加大信贷有效投入，开发和创新适应需求的信贷品种，充分发挥信贷杠杆作用，引导和服务农民扩大生产经营规模，改变生产经营模式，促进农户和现代农业发展有机衔接，促进农业产业融合发展。

加强金融创新。一是产品创新。根据农业供给侧结构性改革特点，密切联系实际，以客户需求为中心，加快农业特色信贷产品创新，设计符合农业产业特色、农业企业特点、农村客户特质的金融产品。二是服务创新。大力推广农村"两权"（农村承包土地经营权和农民住房财产权）抵押贷款，开发多种信用贷款，引入政府担保基金、风险补偿基金、各类担保公司、保险公司等第三方增信措施，解决农村客户担保难问题；加强客户关系管理系统运用，实现客户信息整理、客户营销、调查派单、贷后管理、风险监测预警、行业分析等系统化管理，提升金融服务深度。三是模式创新。积极探索"产业+农户""合作社+农户""大户+小户"等农业贷款发放模式，推动客户从粗放型向集约型发展，激发农业发展的内生动力。

实施精准扶贫。加强与地方政府的沟通协调和对贫困农户小额信贷的调查、评级、授信工作，实现贷款贫困户跟踪监测制度化、常态化。通过审查名册、建立档案等措施，实施名单制管理，将《贫困农户建档立卡名册》的信息录入计算机进行锁定，发放时严格审查扶贫贷款对象。通过与乡镇、村干部交流座谈，研究制定扶贫贷款发放程序，确保扶贫贷款发放到贫困户手中，避免冒领、违规行为。

（四）围绕农村精神文明建设目标，优化农村金融环境，支持文明乡村建设

农商银行应在提升乡村信用环境、提高乡村居民金融素养方面下功夫，更新群众思想观念，帮助群众养成文明先进的生活方式，为乡风文明建设打下坚实基础。

搭建"一个平台"，推进农村信用工程。农商银行应加强与政府、人民银行、法院、工商、税务等的合作力度，借助村两委、驻村干部、村级联络员的力量，依托自身丰富的农户信用等级评定经验，整合自有原始农户数据、第三方数据、政府部门信息资源，构建一个完善的农民信用信息库平台，为乡村信用体系建设服务。主动对接各级政府诚信建设要求，在广大乡村地区开展信用户、信用村、信用乡（镇）创建和评定工作，完善信用激励约束机制，实行长效惩戒，在贷款额度、利率、期限、服务等方面给予区别对待，营造"诚信光荣、失信可耻"的舆论氛围，弘扬"守信获益、失信受限"的诚信文化。

打造"三个载体",推进金融知识下乡。广泛开展形式多样的金融知识宣传和普及活动,提升乡村居民金融素养。一是以各类传媒为载体,搭建新平台。积极探索发挥新兴媒体的作用,搭建金融知识宣传新平台,借助电子通信、网络媒体、微信公众号、微信群聊、手机银行 APP 等新兴媒体,全方位开展对外宣传。二是以多种活动为载体,创造新方式。在做好网点主阵地宣传的同时,开展形式多样的活动,不断丰富宣传方式,面向社会公众,开展金融知识有奖竞猜、金融知识调查问卷、金融知识万里行等一系列丰富多彩的活动。三是以最新知识为载体,提升新能力。针对金融知识时效性强、专业度高、金融诈骗手段不断升级的特点,及时解读最新政策、破解最新骗术,向公众宣传最新的金融知识和防骗技巧。

拥抱新时代,开启新征程。农商银行要紧跟党中央"新时代、新气象、新作为"的思想和步伐,紧紧抓住大有可为的历史机遇期,充分发挥农村金融主力军作用,为乡村振兴战略贡献金融中坚力量。

助力乡村振兴战略　村镇银行责无旁贷

郑　卫①

　　农业兴，则百业兴；农民富，则国家富；农村稳，则天下稳。"三农"是关系国计民生的根本性问题，党的十九大报告正式提出乡村振兴战略，作为解决"三农"问题的国家重大战略性决策，而破解"三农"问题制约因素的关键在于金融扶持。《中共中央、国务院关于实施乡村振兴战略的意见》明确强调，实施乡村振兴战略，是决胜全面建成小康社会、全面建设社会主义现代化国家的重大历史任务，是新时代"三农"工作的总抓手。并特别指出，"实施乡村振兴战略，必须解决钱从哪里来的问题"。村镇银行是国家为增加农村金融供给、促进普惠金融和"三农"发展、实现乡村振兴、打赢脱贫攻坚战而孕育诞生的，其始终坚持立足县域、立足本土、服务"三农"和小微、服务地方经济发展的市场定位，成为支农支小、贴农惠农的金融生力军，因此围绕金融支持"产业兴旺、生态宜居、乡风文明、治理有效、生活富裕"，扎根农村，服务农民，支持农业，积极发挥法人金融机构的优势，破题金融支持乡村振兴战略，是村镇银行的天然使命，可以说村镇银行的定位与乡村振兴战略的内涵高度吻合。

一、提高思想觉悟和政治站位，顺应形势抓住发展机遇

　　乡村振兴是党和国家的重大战略，也是一项长期的历史性任务。随着乡村振兴战略的深入推进，农业和农村面临空前的历史发展机遇，农村经济也即将迎来发展的黄金期。作为扎根农村市场的村镇银行应以舍我其谁的担当精神，以敢于亮剑大胆破局的勇气，利用"地缘优势"和"熟人模式"，在助力乡村振兴战略落地的同时，推动村镇银行发展抢抓新的历史机遇。乡村振兴是我国现代化经济体系的新引擎，也是未来各类资本投资的"蓝海"，金融是其中的关键一环。因此，村镇银行要自觉提高政治站位，紧跟党的政策，迅速行动起来，以时不我待的精神，通过传统优势金融服务的深入推广和新型金融手段的细致探索，做到点上突破、面上铺开，在农村战场上立志于大作为、新作为，

---

　　① 作者系江苏沭阳东吴村镇银行董事长。

为乡村振兴提供源头活水。

二、加快网点建设步伐，完善基础金融服务

其一，结合区域经济特点和村镇银行自身发展情况，稳妥推进物理网点布局，有效辐射周边地区，为农民提供更多综合化的金融服务。其二，打造便民快捷的基础金融服务圈，推进电子产品、自助机具建设，优化农村服务区域的客户消费与结算环境。其三，设立多种形式的金融服务点、金融服务站、支农联络点等辅助服务，进一步延伸客户服务半径，加强普惠金融服务，构建支农、惠农、便农的"金融绿色通道"。实现乡乡有机构、村村有服务，乡镇一级基本实现银行物理网点全覆盖，巩固助农取款服务村级覆盖网络，解决农村市场金融服务"最后一公里"问题，推动更多基础金融服务实现全覆盖。

三、推进金融服务创新，提升金融信贷可获得性

村镇银行要顺应农业农村经济的发展变化，加快农村金融供给侧结构性改革，改善和优化金融供给整合业务渠道，提升金融供给的配置效率和服务水平。加强信贷资源倾斜，着力解决农村发展不平衡不充分问题，把更多信贷资源配置到"三农"的重点领域和薄弱环节，打造精品服务、精准服务、精细服务，推动金融服务到农业农村的生产第一线，服务到村组和田间地头。与镇、村两级政府加强沟通对接，与农村经济组织建立合作关系，围绕特色产业做文章，实施"一镇一策""一村一策""一户一策"方案，加大对"三农"实体经济的信贷支持。主动对接农民，推动普惠金融服务，为农民工返乡创业、妇女创业、下岗人员再就业融资提供资金支持。创新信贷产品和服务方式，改进和提升农村金融综合服务水平。通过采用"银行＋龙头企业＋农户""银行＋农业合作社＋农户""政府＋银行＋保险"等模式，为农民合作平台、供销成员提供信贷支持，拓展农业创业链、价值链。扎实推进"两权"抵押贷款，积极探索引入农担担保、保险担保、乡村集体资产抵押等形式，破解押品难题，激活更多"沉睡"农村资产，促进农村金融服务工作不断深化和升华。以建档授信为抓手，夯实户户有建档有授信，创新"整村授信"模式，在农村推广"金融夜校"，推进农村信用生态环境打造，助力乡村全面振兴。

四、加强绿色金融创新实践，支持美丽乡村和精准扶贫建设

实施乡村振兴战略，生态宜居和精准扶贫是重要内容和课题。村镇银行要强化小企业、小项目和"三农"的金融服务主体形象，严格限制追逐大企业、大项目及大额贷款的盲目求大行为。提高主动性和积极性，大力发展绿色信贷

业务，依托"一村一品"产业特色和美丽乡村、特色小镇建设，助力农村生态文明建设，着力改善农村生产生活条件。逐步提高金融扶贫的精准度，构建金融精准扶贫的可持续发展模式。支持乡村主导产业、特色产业发展，加大小微企业信贷投放力度，通过完善金融服务，优化农村普惠金融生态体系，积极培育新型农业经营主体和农村龙头企业，打造"新型经营主体＋农户"的产业化扶贫之路，引导贫困农户参与扶贫产业发展，推进"融资＋融智""融财＋融才"扶贫模式，变"输血"为"造血"。

五、强化科技引领支撑作用，推动金融服务改善提升

有人说：农村市场是互联网金融的下一个蓝海。在移动互联时代，村镇银行应主动适应新时代、新形势、新需求，积极转型升级，提高效率，用新理念、新技术、新手段、新服务促进"乡村振兴"发展。积极转变经营理念，扭转经营思维，将金融科技、大数据、人工智能等前沿技术引入业务营销和经营管理中，利用移动互联技术降成本、控风险、拓客户，丰富线上金融产品，努力打造智能化金融服务。充分整合线上线下渠道，把物理网点的传统线下业务搬到网上，把互联网智能化、多元化的基因"移植"进物理网点，为农村客户提供更便捷的金融服务。同时做到以客户为尊，把客户需求作为出发点，探索个性化、实时化、便捷化、智能化的金融服务。将金融服务切入客户衣食住行等生活场景，为客户创造便捷、安全、实惠、增值的支付环境。加快推进金融服务与生活消费的深度融合，充分解决农村地区金融服务诉求。

六、强化培训机制建设，提供坚实的人才后盾

党的十九大报告提出，"要培养造就一支懂农业、爱农村、爱农民的'三农'工作队伍"。村镇银行作为本土草根金融机构，要积极响应号召，顺势而为，以加强人才队伍建设为抓手，号召员工树立时代精神，锻造一支素质过硬、德才兼备的"三农"金融工作队伍，勇于肩负服务"三农"的历史使命，为乡村振兴的伟大事业提供金融智力支持和人才保障。加强党建，确保队伍的政治素养。把党建工作作为统一员工思想的重要抓手，培养员工热爱农村、扎根基层的工作热情，把员工的思想统一到凝心聚力推动乡村振兴这个核心工作上来。加强培训，提升员工专业化能力。按照乡村振兴战略部署要求，农业和农村走的是一条全新的、更高要求的现代化之路。这一战略定位对农村金融工作者提出了更高的要求，村镇银行要密切关注涉及乡村振兴的新政策、新技术、新成果、新信息，加强针对性的专业培训，帮助员工"加油充电"，提升员工服务乡村振兴的专业技能。

东吴村镇银行服务乡村振兴战略一直在路上。2008年2月，苏州银行发起设立了江苏省首家村镇银行——沭阳东吴村镇银行，2010年又分别设立了泗阳、泗洪、宿豫3家东吴村镇银行。目前，4家东吴村镇银行共有20个营业网点，400余名从业员工。多年来，始终坚持"风险第一、效益第二、规模第三"经营理念，紧扣"一小一村一电"（小微金融＋信用村建设＋电商服务）经营脉络，弘扬"吃苦、敬业、务实、正直"的企业文化，积极支持实体经济，立足县域，践行普惠金融，服务乡村振兴战略。一是打造小而美的零售银行。深耕零售战略，开动转型发展新引擎。结合经营定位和客户特点，加强市场研究，不断创新产品，挖掘零售业务潜力，探索多渠道服务长尾客群，将零售业务发展成为主营业务。截至2018年9月末，零售贷款余额为32.57亿元，占全部贷款的80.39%，全部贷款户均26.84万元，农户和小微企业贷款合计占比92%，矢志不渝地践行支农支小、小额分散经营。二是打造小而专的小微银行。引入德国IPC技术，打造东吴村镇银行的"东吴易贷"微贷品牌。2014年10月依托发起行苏州银行成功引进德国IPC小微技术，强化对客户数据流、信息流、资金流的信息收集与运用，有效改进传统信贷理念和风险防控技术，下沉微贷客户群，严格按照实地调查、眼见为实、自制报表、交叉检验的技术，专业、专注、专心做小微。截至9月末，微贷余额为5.18亿元，户数为1625户，户均31.86万元。小微金融已成为东吴村镇银行培养人才的蓄水池、产品创新的试验田、客户成长的活水源。三是打造小而特的"三农"银行。积极引导村镇银行深入开展信用村建设，打造"惠民信贷"信贷品牌，探索建立以客户为中心的授信体系和流程控制体系，建立"公开、透明、规范、批处理"特色经营机制，批量培育农村市场优质客户群体，批量提供标准化便捷化服务。有效推动客户再下沉、业务再下沉、市场再下沉，走进农村惠民生，培育一批信用村。截至9月末，信用村用信3477户，用信金额2.85亿元，户均8.2万元。四是打造小而精的电商银行。推动村镇银行紧跟电商发展步伐，打造"东吴电商贷"信贷品牌。进一步探索电商服务模式，开展名单化、批量化营销，对花卉苗木电商、电子商业产业园、京东产业园等开展金融服务，加大个人电商贷款的投放，为农民创业致富提供普惠帮手。

乡村振兴是一个全局性的大课题，既创造了很多金融机会，也提出了更多新的挑战。作为扎根本土、服务"三农"的村镇银行，要回归本源，主动融入乡村振兴战略，在农村这个广阔的舞台上下沉重心、深耕细作，激活发展源头活水，以更有效的服务方式、更集约的服务效率、更灵活的应变能力改进和提升对农村的金融服务，在健全农村金融体系、激活农村金融市场、强化支农支小服务等方面，发挥积极作用，把更多金融资源配置到农村经济社会发展的重点领域和薄弱环节，准确把握乡村发展的脉搏，与乡村转型发展保持高度一致，竭尽金融服务之力，更好满足乡村振兴多样化金融需求。

关于农信社金融支持脱贫攻坚工作的几点思考

万玉松①

党的十八大以来，以习近平同志为核心的党中央把脱贫攻坚摆到治国理政突出位置，打响了一场声势浩大的脱贫攻坚战。脱贫攻坚既是我国严峻贫困形势的必然要求，也是全面建成小康社会、实现社会主义本质、践行党的宗旨、巩固党的执政地位、扩大内需以促进经济增长的必然要求。随着中央脱贫攻坚号角吹响，对服务"三农"60多年的农信社来说，扶持贫困农户致富是义不容辞的责任。农信社扎根农村，服务农民，今后很长一段时期，积极开展金融支持脱贫攻坚，是农信社的一项政治使命和社会责任。

一、当前金融支持脱贫存在的问题

尽管农村信用社在扶贫工作中积累了一定的经验，也取得了一定的成绩。但是仍然存在着以下几方面的问题。

（一）贫困地区农民观念滞后，信用环境欠佳

一提到扶贫，部分贫困区农民就会想到政府无偿提供资金或者是扶贫办的无息资金，对扶贫贷款认识不到位，致使贫困地区信用环境不佳。对部分贫困户来说，本身经济条件较差，长期接受政府和有关部门的资助，坐、等、靠的依赖心理严重，仍然抱着政府"输血"式救济的老观念不放，在农村地区整体信用环境不佳的情况下，扶贫贷款极易演变为扶贫资金，造成农信社的损失。

（二）部分地方政府对农信社金融扶贫政策理解有差异，造成执行偏差

各地对扶贫小额信贷政策的理解和把握存在较大差异。有的侧重于提高发放率，采取种种措施力求达到全覆盖，但风险防控难度较大；有的侧重于控制风险，坚持"成熟一个推进一个"，造成发放率较低；还有的地方少数干部和贫困户将信贷资金和救助资金功能混同，将扶贫小额信贷视为福利，认为不贷白不贷，甚至连没有偿还能力的低保兜底户都贷了款，潜在风险不容忽视。

---

① 作者系弥勒农村商业银行行长。

（三）农信社的低收益与农业贷款的高风险依然存在

贫困地区自然经济占主导地位，缺乏竞争力和自我发展能力，产业构成以农业为主，粮食生产占主导地位，经济作物等其他产业比重低，农业生产成本高，生产发展水平低，收成少，一旦遇上自然灾害和市场价格下跌，贫困村农业就处于亏本经营的状态，生活上重返贫困或维持低收入水平，难以实现资本积累。贫困村生产耕作技术低，支撑产业不强、市场接触少、农业产品量小且市场化程度极低，产业规模小、科技含量低、产业链短，导致贫困村产业市场竞争力不强，可持续发展后劲不足。

（四）贫困户的经营性信贷内生需求不足

贫困地区农户产业发展选择较难，增收渠道单一，经营发展观念滞后。大部分贫困农户贷款的需求为建房、婚丧嫁娶、大病住院、子女上学等，日常对经营性贷款的用途单一。有些贫困户仍然抱着依赖政府"输血"式救济的老观念不放，有些贫困户甚至有"金融扶贫是国家救济，可以借钱不还"的错误想法。

（五）贫困户抗风险能力差，逾期贷款问题逐渐显现

产生逾期的原因既有贫困户金融意识薄弱、经营能力差、抗风险能力弱等主观因素，也有种植业养殖业周期较长导致资金短期周转不及时等客观因素。大部分扶贫小额信贷期限为 1 年，期限错配问题突出，造成信贷风险加大。

二、助推金融精准扶贫的几点思考

（一）强化智力扶贫，增强贫困户自主脱贫意识和能力

一是提供信息支持。充分发挥金融机构的客户优势、信息优势，为贫困地区招商引资提供信息、牵线搭桥，搭建"融资＋融智"的创富平台，帮助当地引进一批"两型"产业项目，增强发展后劲。二是协助开展科技培训。聘请农、林、特、畜牧等专业技术人员，以使用技术培训为重点、以产业扶贫为目标，培训新型农民，达到一户一个科技明白人，积极实施"雨露计划"工程，提高贫困农民外出就业和稳定增收能力。三是持续开展送金融知识下乡活动。加大贫困地区金融知识宣传培训力度，捐赠科普、农业、创业、管理等文化书籍和光碟，帮助贫困地区群众提高文化水平，增长金融知识，使农民学会金融致富。

（二）加大信用体系建设，提升贫困地区金融生态环境

一是继续狠抓不良贷款清收。农户的攀比思想严重，任何时候都不能放松不良贷款清收工作。农信社要继续协同法院、公安等司法部门对赖账户展开强

力的依法清收，对影响恶劣的典型要采取依法拘留、张贴黑名单的方式进行打击，形成强大的震慑效应，促进农户树立借款必还的诚信意识。二是推进信用村镇的建设工作。继续与人民银行、工商、税务、地方乡镇等部门合力将信用村镇的建设工作推向深入，加大对信用村的激励，引导农户从"要我守信用"到"我要守信用转变"。三是加大对失信户的惩戒力度。法律方面，对到期不能归还的贷款一律进行依法诉讼，保障对债务的追索权；舆论方面，要加大对失信黑名单的曝光力度，给失信户施加较大的社会舆论压力。

（三）完善贫困户评级制度，提高金融扶贫覆盖面

一是借助精准扶贫"建档立卡"契机，针对目前贫困户建立大数据资源，并根据劳动状况、健康状况及财务状况，建立贫困户专项评级系统，提高目标客户筛选简易度。二是将"五险一金""低保""医保"等数据加入到贫困户风险评级系统中，加大农户金融信用记录覆盖。三是加大金融宣传力度，进一步提高农户金融参与意识，从存款、结算等方面点滴增加信用记录。

（四）坚持政府主导、多方参与，做实做好评级授信

农村地区地广人稀，单靠农村信用社的力量很难做到精准扶贫，而扶贫工作作为一项公益和民生项目也越来越受到政府部门的重视。地方乡政府尤其是驻村干部和村支两委对基层农户的基本情况十分熟悉，农信社应积极借助政府的力量，发挥政府在评级授信工作中的主导作用，从而实现精准授信。一是组织群众申报基本情况。做好扶贫工作宣传，动员群众按照有关要求对自身的家庭收入、各项财产和支出情况进行申报，为信息采集提供第一手资料。二是组织开展评议。农信社应根据每户村民上报的基本情况，组织驻村干部、村支两委、党员代表进行民主评议，对符合帮扶条件的农户进行评定。三是进行公示。对经认定的贫困户在村子里张榜公布，广泛征求群众意见，进一步确保公平、公正。

（五）争取更大政策支持，增强信贷扶贫能力

金融扶贫作为一项公益性项目，政府有责任承担一定风险，农信社应主动争取政府财政支持。一是建立风险基金。建议由政府财政出资，按照扶贫贷款总额的10%～20%建立风险基金，若扶贫贷款最终无法收回则可由风险基金弥补。二是争取税收优惠。作为一项惠及民生的项目，扶贫贷款的利率定价必然较低。对于利润低、风险高的扶贫贷款，农信社应争取获得税务部门对扶贫贷款的免税政策。三是争取人民银行支农再贷款。以扶贫工作为契机，积极向当地人民银行争取支农再贷款，并请求人民银行给予更低的贷款利率，进一步增强农信社的支农、扶贫能力。

（六）加强信贷产品和模式创新，推进产业扶贫

金融扶贫是一个系统长久的工程，仅靠"撒胡椒面"的方式显然难以达到理想的效果。一是支持龙头产业。信贷投放要向当地优势产业倾斜，支持农户"抱团取暖"产生致富的集群效应；积极培育、引进和鼓励本地涉农企业，采取"企业＋基地＋农户""公司＋基地＋农户"或"专业合作组织＋市场＋农户"等模式，支持重点村和农户发展优势特色种植业、养殖业、林果业，进一步促进低收入人群增收。二是引入多种担保方式。在原有多户联保、个人担保的基础上，引进担保公司担保、农村房屋抵押担保、合作社为农户担保等模式，进一步增强贫困户的融资能力。三是创新信贷产品。在风险可控的前提下，对信贷产品进行创新，推出期限更长、办理更方便的扶贫贷款品种，为扶贫事业提供持续、稳定的资金扶持。四是完善农业保险。由政府部门牵头，大力引进农业政策性保险，提高农户抗自然灾害风险的能力。

在当前经济金融形势下，经济下行压力持续加大，农村经济发展出现大量新情况新问题，对农村信用社来说，落实金融扶贫攻坚不单纯是履行社会责任，更是抢占战略高地、培植竞争优势、壮大客户群体的需要。因此，农信社应该进一步发挥竞争优势，立足贫困地区实际，健全工作机制，创新帮扶措施，提高扶贫成效，为打赢脱贫攻坚战作出更大的贡献。

西部城商银行应大力支持乡村振兴

杨　敏①

　　金融如何更好地服务乡村振兴战略，既是重要政治任务，也是金融服务重心下沉、拓展广阔乡村市场的现实需要。特别是在城乡发展不平衡、农村发展不充分更为突出的西部地区，县域金融机构的发展仍存在"脱农化"、金融服务体系单一、联动效率较低等问题，明确战略定位、搭建支撑平台、完善管理机制是提高金融支持乡村振兴质效的重要途径。

金融服务乡村振兴是重大政治任务

　　实施乡村振兴战略，是党的十九大作出的重大决策部署，是决胜建成小康社会的重大历史任务，乡村振兴离不开金融"活水"。在 2017 年中央农村工作会议上，习近平总书记强调："健全适合农业农村特点的农村金融体系，强化金融服务方式创新，提升金融服务乡村振兴能力和水平。"中共中央、国务院2018 年《关于实施乡村振兴战略的意见》要求："坚持农村金融改革发展的正确方向，健全适合农业农村特点的农村金融体系，推动农村金融机构回归本源，把更多金融资源配置到农村经济社会发展的重点领域和薄弱环节，更好满足乡村振兴多样化金融需求。"在这一方针下，全国金融机构对农村和农业贷款增速上升，据人民银行的统计，2017 年末，全国金融机构本外币农村（县及以下）贷款余额为 25.1 万亿元，同比增长 9.3%，增速比上年末提高 2.8 个百分点；农业贷款余额为 3.9 万亿元，同比增长 5.7%，增速比上年末提高 1.5 个百分点。

　　城商银行立足地方经济，有效发挥支农支小特色，日渐成为服务地方经济社会发展的一支重要力量。然而，城商银行在支持乡村振兴战略方面，一定程度上仍面临排斥现象明显、信贷制度缺陷、金融环境欠佳等问题。银监会下发的《关于做好 2018 年银行业"三农"和扶贫金融服务工作的通知》中明确要求："城商银行要结合市场定位、机构优势和自身能力，探索建立'三农'金

---

① 作者系富滇银行行长。

融服务专门机构，服务地方经济和城乡居民，提供特色化、差异化的'三农'和扶贫金融服务。"为此，扩大金融服务覆盖面，满足广大农村群众日益增长的多样化金融服务需求，对西部城商银行贯彻落实中央政策和监管要求，促进自身转型发展，推进乡村振兴战略具有重要现实意义。

乡村金融服务发展现状

以富滇银行为例，截至 2017 年末，富滇银行共设有县域分支机构 34 家，覆盖云南省 16 个州市中的 13 个，经分析得出如下结果：一是富滇银行的县域机构存贷款规模与当地县域的地方生产总值与增速、第一产业与第二产业占比及公路基础设施里程数成正比；二是截至 2017 年，富滇银行县域机构客户类型中，城镇居民个人有效户数占比 67.61%，而农村居民个人有效户数占比 32.39%；三是富滇银行的县域机构营业收入与当地县域的城镇居民人均可支配收入、城镇居民人均消费性支出显著正相关；四是富滇银行县域机构网点设置区位对当地乡村发展的辐射半径较短，人员流动性较强、稳定性不高，同时电子化设备在乡村普及率滞后。

针对县域金融机构的机构硬件及配套、产品运用、管理模式及审批流程等方面，城商银行与大型商业银行及中小型商业银行（包括农信社和邮储银行体系等）比较，呈现如下特点：在机构硬件及配套方面，城商银行县域机构整体建设情况弱于大型商业银行及中小商业银行县域机构。具体而言，富滇银行县域机构网点数量及人员配置均少于大型、中小型商业银行县域机构，且硬件和软件配套设施建设滞后于大型商业银行县域机构。产品方面，城商银行县域机构的优势体现于产品活动多、收益较高；大型商业银行县域机构的优势更多在于产品的多样性及互联网终端的运用；而中小型商业银行县域机构的优势则表现为信贷利率。管理方面，大型商业银行县域机构的优势在于总对总的营销模式与专门设立县域金融事业部。而中小型商业银行县域机构的优势则表现为网点较为密集，从业人员较多。在审批流程方面，部分城商银行采用转授权模式，致使其与大型、中小型银行县域机构相比，业务审批流程相对较长、审批速度相对滞后。

综上分析，城商银行支持乡村发展仍存在以下不足：首先，城商银行县域机构网点布局有限、软硬件配套滞后，制约了其业务辐射范围；其次，城商银行面向乡村的金融产品特色化水平低、客户细分程度低，致使产品定位较模糊；最后，城商银行基层机构管理体系尚不健全、向上反馈与向下授权的渠道通而不畅，影响了业务开展的效率。

加强金融支持乡村振兴的基础工作

明确战略定位。作为已实现充分市场竞争的城商银行，更需突出"稳中求进、创新突破、差异发展"的定位，认真领会政策要求，准确把握市场形势，实现特色化转型发展和振兴乡村经济的共赢。

首先，应确立积极主动服务乡村的意识和站位。振兴乡村经济既是利用区位优势、后发优势特色化经营转型，更是实现扶贫攻坚、履行社会责任的有效途径。因此，迅速转变观念，主动服务乡村、服务实体是西部城商银行必然的选择。

其次，需紧紧围绕新型产业化转型升级，明确产业发展定位。一是紧紧抓住当地农业特色，重点支持适销对路、渠道通畅的经济作物种植、畜牧养殖等高原特色农业产业化，以及相关加工业的新技术、新工艺的升级改造；二是利用西部丰富的自然资源，着力在旅游资源集中、知名度较高的地区，深挖文化品牌、创意主题、休闲康养、旅游产品、生物医药等高附加值产业；三是依托西部地区边境口岸，延伸产业链，创新边贸投融资、结算、汇兑、代理等业务，以链式交易为金融延伸服务构筑边贸生态圈，支持边贸区域特色产业和重点企业"走出去"。

最后，在总体风险控制和合规管理框架下，按照一县一策的思路，从保障乡村的扶贫脱贫、经营创业、民生保障、基础设施、消费升级等金融需求出发，以县域政府、企事业单位，以及小微集群、农业人群为主的普惠金融为对象，以县城网点、乡镇服务站、农村便民点三级金融服务为依托，鼓励支持基层一线市场人员进行产品服务、业务模式创新，配置优质资源精准发力。

搭建支撑平台。应重点围绕小微企业、"三农"及扶贫、民族文化旅游等领域推进普惠金融体系构建，加强金融服务渗透，着力提升普惠金融服务基础。紧紧围绕重点项目的核心企业开展链式营销，借助核心企业较强的付款能力及担保实力，把控资金源头，在资金封闭式运行的前提下，大力支持上下游小微客户群体融资。积极开展银政联动，重点发展"微培工程"贷款和"风险补偿金"贷款，做大做强特色农业贷款和扶贫小额贷款。把扶贫、特色农业、生态旅游等绿色经济相结合，不断丰富产品模式与服务内涵，以旅游服务终端作为切入点，逐步向景区、交通、旅行社、商品加工、电子商务等其他旅游领域扩展。

西部城商银行在物理网点机构和人员不足的情况下，应充分运用大数据挖掘技术、互联网电商平台等渠道，从前端金融产品网上超市到后台数据分析系统支撑，结合多样化自助终端设备，构建综合化金融科技支持体系，以弥补乡村网点不足、节约资金成本、释放人力效能。

完善管理机制。应树立管理即是服务的理念，主动进行针对基层机构管理模式的变革。组织结构层级既是管理方式，也是服务途径，各级管理者要树立服务意识，高层服务基层，基层服务客户；后台服务前台，前台服务市场，层层压实，层层传导，抓大放小，适当放权。创新的源泉来自一线，来自基层，充分运用和保护好基层创新的积极性是企业"长寿"的动力。

构建"总行指方向、分行重扶持，县域网点重执行"的管理体系。总行制定规划、目标、政策、风险控制、激励考核指引，开发创新产品"试验田"；分行督导支行定位、结合当地情况培育可复制的模式，扶持重点项目、合理配置资源；县域网点突出专业、便捷、快速的服务能力。

金融机构助力乡村振兴还需要一套完整的引导机制，采取"强抓项目储备、激励首创精神、倾斜信贷资源、打造专业团队"等措施，为县域金融业务稳健持续开展提供基础性保障。

农村信用社金融精准扶贫工作
存在的问题及对策

——以广西农村信用社为例

黄　火① 黄　惠②

摘要： 党的十九大明确把精准扶贫工作作为决胜全面建成小康社会必须打好的三大攻坚战之一，2018 年 6 月中共中央、国务院出台《关于打赢扶贫攻坚战三年行动的指导意见》，对脱贫攻坚作出了新的部署和要求。贯彻落实精准扶贫的政治任务是农村信用社应有的政治担当，作为农村金融主力军的农村信用社应当在精准扶贫、支持乡村振兴中发挥中坚力量，笔者以广西农村信用社参与精准扶贫工作的实践为例，探索农村信用社金融精准扶贫工作存在的问题及对策。

2016 年以来，广西农村信用联社深入贯彻落实党中央、国务院脱贫攻坚决策部署，主动作为，勇于担当，扎实推进金融精准扶贫工作，切实加大对贫困地区的信贷投放，有力促进贫困户脱贫致富和贫困地区发展，截至 2018 年 6 月末，全区农村信用社贫困户贷款户数为 48.37 万户，贷款余额为 230 亿元，其中，扶贫小额信贷户数为 45.14 万户，贷款余额为 206 亿元，贫困户贷款覆盖率为 47.5%。累计惠及贫困人口 204.92 万人，累计分红 11.7 亿元，累计带动 21.39 万户贫困户脱贫，为广西打赢"十三五"脱贫攻坚战作出积极贡献。

一、广西农村信用联社金融精准扶贫采取的措施

（一）把金融精准扶贫工作作为重大政治任务，高度重视，强力推进

强化对金融精准扶贫工作的组织领导，确保工作成效。下发了《关于进一步加大金融精准扶贫工作力度全力助推我区扶贫攻坚工作的意见》，明确了金融扶贫工作目标，细化工作措施，压实工作责任。制定下发相关文件，对贷款的

---

① 作者单位为广西农村信用社联合社。
② 作者单位为广西南宁市区农村信用合作联社。

流程手续、委托经营主体准入条件、报批报备、资金的监管和贷后管理、补充和落实担保、信贷档案规范化管理等都做了明确要求。同时，还举办了全区信用社扶贫信贷专题培训会，有效推动和规范了扶贫信贷业务的顺利开展。

（二）全面开展贫困户建档立卡和评级授信工作

成立了由全区农村信用社系统 5000 多名工作人员组成的工作队，弘扬"背包银行"的传统，进村入户采集贫困户信息、收集资料，深入了解贫困户生产生活、金融服务需求、产业或项目发展意愿等，仅用两个月时间就完成了自治区党委、政府要求的除低保户外的 103 万户贫困户建立信用档案和评级授信工作"两个全覆盖"的工作目标，截至 2018 年 6 月末，已评级授信贫困户105.73 万户，授信金额为 448.71 亿元，户均授信金额达 4.24 万元。

（三）持续开展扶贫小额信贷精准投放，不断提高扶贫小额信贷覆盖率

按照"贷款跟着穷人走、穷人跟着能人走、能人跟着产业走、产业跟着市场走"的"四跟四走"工作思路，紧紧依托地方资源优势发展特色产业，加大林业、种植业、畜牧业、水产养殖业、水果蔬菜、光伏、旅游等产业扶持力度，结合实际推出"银行＋企业＋贫困户""银行＋土地流转＋旅游开发＋贫困户""公司＋基地＋合作社＋贫困户"等金融精准扶贫模式，不断提高扶贫小额信贷资金使用成效，全力满足贫困户发展生产和脱贫增收的资金需求。

（四）加大对农业特色产业的支持，积极发挥产业化带动作用

充分发挥金融的导向作用，结合广西现代特色农业产业提升行动、现代农业示范区建设，重点支持广西蔗糖、林业、酒精、淀粉、桑蚕以及"一村一品""一镇一业"特色农产品的种植、深加工，不断延长农业产业链，提升农业产业效益和规模化，通过扶持农业龙头企业，带动更多农户开展特色种养、订单农业，促进农业产业结构调整，依赖龙头企业的发展降低单个农户经营风险，稳步提高贫困户收入。

（五）创新金融扶贫产品和服务，引导信贷资金向贫困地区投入

出台了一系列信贷优惠政策，让利于农，让利于企，使贫困地区、贫困户真正得实惠。对到 54 个贫困县开办企业的扶贫龙头企业给予"贷款期限优惠、贷款利率优惠、抵押担保优惠、贷款准入条件优惠"4 项优惠条件，引导龙头企业到贫困地区投资办企业，带动贫困地区发展。简化评级指标，把更多贫困户纳入授信范围和获得更高的贷款额度。创新推出"致富贷""安居贷"等金融产品，对贫困户购建房贷款，给予降低自有资金比例、提高贷款额度及抵押率、延长贷款期限、利率优惠及还款宽限期 5 项优惠政策，减轻贫困户还款压力。

（六）强化社会责任意识，助推普惠金融发展

以消除农村金融服务"空白点"为目标，以营业网点为中心，以自助设备、手机银行、网上银行、电话银行、微信银行、桂盛通为辅助，实现24小时全天候服务。着力解决农村地区支付结算渠道"窄"的问题，在农村地区（县乡镇村）布设营业网点2041个，在全区布设金融便民点13625个；在农村地区布设营业网点2041个，累计布放自动取款机、存取款一体机、自助服务终端等各类自助设备3621台。着力解决普惠金融"贵"的问题，主动减费让利，下调农户贷款利率，每年为农户减少利息支出10多亿元。

（七）强化扶贫信贷风险管理，筑牢风险防火墙

一是严格贷款准入。指导贫困户因地制宜选择发展项目，降低经营风险。合理授信，因需放贷。二是严格"三查"制度。加强资金使用审核和贷后检查，确保扶贫信贷"放得出、管得好、收得回、有效益"。三是加强日常监测。对扶贫信贷、闲置资金、错评户、死亡户、外嫁户以及委托经营主体分红、担保、风险情况实行按月、按季度监测，及时掌握扶贫信贷开展情况和风险状况。四是深入开展扶贫领域作风问题整治工作。从"四个意识"不够强、责任落实不到位、工作不够务实、措施不够扎实、管理不够规范、考核不够严格六个方面开展金融扶贫领域作风整治。

二、存在的主要问题及原因分析

（一）贫困户内生需求不足

由于地理、气候、交通条件及整体文化素质等多方面原因，贫困地区产业基础薄弱，贫困户产业发展选择较难，增收渠道单一。相当部分贫困户自身勤劳致富的意愿不强，仍然抱着依赖政府"输血"式救济的老观念不放；有些贫困户甚至认为"扶贫小额贷款是国家无偿的救济资金，可以不用偿还"，也存在政府要我脱贫，而不是我要脱贫的思想，"等、靠、要"思想较严重，主动脱贫意识不强。

（二）未及时收回超范围发放的扶贫小额信贷资金

截至2018年6月末，错评户贷款4181户，金额1.86亿元。未及时收回超范围发放的扶贫小额信贷资金的主要原因：一是各县重视程度不够。部分县由政府部门牵头对错评户贷款进行清收，取得了一定效果。但大部分县都将错评户贷款的清收工作交由信用社负责，由于错评户对政策不理解，不配合工作，清收工作不理想。个别县甚至要求信用社收回已贴的利息以及要求信用社把错评户贷款从扶贫小额信贷清单中剔除，政府不再承担清收和风险补偿责任。二

是贷款已经使用或贫困户外出务工。由于大部分错评户获得贷款后已使用出去，投入生产经营，无法抽出资金归还贷款；有的长年在外地打工未归，联系不上或无法回来办理相关手续，导致清收工作难度较大。

（三）"户贷企用"问题较突出

截至 2018 年 6 月末，扶贫小额信贷委托经营主体 1236 个，带动贫困户23.4 万户，贷款金额为 113.34 亿元，金额占比为 55%。户贷企用占比较大的原因主要是：由于农业产业化发展比较落后，大部分贫困户短期内没能找到适合自主经营的项目和产业，政府在考核压力以及为快速实现贫困户增收和完成脱贫任务的情况下，动员一部分有劳动能力但无发展条件、项目的贫困户自愿通过委托经营的方式将资金委托给经营主体经营并获得收益。

（四）部分委托经营主体风险已暴露

目前，67 家企业存在生产经营不正常、资金周转困难等状况，其中未按合同约定时间分红或延期分红的企业有 46 家，15 家企业停产、半停产，涉及贫困户 2845 户，金额 1.35 亿元。出现风险的主要原因：一是委托经营金额超过经营主体流动资金需求。部分信用社未按经营主体实际资金需求量进行认真审核，也未按照集团客户或关联客户核定授信总额度，存在有对存量客户过度授信的情况。二是未能进行有效的贷后检查。由于信贷人员少、管理半径大、投放集中等方面的因素，部分信用社未能对合作或委托经营主体按时进行检查，对经营主体生产经营情况、财务状况等情况了解滞后。

（五）部分委托经营主体未提供有效抵押或承接贷款额度超出其偿还能力

部分县由于脱贫攻坚压力大，同时也急于出成效，未严格按要求合理确定使用额度，承接使用资金超出了委托经营主体的偿还能力，目前，仅有 304 家主体落实抵押，932 家未落实有效抵押。另外，部分企业使用扶贫小额信贷的时间与贷款发放时间不一致，企业对分红和贷款期限提出质疑。由于扶贫小额信贷是向贫困户个人发放的，先发放了贷款再去找委托使用主体，而不是直接向企业发放的，因此，贷款发放时间和企业实际使用资金的时间大多不一致，存在时间差，个别县要求企业按贷款发放时间而不是企业获得贷款的时间分红，企业意见较大。

（六）金融精准扶贫成本较高

贫困地区由于地理位置、环境、发展水平等因素的制约，农村信用社开展扶贫工作困难很大，付出的成本较高。表现在：一方面，农村信用社全面开展贫困户建档立卡、评级授信、贷款发放等工作都要投入大量人力物力，加大了成本开支；另一方面，由于部分贫困地区的社会信用意识淡薄，往往将农村信用社贷款误以为是直接的财政补贴，认为不用归还，贷款出现较大的风险，从而加大了农村信用社隐性成本。

三、农村信用社金融精准扶贫工作的对策建议

（一）进一步提高对金融精准扶贫工作的认识

金融扶贫既是一项十分重要的政治任务、社会责任，又是农村信用社促进自身业务发展的一次良好机遇。各级农村信用社要切实增强政治敏锐性，全面提高对金融扶贫工作重要性、紧迫性、艰巨性的认识，抓住机遇，把金融扶贫工作作为当前工作中的头等大事抓好抓实，领导干部要深入扶贫一线，真抓实干，通过金融服务扶贫脱贫工作实现政治效益、经济效益及社会效益多赢，为全面建成小康社会贡献最大的力量。各县级农村信用社要持续建立健全以理（董）事长为组长的金融精准扶贫领导小组工作机制，切实加强对辖区扶贫信贷工作的组织领导和管理，明确责任分工，认真履行职责。要认真研究制定辖区农村信用社扶贫信贷风险防控措施和处置预案，确保工作措施落实到位。要加强扶贫信贷检查考核力度，将考核结果作为年终绩效考评的重要依据。

（二）继续做好扶贫信贷精准投放

对符合条件建档立卡贫困户贷款需求"能贷尽贷"的工作要求，继续认真做好精准投放，加大对信用良好、有贷款意愿、有就业创业潜质、技能素质和一定还款能力的建档立卡贫困户支持力度，坚持扶贫与扶智、扶志以及金融扶贫的"造血"功能定位，坚决把好准入关，加强产业带动扶贫，提高农业生产效益，降低贫困户生产经营风险，支持贫困户发展生产、就业和增收脱贫。进一步完善尽职免责制度，有效调动基层信贷员开展扶贫小额信贷的积极性和主动性。

（三）切实加强扶贫信贷管理

一是加强自主经营贷款管理和指导。对贫困户自主经营贷款，管户信贷员每半年至少要开展一次到户检查，深入了解贫困户的家庭情况、生产经营情况、收入情况、还款能力等，做好贷后管理、产业指导和必要的支持，在确保贷款按期收回的前提下，帮助贫困户掌握一项产业技能，提升其可持续发展能力，实现永久脱贫。二是强化委托主体贷后管理工作。对承接使用扶贫小额信贷的委托经营主体，要按照自营贷款要求，按季度到企业实地了解企业生产经营情况、用电用水用工情况、对外负债、抵押担保及法定代表人、主要股东情况，加强企业账户监管，确保货款回笼，有效防范贷款风险。三是多方配合化解风

险。以信用社为主，联合当地党委政府、扶贫部门、帮扶干部、村两委，逐村逐户逐企开展风险排查工作，切实掌握贫困户生产经营具体情况和风险情况，及时发现风险隐患。对已经出现风险或有风险隐患的企业，实行"一户一策""一企一策"，有针对性地制订风险防范和处置预案。

（四）规范完善扶贫信贷档案

扶贫信贷档案不仅是农村信用社重要的债权凭证，也是金融精准扶贫工作成效的主要体现，将来也会接受政府有关部门的检查和审计。扶贫信贷档案是否完整，还将直接影响对债权的保障程度。各县级农村信用社要高度重视扶贫小额信贷档案的管理工作，要落实专人负责，制定扶贫信贷档案管理办法，实行专人专档专柜管理，确保扶贫信贷档案保存完整、合法合规、资料真实有效。

（五）加大政策再宣传再培训力度

各县级信用社要认真组织学习近年来扶贫信贷的相关文件、制度、领导讲话、会议纪要等，切实提高对扶贫信贷相关政策的理解把握能力，规范扶贫信贷管理工作。要深入开展扶贫信贷的再宣传工作，切实做实这项工作，再进村进户向每一户贫困群众面对面宣传政策、解读政策，让扶贫政策深入人心。要在各乡镇、村屯路口、便民服务点、营业网点等位置通过张贴海报横幅、LED宣传、手机短信等方式进行广泛宣传，在宣传过程中发现问题及时进行解决，争取让贫困群众清楚每一项政策，明白每一个知识点，懂得每一个问题，要让精准脱贫政策人人知晓。

（六）加强扶贫相关部门的沟通协调

要加强政府、金融监管部门、农村信用社、企业、贫困户之间的对接工作，各相关部门应建立和完善金融精准扶贫工作联动机制，加强政策互动、工作联动和信息共享。积极引导通过政府风险补偿金、财政贴息等方面支持农村信用社金融精准扶贫工作。政府要督促相关部门对错评户贷款以强制手段开展清收处置，确保取得成效。同时，将确实无法收回以及到期无法收回的错评户贷款纳入扶贫信贷风险补偿范围。金融监管部门要及时出台扶持金融精准扶贫信贷的考核评价政策。

乡村振兴战略下商业银行服务
"三农"发展的路径研究

李瞻东　丁　坚　董永正　于　回①

实施乡村振兴战略，是党的十九大作出的重大决策部署，是决胜全面建成小康社会的重大历史任务。众所周知，商业银行作为我国金融业重要支柱之一，乡村振兴离不开商业银行一流的金融服务，离不开商业银行不断的创新服务。为此，商业银行必须提高政治站位，坚决贯彻党中央、国务院的决策部署，扎实做好服务"三农"工作，以实际行动把发展振兴乡村战略真正落到实处，切实提升商业银行服务乡村振兴能力和水平，进一步扩大农村金融服务规模和覆盖面，建立多层次、广覆盖、可持续、竞争适度、风险可控的乡村振兴金融服务体系，使越来越多的农户在商业银行优质服务的滋润下走上增收致富之路。

商业银行服务"三农"发展中存在的主要问题

随着乡村振兴战略的深入推进，商业银行服务"三农"发展步伐不断加快；发展的功能日益彰显；商业银行服务"三农"发展的规范化建设要求明显上升。但是，商业银行服务"三农"启动缓、发展慢，导致商业银行服务"三农"发展过程中存在以下几个问题。

（一）商业银行服务"三农"发展的风险分散机制不健全

由于商业银行服务"三农"风险的客观性、多重性、政策性的存在，加上这种风险补偿机制的不完备，最终造成商业银行服务"三农"的信贷资金风险进一步加大，进而影响商业银行开展金融服务"三农"的积极性。一是商业银行服务"三农"的保险发展滞后。目前国家对"三农"的各政策性保险业务尚处于起步和探索阶段，受自然条件、市场环境和政策因素影响，加上我国农业生产集约化程度低、经营分散，单位投入成本偏高，收益水平总体较低，而且金融业对"三农"发展现状的监管手段等还不够成熟，导致"三农"保险产品的市场价格明显高于农民的承受能力。同时，由于农村抵押与担保资源匮乏，

---

① 作者单位为上海浦东发展银行萧山支行。

受限于现有的农村产权制度，农村企业、自然人一直缺乏有效的担保抵押资产。二是商业银行服务"三农"客户分散化、零碎化增加了金融服务成本；客观上由于利率倒挂和利差补贴不到位，商业银行服务"三农"的利率市场化水平相对较低，一些商业银行收益难以覆盖全部成本。在利率浮动范围有限的情况下，商业银行服务"三农"缺乏足够的成本补偿机制。特别是商业银行服务"三农"的财政贴息和税收优惠政策力度普遍不够以及信贷政策少而分散，导致商业银行服务"三农"的信贷风险无法分散，尚未形成支持和鼓励商业银行服务"三农"的合力。三是随着商业银行对"三农"贷款业务的不断推出，"三农"的多元化金融需求提升了商业银行金融服务的复杂性，增加了难度。特别是商业银行服务"三农"信息不充分，进一步加大了商业银行服务"三农"的金融风险；又由于商业银行对"三农"信贷资金运用风险机制处置的经验不足，容易引起商业银行服务"三农"信贷资金的违约风险，使商业银行"三农"金融服务供给的难度加大。

（二）商业银行服务"三农"发展的金融服务相对单一，创新机制不够

一是由于商业银行总体上业务拓展空间有限、业务发展速度慢，可以说，现今商业银行服务"三农"的范围比较窄，由于金融服务动能不足，商业银行服务"三农"的信贷规模和数量也十分有限，普遍存在贷款资金规模小，同质化金融服务现象严重的现状，客观上导致了商业银行服务"三农"的合力作用不能得到全面有效的发挥，一定程度影响了商业银行服务"三农"的快速发展。二是从近年来多数商业银行对"三农"的金融产品创新情况看，由于创新机制不够，商业银行服务"三农"的权利、能力和水平十分有限，加上商业银行对"三农"金融服务仍处于市场化的初级阶段，用于"三农"的信贷资源相对较少，普遍存在农村地区的信贷投入不足现象，使得本就匮乏的"三农"资金不但得不到补充，反而继续回流城市。使资金长期处于相对垄断地位的商业银行对"三农"强烈的资金需求反应较为迟钝。三是商业银行提供"三农"差别化金融产品的积极性不高，导致现有的商业银行服务"三农"金融创新产品缺少系统性、针对性和高附加值，原创、具有商业银行服务"三农"的原始性创新产品尚未出现。

（三）商业银行服务"三农"发展的金融人才缺失，创新潜能不够

目前，商业银行的人才储备现状不尽如人意，商业银行服务"三农"的员工素质普遍偏低，没有形成一套完整的服务"三农"人才引进和培训机制，商业银行服务"三农"的经营管理和业务创新缺乏人才政策法规和技术支撑。特别是为"三农"服务专业素质要求较高的创新类人才匮乏。究其原因，由于商

业银行服务"三农"的员工绝大部分未经过正规的金融、经济或会计等高等专业教育，缺乏前瞻性服务"三农"的金融专业知识和技能，应对"三农"市场变化的能力较差，致使商业银行服务"三农"的现代金融产品领域创新研发明显滞后于城市，服务"三农"经营网点基础条件的欠缺也使得一些新型"三农"金融服务方式难以推广，直接导致商业银行服务"三农"金融产品创新仍处于较低层次，使商业银行服务"三农"的潜能未能得到有效激发。

（四）商业银行服务"三农"发展的金融服务基础设施建设不完善

由于商业银行服务"三农"的金融体系尚未完全建立，在目前金融供给"过度"与"不足"共存的大背景下，商业银行出于逐利和避险的考虑，普遍将中高端"三农"客户作为自己的服务对象，而对于缺乏抵押担保的农户尤其是小规模农户，以及普惠性的存取、汇兑、支付结算等基础金融服务缺乏积极性，对农村金融市场各类主体的资源配置不够均衡。突出表现在：一是"三农"征信体系建设滞后。目前，"三农"征信体系建设刚刚起步，受信用数据采集困难等因素制约，农村经济组织、自然人与金融机构之间存在信息不对称、不透明问题，商业银行服务"三农"获取相关信息的成本较高。二是商业银行服务"三农"相关政策法规缺失。在现有的农村产权制度下，农村耕地使用权、农村住房、宅基地抵押、流转存在较大的法律障碍，导致商业银行服务"三农"的金融创新缺乏必要的政策依据，缺少相应的保护措施。三是商业银行服务"三农"相关政策法规需要进一步加强。总体来看，由于商业银行服务"三农"发展受金融服务成本高、风险大等因素制约，在推动商业银行服务"三农"过程中政策缺失，导致服务"三农"金融供给受阻，无法满足"三农"发展所需的多层次、多元化金融需求。

商业银行服务"三农"发展的对策

商业银行如何服务"三农"，才能更好助力乡村振兴战略？从现实情况看，可从以下几个方面着手。

（一）商业银行服务"三农"发展，必须不断创新"三农"服务水平

首先是创新商业银行服务"三农"金融产品，丰富担保手段。探索低成本、可复制、易推广、"量体裁衣"式的农村金融产品和服务方式，打造精细化的服务"三农"金融产品，进一步细分"三农"客户，开发新型服务"三农"金融产品，降低金融服务"三农"的交易成本，延伸服务半径，拓展商业银行服务"三农"的广度和深度。加快建立健全符合"三农"需求特点的金融产品体系。探索开展农村承包土地经营权抵押贷款、农民住房财产权抵押贷款、大型农机具融资租赁试点，积极发展农村土地承包权抵押贷款，打造差异化金

融产品体系，建立客户分层体系，提高风险定价水平，实施精细化、差异化定价，合理确定利率水平，针对农业生产季节性特征，提供满足不同需求的"三农"金融服务，切实解决"三农"融资难题，支持新型经营主体的壮大。其次是持续加大商业银行对"三农"的信贷投放。从有效解决农业生产环节、流通环节、加工及销售环节融资入手，构建商业银行服务"三农"融资责任制，从商业银行服务"三农"的实际出发，从最紧迫、最需要、最薄弱的地方入手，选准信贷投放工作着力点，找准推进突破口，把商业银行"三农"政策抓紧落实到位，进一步疏通"三农"资金的传导机制，确保商业银行信贷资金精准投放到"三农"最薄弱领域。同时，基层商业银行的上级银行给予必要的"三农"再贷款支持，进一步设定支持商业银行服务"三农"的条件，加快商业银行对"三农"贷款审批和放款速度，增强商业银行服务"三农"的功能，为乡村振兴战略的实施创造适宜的信贷环境，并提供强有力的金融支撑。最后是加强商业银行服务"三农"规范管理。在经济去杠杆大环境下，为了防止商业银行服务"三农"的金融风险，对"三农"信贷要坚持个案分析，有效甄别"三农"申贷主体。加强对"三农"贷款的使用管理，严格按照商业银行信贷资金管理规定使用"三农"信贷资金，加快建立推进商业银行服务"三农"发展监测评估体系，实施动态监测与跟踪分析，注重"三农"金融风险的监测与评估，及时发现问题并提出改进措施。针对"三农"融资"痛点"，监管部门、地方政府和银行应多管齐下，多层面、多维度破解"三农"资金短缺难题。着力推动解决商业银行服务"三农"发展过程中出现的一系列矛盾和问题，切实解决商业银行服务"三农"发展中的盲点和瓶颈问题。

（二）商业银行服务"三农"发展，必须扩大农村金融服务规模和覆盖面

首先，制定商业银行服务"三农"金融业务发展规划，加强财税、金融、投资政策的协调配合，建立健全以激励为导向的商业银行服务"三农"金融政策体系，引导商业银行探索金融服务"三农"的模式，加快建立多层次、广覆盖、可持续、竞争适度、风险可控的商业银行服务"三农"金融体系。进一步加大对商业银行服务"三农"以及支持乡村振兴的认识、宣传，不断优化营商环境，努力打造商业银行服务"三农"良好的金融生态，为乡村振兴提供支持。其次，建立和完善"三农"贷款担保公司。毋庸置疑，"三农"信贷担保体系的建立，对商业银行开展"三农"的金融服务有了支持，有了风险分担的渠道，对扩大商业银行服务"三农"贷款的覆盖面是一种积极的鼓励，让更多的涉农经营户获得金融机构更多的"三农"金融服务。建立完善的农业保险体系，加大农业、养殖业保险力度。加大"三农"保险覆盖范围，提高保额标准和赔偿水平。进一步建立和完善以国家财政作为保障的"三农"保险体系，实

现"三农"金融服务的保险范围全覆盖，提高保额标准和赔偿水平，保障农民再生产能力。重点应加大对"三农"的直接保费补贴和对保险公司的政策性优惠补贴，真正为"三农"的全面发展提供多点位的金融保险服务。最后，提升商业银行助力"三农"金融服务能力，切实下沉服务重心，聚焦"三农"薄弱群体，创新金融产品和服务体系，改造对"三农"的信贷流程和信贷评价模型，切实扩大对"三农"的信贷投放和覆盖面。引导信贷资源向"三农"延伸。深化商业银行服务"三农"的金融服务，既要完善商业银行对"三农"的信贷政策，增加对"三农"企业的投入，也要强化多层次商业银行服务"三农"金融支持，有序拓宽融资渠道，构建商业银行覆盖"三农"企业全生命周期的融资服务体系。

（三）商业银行服务"三农"发展，必须重点推进金融服务"三农"的征信体系平台建设

首先，打破商业银行和农村集体组织之间的信息闭塞，不断加强双方的互动合作。一方面，通过多渠道的资源整合数据信息，构建农村大数据分析平台，与第三方专业数据公司合作，运用大数据进行客户需求与风险识别，降低运营成本，缓解信息不对称。另一方面，通过加快构建完善的农村信用体系，建立涵盖农户、农村经济组织的农村信用信息基础数据库；建立跨机构、跨地区、跨行业、跨部门的信息共享、交换和交易机制，破解农村金融信息不对称难题。与此同时，要丰富商业银行服务"三农"业务主体信息的来源、维度和频率，组建专业团队、投入专项资金，进行征信数据采集试点，推动商业银行服务"三农"的征信数据库建设，重点做好农业加工企业、小微企业等的基础信息收集、加工和评价工作，奠定农村普惠金融服务基础。其次，发挥政策合力，细化政策操作，切实把货币政策、差异化监管、财政税收、营商环境等政策措施落到实处，取得实效。金融监管部门应考虑商业银行对"三农"贷款的风险情况，给予差别化监管，针对商业银行服务"三农"业务介入领域，有针对性地制定监管制度，明确监管部门的职责，制定相应的监管细则，力争多方合力助推"三农"健康发展，确保商业银行服务"三农"业务真实性和在"三农"领域发挥应有的效用。最后，完善新型农业经营主体的信用信息评价指标。建立信用评价体系，将农户和新型农业经营主体纳入征信系统，并建立信用评级制度，特别要加强对农民合作社、家庭农场等新型农业经营主体的信息采集，结合其独特的组织形态，建立专门的信用信息指标，为担保机构和金融机构融资提供重要的参考服务。充分发挥政府、教育机构和各大金融机构诚信教育的主体作用，在农村地区对广大农民进行诚信宣传和诚信教育，为农村信用体系建设打下基础，商业银行工作人员在进行业务办理时也要积极向农民宣传诚信

和信用观念，鼓励他们诚实守信，向他们解释不诚信的后果。

（四）商业银行服务"三农"发展，必须建立完善"三农"的保险体系以及丰富"三农"信贷增信方式和手段

一是通过加大"两权"贷款发放、大型农机具、大宗农产品存、仓单质押等贷款试点，丰富"三农"信贷增信方式，帮助扩大"三农"经营规模，增加生产性收入。目前，新型"三农"经营主体，包括新型职业农民、专业大户、农业合作社、现代化家庭民宿等。这些新型"三农"经营主体是乡村振兴的主要力量，是增加农民收入的关键载体。更是乡村振兴的活力所在。为此，应探索"商业银行+担保公司+土地经营权抵押贷款"信贷模式，充分激活"沉睡"的资本——农民承包的土地经营权，拓宽有效担保物范围。尝试引入第三方征信平台担保并积极探索土地承包经营权反担保、"承包经营权+信托"等担保方式；依托现代农业产业链上的核心经营主体，建立健全银担合作支持"龙头企业+农户""合作社+农户""农业园区+种养大户"等链式融资模式；积极推广"信贷+保险""行业协会+中小企业"等担保贷款方式，满足商业银行服务"三农"金融服务多样化的融资需求。二是打造商业银行服务"三农"发展的差异化金融产品体系，重点围绕农村产业链加大支持力度，从有效解决农业生产环节、流通环节、加工及销售环节入手，打造商业银行服务"三农"发展的差异化金融产品体系，建立客户分层体系，提高风险定价水平，实施精细化、差异化定价，合理确定利率水平，针对农业生产季节性特征，提供满足不同需求的商业银行服务"三农"的金融服务。用专业的手段和创新的思维，进一步激发商业银行服务"三农"的金融创新，引导各商业银行参与"三农"金融服务。将金融科技与商业银行服务"三农"信贷业务进行深度融合，依托网上银行、手机银行等电子渠道实现"三农"贷款自助循环使用，有效满足"三农""短、小、频、急"的融资需求，以"数据化、智能化、网络化"的商业银行服务"三农"新模式，突破商业银行服务"三农"融资服务中的信息、信用"瓶颈"。三是加大农业保险覆盖范围，提高保额标准和赔偿水平。进一步建立和完善以国家财政作为保障的农业生产自然灾害保险体系，实现农业自然灾害保险范围全覆盖，提高保额标准和赔偿水平。同时，必须健全风险分担、补偿机制。建立风险共担及补偿机制，引入农户、经济组织、财政、担保机构等多方参与的联保模式，实施集中担保、分散使用、限额担保等灵活有效的担保模式，运用综合措施，化解金融支持乡村振兴的风险，进一步加强对农民"面对面"的金融服务，构建多层次的商业银行服务"三农"的支持体系。

昆山银行业普惠金融发展与精准扶贫研究

——基于昆山鹿城村镇银行的思考

杨懋劼[①]

一、研究背景

（一）普惠金融与精准扶贫的内涵

根据国务院印发的《推进普惠金融发展规划（2016—2020年)》相关内容，普惠金融是指立足机会平等要求和商业可持续发展原则，以可负担的成本为有金融服务需求的社会各阶层和群体提供适当、有效的金融服务。它包含以下三方面的含义：

1. 普惠金融是一种公平性的理念。其要求信贷和金融融资渠道对于穷富人群一视同仁，保证全社会所有人都有机会参与经济发展，为未来社会的共同富裕并肩作战。

2. 普惠金融是一种突破性的创新。创新在于想要让所有人都获得适合自己的金融服务，如果要做到惠及所有人，必须在金融体系中进行全面创新。

3. 普惠金融是一种沉甸甸的责任。为传统金融机构服务不到的低端客户，如中低收入者、贫困人口和小微企业提供金融服务，这种行为代表的是普惠金融所负担的责任。

精准扶贫指针对不同贫困区域环境、不同贫困农户状况，运用科学有效程序对扶贫对象实施精确识别、精确帮扶、精确管理的治贫方式。其核心要义就是扶持弱势群体的发展，做到精准识别、精准帮扶、精准管理。中国人民银行、国家发展改革委、财政部等七个部门联合印发了《关于金融助推脱贫攻坚的实施意见》，提出：要瞄准脱贫攻坚的重点人群和重点任务，精准对接金融需求、精准完善支持措施、精准强化工作质量和效率，以发展普惠金融为根基，全力推动贫困地区金融服务到村、到户、到人，努力让每一个符合条件的贫困人口都能按需求便捷获得贷款，让每一个需要金融服务的贫困人口都能便捷享受到

---

① 作者系昆山鹿城村镇银行董事长。

现代化金融服务。

从以上关于普惠金融与精准扶贫的内涵可以看出，普惠金融发展与精准扶贫存在天然的耦合性。首先，普惠金融的广覆盖性与精准扶贫的目标高度一致。贫困人口是普惠金融和精准扶贫的难点，它们都将贫困人口作为重点对象；其次，普惠金融的有偿性与精准扶贫的内生性要求一致。普惠金融立足于开发式扶贫，坚持可持续性原则，着力增强服务对象的自我发展能力，精准扶贫的内生性要求，将有限的扶贫资源发挥最大的扶贫效用，注重提升贫困群体的自主"造血"功能；最后，普惠金融的可持续性与巩固扶贫成果的初心一致，普惠金融立足于帮助贫困群体"造血、夯基"，这可以助推精准扶贫长效机制的形成、巩固扶贫成果。这种天然的联系，使得普惠金融发展与精准扶贫工作相辅相成、密不可分。大力发展普惠金融是推进供给侧结构性改革、打好精准脱贫攻坚战、实施乡村振兴战略的有效途径，也是银行业专注主业、回归本源的重要体现。

(二) 相关理论基础

发展普惠金融和精准扶贫的理论基础主要包括弱势群体理论、农业信贷补贴论和农村金融市场论等。弱势群体理论强调关注弱势群体，要把大部分弱势群体包括在正规金融服务体系内；农业信贷补贴论认为为了解决我国农村地区"农民贷款难""农民贷款贵"等问题，可以对村镇银行等新型农村金融机构进行农业贷款补贴；农村金融市场论则主张农村市场的特殊性使得金融机构很难控制农村系统风险，所以政府应适当介入以促进农村金融市场的构建。

相关研究文献主要源自对金融与经济发展关系以及普惠金融发展对贫困减缓作用的研究。一方面，一些理论研究认为金融发展会促进经济增长，经济增长会带动贫困减缓。Bruhn 和 Love（2014）发现，提高低收入群体的金融可得性有助于贫困减缓。另外，通过向企业或产业提供金融服务间接带动贫困人口脱贫的间接模式比直接向贫困人口提供金融服务的直接模式减贫效果更好；李涛、徐翔和孙硕（2016）认为普惠金融发展能够帮助低收入人群和小微企业更方便地获得信贷支持，降低其流动性约束，提高资源配置效率，从而拉动经济增长。另一方面，近年来随着精准扶贫上升为我国重大发展战略，普惠金融视角下的精准扶贫问题开始引起关注。李万峰（2016）认为普惠金融发展对精准扶贫有着正向的促进作用；洪晓成（2016）认为精准扶贫需要加强普惠金融业务创新，推进相关政策、工具和制度创新，为精准扶贫提供金融支撑；王茜（2016）认为新时期金融扶贫须以普惠性金融发展为指导，切实增强扶贫的精准性和实效性。周孟亮（2018）认为普惠金融与精准扶贫在思想理念上是一致的，要从微型金融、合作金融与其他金融扶贫模式的有效结合等四个结合角度实施二者协调的路径创新。朱一鸣、王伟（2017）强调贫困县和非贫困县在推进普惠金融发展时，应实施不同的瞄准机制，避免出现瞄准性偏误，以提高金融资源配置效率和扶贫的精准性。

由此可见，普惠金融发展不但决定精准扶贫工作的资金来源与供给问题，更是提升扶贫工作精准性与效率性的重要途径。深刻理解普惠金融与精准扶贫的要义，把握二者之间相辅相成的联系，对探索与创新适合地域特色的普惠金融与精准扶贫路径至关重要。而目前关于二者之间的研究大多集中于宏观层面和二者之间关系的分析，对于不同地域经济特点下普惠金融与精准扶贫发展的分析，尤其是关于二者实践主体的新型农村中小金融机构的研究较少。鉴于此，本文围绕昆山银行业普惠金融发展与精准扶贫的现状，分析目前尚存在的一些问题，并以新型农村中小金融机构代表——昆山鹿城村镇银行普惠金融与精准扶贫发展为案例，对下一步昆山县域普惠金融与精准扶贫发展提出针对性的建议。

（三）政策支持与发展环境

在普惠金融发展方面，自2013年"普惠金融"概念首次被提出以来，2015年国务院印发了《推进普惠金融发展计划（2016—2020年）》，普惠金融首次提升到国家战略层面；2017年习近平总书记在党的十九大报告和全国金融工作会议上强调要建设普惠金融体系，加强对小微企业、"三农"和偏远地区的金融服务；人民银行从2017年底，对500万元授信以下的小微企业贷款进行了定向降准，2018年初实施，调动了大约4000亿元资金为小微企业服务；银监会则鼓励大中型商业银行设立普惠金融事业部。此外，地方政府也配套出台了相应的政策文件，如江苏省政府出台了推进普惠金融发展的实施意见等，以上政策的支持对普惠金融发展与业务创新起到了积极的促进作用。

在精准扶贫方面，2014年国务院发布了《关于创新机制扎实推进农村扶贫开发工作的意见》和《建立精准扶贫工作机制实施方案》，要求建立精准扶贫工作机制；2015年中共中央、国务院发布《关于打赢脱贫攻坚战的决定》，明确提出到2020年要解决区域性整体贫困问题；党的十九大报告中明确提到，确保到2020年我国现行标准下农村贫困人口实现脱贫，贫困县全部摘帽，解决区域性整体贫困；2018年政府工作报告也指出，我国将加大精准扶贫力度，深入推进产业、教育、健康、生态扶贫，补齐基础设施和公共服务短板，激发脱贫内生动力，强化对深度贫困地区的支持。

在此背景下，研究普惠金融与精准扶贫，尤其是扶贫工作的深耕地——县域经济，对我国全面建成小康社会，改进普惠金融与精准扶贫的方法，具有积极的现实意义。

二、昆山银行业普惠金融与精准扶贫的发展现状

(一) 昆山经济金融概况

作为全国百强县之首的昆山，经济发达、银行业金融机构众多。相比其他地区，昆山经济发展呈现以下特征：

一是经济发达但结构不均衡，2017 年昆山地区生产总值超过 3520.35 亿元，但是农业占比不足 1%；二是农业现代化、集约化程度较高，2017 年昆山农业综合机械化水平约为 91%，大多数农户已发展为具有一定经营规模的种养殖户，加入了社区股份专业合作社、富民专业合作社等新型农村经济组织；三是个体工商户、种养殖户等小微民营企业众多，小微企业创业创新活跃，统计数据显示，2018 年 1~4 月，昆山市新登记市场主体为 18873 户，其中新增个体工商户 12203 户，平均每天新增 100 户左右；四是昆山地区居民可支配收入较高，绝对贫困人口相对较少。2017 年昆山城镇居民人均可支配收入达 59190 元，农村居民可支配收入为 30489 元，高于全国其他同等县域水平，满足城市最低生活保障标准的仅有 1028 人，满足农村最低生活保障标准的仅有 1192 人，全市达到五保标准的仅有 283 户。

同时，昆山市金融机构尤其是银行业金融机构数量众多、竞争激烈。截至 2017 年末，昆山市共有银行业金融机构 40 家，形成了包括国有银行、股份制商业银行、外资银行、农村商业银行、村镇银行等功能完备的银行业体系。

(二) 昆山银行业普惠金融与精准扶贫发展现状

从普惠金融与精准扶贫的内涵上看，普惠金融强调服务对象的广泛性与惠及性、金融产品和服务的多样性以及公平性和商业可持续性的运作机制。随着近几年国家及监管机构对普惠金融业务的重视，国有银行及股份制商业银行也在不断调整战略布局，将"三农"与小微企业等普惠金融业务看作业务发展的新蓝海。例如，很多国有银行设立了普惠金融事业部，部分股份制商业银行也成立了专营小额信贷业务的部门，另外，各家银行也不断创新普惠金融产品与服务方式，抢占优质小微零售业务市场，比如建设银行推出"税易贷"产品，通过与当地税务部门合作，对足额纳税的小微企业优惠放贷条件，又如昆山农商银行推出"农民创业小额贷款"产品，贷款申请经申请人所在行政村（街道、社区）审核并同意，并经所属镇（区）富民强村办复审通过后即可发放；再如泰隆银行为满足小微企业的偶发性、季节性需求，推出流动资金贷款业务，只要企业有一定的存款积数就可以申请。

而金融精准扶贫重在精准识别、精准帮扶、精准管理。昆山由于所处区域经济发达，农民人均可支配收入高，从统计口径上看，属于贫困范畴的人口极

少，同时，相对于昆山整体经济发展水平下的贫困户大多是因病、因残致贫，这类群体在重新走入社会后再就业再创业范围有限，能力较差，需要政府帮扶与社会关爱相结合、互济互助与扶智扶弱相结合。目前昆山贫困户的建档资料基本掌握在当地乡镇、社区、街道等政府部门手中。因此，提高精准扶贫工作的识别、帮扶与管理的精准度就与当地政府的有效合作密不可分。目前昆山银行业精准扶贫工作的大体模式是：通过政银合作模式，由政府对贫困人口进行精准识别，由银行筛选出合适的贫困户，提供相应额度的资金帮扶。2017 年昆山市共发放创业小额贷款 3.1 亿元，帮助 3426 名就业困难人员实现再就业。

从总体上看，昆山普惠金融与精准扶贫的发展能力与水平逐渐提升，也取得了一定的阶段性成果。但是，由于地域经济发展特点不同以及普惠金融与精准扶贫发展中面临的一些内源性制约因素，当前昆山银行业普惠金融与精准扶贫发展还存在一些现实问题。

1. 金融产品供给同质化现象严重

目前来看，各家银行供给的普惠金融产品在精细化、特色化、差异化上还不是特别明显，例如仅是针对中小企业、为期 12 个月、授信 500 万元之内的金融产品，宁波银行有信保贷，建设银行有快贷和评分贷，工商银行有信保贷和税务贷，邮储银行有信保贷和税贷通，浦发银行有和利贷等，这些产品在借款条件、融资期限、授信额度上没有本质区别，相似度极高，很难适应细分度不同的普惠金融群体融资需求。

2. 很难满足农业生产、小微企业作业周期性需求

农业生产具有天然的周期性，例如巴城的大闸蟹养殖，蟹农一般在 2 月需要购买蟹苗、饲料，这时信贷资金需求比较旺盛，而到了秋季大闸蟹上市，资金开始慢慢回笼，部分贷款逐渐归还，大闸蟹生产显著的周期性导致其融资需求也具有一定的季节性，一般贷款周期也就 10 个月左右；而羊绒小微企业则在夏季因为原材料的采购投产而资金需求比较迫切，到了秋冬季销售资金回收后可以提前归还银行贷款，整个信贷的周期性也较为明显。而从目前昆山金融市场信贷资金供给来看，各中大商业银行提供的金融产品很少有根据农业生产的季节性、小微企业作业的周期性来安排贷款供给，分行业、分类别的贷款产品很少，一年的授信周期无形中增加了小微客户群体的融资成本，难以满足农业生产、小微企业作业周期性的需求。

3. 普惠金融的覆盖面与公平性还不够深入

首先，各家银行出于市场定位与风险偏好的不同，对小微客户设置一定的准入门槛，一些缺少抵押物、经营年限较短、贷款额度较小的底层小微客户还是享受不到普惠金融服务，例如，一些外来创业人员由于没有房产抵押，30 万元以下的小额经营性贷款融资依然很困难；其次，大多数银行的户均贷款额度

仍然较高，即使以服务"三农"和中小微企业为市场定位的农商银行，户均贷款也保持在 300 万元以上的水平，目前昆山市场户均贷款余额在 100 万元以下的也就泰隆银行和村镇银行等少有的几家金融机构，而且缺少有效抵押物的小微企业获得信用贷款的利率普遍较高，平均利率都要在 10% 以上；最后，小微业务由于缺少有效抵押物，其经营发展受经济环境与上下产业链影响较大，对小微企业的贷款面临很大的信用风险，根据相关统计数据，我国中小企业的平均寿命仅为 3 年左右，因此，缺乏相关小微业务信贷经验的商业银行一般对 100 万元以下的信贷谨慎涉入，创业型的小微客户首次获得信贷额度的难度进一步加大。

4. 普惠金融业务的可持续性与社会责任之间有效平衡的难题

一般而言，国有银行或股份制商业银行除了存贷款利差收益外，还可以获得零售、理财、服务收费、投资等一揽子综合收益，而对于专注于普惠金融业务发展的银行业金融机构如村镇银行来说，传统存贷款利差是其主要盈利来源。小微业务由于单笔授信额度较低，风险较大，同样资产规模的信贷业务需要投入更高的人力及资源成本，出于支农惠农社会责任理念的考虑，普惠金融业务发展又要解决小微企业融资难融资贵问题，不断降低小微金融群体的融资成本，虽然政府、监管机构也出台了一定的支持普惠金融业务发展的优惠政策，但是，一些专营普惠金融业务的商业银行依然面临很大的经营压力，普惠金融业务的可持续性与社会责任之间的有效平衡依然是普惠金融业务发展的一个难题。

5. 精准扶贫还停滞于"输血"层面，"造血"功能较弱

目前，精准扶贫还停滞在简单的资金供应的"输血"层面，对贫困人口的自我发展能力关注较少，尤其像昆山地区的贫困人口，很多是因病、因伤致残导致贫困，即使在政府与银行业金融机构的扶持下获得创业发展资金，由于适合自身情况的就业面较窄，有的因为身体缺陷只能重新选择新的就业岗位，如果相应的工作技能与能力提升跟不上，贫困处境很难从根本上改善，势必也会加大银行信贷资金的风险。从精准扶贫实际情况看，一些成功案例都是在精准扶贫"输血"的基础上，更注重"造血"功能的培养，以兴业银行为例，近年来兴业银行在为贫困户提供创业、慰问等扶持资金的同时，还根据每户的实际情况制定扶贫措施，为困难人群提供就业培训平台，帮助贫困人员脱贫致富出谋划策，激发出困难群众自身的"造血"功能，从而实现了精准扶贫与精准脱贫的有效融合。

（三）昆山鹿城村镇银行普惠金融与精准扶贫的具体实践

作为新型农村中小金融机构的村镇银行，是普惠金融发展的前沿阵地，在发展普惠金融与精准扶贫上具有天然的优势。在市场定位上，根据《中国银监

会关于印发村镇银行监管指引的通知》对村镇银行市场定位的相关规定，村镇银行应"立足县域、立足支农支小、立足基础金融服务、立足普惠金融"，这决定了村镇银行一定要专注于普惠金融发展；在监管规定上，监管机构对村镇银行也制定了一系列特殊性的监管指标，如要求村镇银行的户均贷款余额要控制在100万元（含）以下，单户500万元（含）以下贷款余额占比不低于70%，农户和小微企业贷款余额合计占比不低于70%等，村镇银行要满足监管相关要求势必要坚持普惠金融发展的战略导向；从实践发展来看，根据相关统计数据，截至2017年末，全国1601家村镇银行农户和小微企业贷款合计占比92.3%，户均贷款余额仅37万元，单户500万元以下贷款余额占比81.8%，村镇银行支农支小特征明显，亮点突出，已然成为国家普惠金融与精准扶贫的重要力量。

作为扎根昆山本土唯一一家村镇银行，昆山鹿城村镇银行牢固坚守支农支小的市场定位，积极探索、解决昆山县域"三农"与小微企业融资难题，支持最基层个体工商户、小作坊主、创业农业等民生群体融资需求，形成了富有村镇银行特色的普惠金融与精准扶贫发展模式。下面，以该行普惠金融与精准扶贫实践经验为例，做详细具体的阐述。

1. 补齐金融供给短板，扩大普惠金融服务覆盖面

该行不断下沉服务重心，在网点设立的规划上突出补给性与差异化，所设立网点基本都布局在金融服务相对空白的乡镇、拆迁小区、村落等民生群体聚集区，解决这些区域金融服务相对欠缺的现状，让普惠金融服务惠及最基层的老百姓。例如，该行南星渎支行设立在目前尚无银行入驻的城乡接合部，以便利周边农户及外来务工人员的金融服务需求，巴城支行则直接设立在社区居委会边上，为周边动迁小区居民带来了平等优质的金融服务。截至目前，该行已设立8家营业网点，未来还会进一步向金融相对空白的区域继续延伸，计划2至3年实现昆山3区、8镇网点全覆盖，通过网点的广度覆盖、深度挖掘打通普惠金融服务"最后一公里"。

2. 多角度开展产品创新，推动普惠金融多元化服务

为有效解决小微企业缺乏抵押物带来的融资难题，该行在前期调研基础上推出"农户亲情贷"产品，采用追加户籍内直系亲属不可撤销保证的担保方式，"一次授信，三年有效，随借随还，余额控制"，且利率相对优惠，使许多农户与小微企业主脱离了对房产、土地等抵押物的束缚，只要生产经营正常，信用良好，还款来源有保障，就可以提出贷款申请。截至目前，该行已累计向农户发放贷款42亿余元，户均贷款仅30万元左右。而针对大闸蟹蟹农因抵押物不足，经常面临融资困境的现状，该行以蟹户联保为主要担保方式，创新推出"蟹贷通"产品，重点扶持昆山特色产业——阳澄湖大闸蟹养殖经营及其与

之配套的餐饮、观光旅游、娱乐等相关产业的发展，同时，该行根据蟹户养殖和销售的季节性资金需求，对"蟹贷通"产品期限进行创新，并连续 6 年将"蟹贷通"经办点开到阳澄湖边上，指派专门的客户经理为蟹农提供一对一的现场服务，极大地提高了服务效率和客户满意度。业务开办以来，该行已向昆山地区的数百户蟹农提供了 3 亿余元的信贷资金支持，帮助蟹农走上了发展壮大之路。

该行还针对行业生产周期特点，细分行业类别，建立分行业、分类别的信贷产品，如针对羊绒企业、模具企业推出了相应的授信业务指引等，满足各个细分行业的信贷产品需求。

3. 政企联动，满足新时期普惠金融客户群体的需求

针对新时期昆山创业小微企业、农户的资金需求，该行与各个乡镇、村的富民办、农业发展公司等密切对接，与社区党支部结对共建，探索产业发展、精准扶贫项目合作新模式，2017 年积极响应昆山市《城乡居民创业小额贷款操作办法补充意见》政策精神，为增设的"过渡型"和"发展型"创业小额贷款类型量身定制了"鹿诚创业贷"产品，以基准利率 4.35% 为创业者提供资金支持，满足了城乡个体工商户、农户等小微群体的创业及生产经营需求，截至2017 年末，共计发放创业贷款 3278 万元、户数 111 户，户均贷款仅 30 万元左右，2018 年预计投放 8000 万元，惠及 200 余户。例如，配合昆山乡村振兴战略，开发了"鹿诚翻建贷"产品，采用保证担保的方式，解决了翻建家庭住房农民的资金需求。

4. 设立小微业务专营机构，构建普惠金融便利机制

该行不断优化组织架构，设立专营小微信贷业务的个人贷款中心、市场营销二部，其中个人贷款中心对小微业务实行专业事业部制管理，采用独立的业务流程、考核机制和审批流程，目前，该中心创新业务品种"鹿诚贷"已经实现全程电子化审批，只要手续齐全，当天便可放款，规模化、标准化的操作流程大大提高了普惠金融的服务效率与水平；同时，该行充分发挥村镇银行"小、快、灵"的比较优势，300 万元以下的贷款确保在一个工作日内审批完毕，大大节省了客户的等待时间，满足了小微资金需求"小、频、急"的特点；此外，该行还推出移动开户作业模式，深入农村、社区、企事业单位，现场为客户办理金融服务，将银行"移动柜台"切切实实搬到客户身边，最大化便利客户的金融服务需求。

三、相关的发展建议

（一）银行业自身

从金融服务机构自身来说，要积极探索解决"三农"与小微企业融资难的新途径，推出适应普惠金融客户群体生产周期、经营特点的信贷产品，针对小微企业抵押物不足的现状，创新信用、保证类的产品新模式；要充分利用数字金融、互联网金融在降低普惠金融服务成本、风险管控、平台搭建等方面的积极作用，例如，可以在社区网点配备更多的电子化设备，释放的网点柜员可以更有效地参与前段普惠金融服务工作，提高复合型客户服务能力；提高普惠金融标准化建设与批量化运作水平，借力网格化管理，精准营销，扩大普惠金融服务覆盖面，打造批发式授信和自助式办贷服务品牌，提升普惠服务效能；加强与乡镇、社区、街道等政府机构的合作，精准识贫，建立贫困户"一对一"扶持方案，带动贫困户脱贫致富，形成以"造血"为主、"输血"为辅的长效扶贫机制。

（二）监管机构

从金融监管机构来说，应积极探索普惠金融差异化的监管技术和制度，在金融机构准入条件、存款准备金率、再贷款利率、支农再贷款与再贴现额度、利率定价自主权、存款利率上浮比例上限、再贴现期限等方面，给予普惠金融服务机构尤其是专注于普惠金融服务的新型农村中小金融机构更多的政策性倾斜，同时，考虑到小微企业的风险，对小微企业监管要充分考虑小微企业的风险溢价。

（三）地方政府

从昆山市政府的角度来说，给予专注于普惠金融服务的地方性金融机构一定的政策性倾斜，促进普惠金融服务的商业可持续与社会绩效的有效兼顾，激励更多金融服务主体以更大的情怀与热情参与到国家普惠金融与精准扶贫战略中。一是适当给予该类金融机构在网点开立、引进普惠金融专业人才、高管税收等方面政策优惠与财政补贴，适当降低普惠金融发展中的运营成本与管理成本；二是考虑设立县域专项普惠金融发展资金，按照普惠金融的贡献比例反馈一定的奖金与风险补偿；三是可以考虑在低成本财政性存款、社保基金开户、事业单位员工工资代发、企事业单位开立结算账户等资源与渠道方面给予普惠金融服务贡献度较大的机构适当性的政策偏斜，进一步增强金融机构普惠金融服务的内在动力。

科技服务篇

商业银行智能化管理的关键问题

中科聚信首席专家　　刘志玲

目前，中国互联网用户已达 8 亿，线上贷款业务占比日益增大，大数据、人工智能、云计算等创新手段蓬勃发展，改变了年轻人的生活习惯，金融科技等创新技术大爆发，互联网金融公司抢占客户资源并设计新型产品，这种网络高度普及、技术快速发展、新型金融业态形成并抢占市场份额的态势，以及传统银行面临缺乏优质客户、不良率攀升、人工成本较高、效率低下的困境，助推了商业银行走智能化管理和运营之路。

商业银行在交易中，风险控制永远是第一位的，并贯穿交易的全过程。利润是风险控制的产品，而不是欲望的产品。因此，商业银行智能化管理需要具备三大要素：科学完备的数据支撑体系、智能模型及智能业务决策、可扩展的系统平台建设。

中国互联网普及率超过了美国，但在互联网发展迅猛的同时，也要对互联网生态下可能引发的新型金融信贷风险怀抱敬畏、谨慎之心。在智能化管理和运营过程中需把握四个关键问题：互联网渠道的发展与机遇、可落地的客户预筛选和客户价值挖掘、真正的全面风控、线上和线下的有效结合。

目前银行业务面临渠道多、集中性风险大的特点，特别是现金贷业务还存在客户群复杂、贷款用途不明确的风险特点，这就要求风控体系按照不同业务情况进行差异化的设计开发。在这方面，中科聚信能提供一站式智能化运营综合解决方案。

广西北部湾银行金融科技作用巨大

广西北部湾银行董事长　罗　军

在乡村振兴中，金融科技是手段，普惠金融是途径，而非常重要的是资金来源。

广西北部湾银行在广西法人金融机构中率先取得中国银行间市场非金融企业债务融资工具承销、私募基金管理人等资格，在全区率先设立并投放首只契约型城市发展基金（贵港）、首只县域产业发展基金（凭祥）、首只旅游发展基金（崇左），推出首个县域债权融资计划（横县），推出广西首张支持全国交通互联互通的"广西北部湾银行桂民卡"，投入县域基础设施、产业项目、棚户区改造、经济适用房、廉租房等公共基础设施建设，助推当地城镇化改造和田园城市建设，促进农民致富增收。

广西北部湾银行还加强与金融科技公司的合作，积极推进互联网线上金融业务及消费类金融业务，强化集中作业，减少单兵作战，逐步把零散的中小微企业贷款业务由线下转移到线上，推出全流程线上化"极速贷""金投普惠"等产品，有效提高微贷的获客率、审批率和通过率。我行加强与支付宝、微信、苏宁、京东金融等的合作，围绕客户的"医、食、住、行、游、娱、购、学、养、健"等场景，提升优化银医通、人脸识别、家服务、车服务、桂民卡、智能存款和滴滴贷、工资贷、公积金贷等产品，实现客户生活场景化和银行金融服务场景化的结合。极速贷是我行将线下贷款线上化的一个重要尝试，其利用大数据平台，可对申请人进行43项筛查，在材料完备的情况下，从客户经理上门调查到初审结束仅需30分钟，3个小时即可完成审批。截至2018年7月末，极速贷共发放436笔贷款、5038.7万元。

响水农商银行用金融科技提升服务

响水农商银行董事长　张维贤

金融科技与乡村振兴、服务"三农"紧密相连，并且紧密性越来越高。响水农商银行的一家支行在没有设立信贷流程时，信贷规模怎么也上不去，农户贷款难、银行难贷款现象很常见。最后，响水农商银行对各乡镇的产业进行梳理，将之分为七大板块，对每一个板块都设定一个标准的生态流程，然后与之匹配信贷流程，很快信贷业务规模就上去了。

金融科技应用之前一定要做细做实。响水农商银行2015—2016年将农村产业分为七大板块后，对其都如实记入档案，而且把每户的产业、每户的位置都在地图上标出来，第一家是谁，第二家是谁，经营什么产业，规模多大，全部形成档案。2016—2017年又把响水的农户档案建立起来。如今，目标客户、潜在客户一目了然。

响水农商银行注重以科技手段提升精准营销。响水农商银行借助科技研发上线了一个APP，把所有的农户建立档案，用数据做支撑。每个客户经理只要打开手机APP，他服务的范围是哪些行政村，这些行政村里有多少农户，目标是多少，潜在的目标是多少，分得清清楚楚，这样的营销就很精准。通过科技的支撑，提升了服务的精准性和效率性，也推动了响水农商银行的发展。

夯实基础工程　构建资金闭环
全力打造长期稳定的存款自动增长机制

颜景元①

　　长期以来，聊城农村商业银行股份有限公司（以下简称聊城农商银行）坚持"存款立行"不动摇，将资金组织作为一项基础核心工程来抓，以家庭银行为平台，以网格管理为保障，以科技系统为支撑，细化客户分层分类，优化考核激励机制，强化全员精准营销，全面提升资金组织效能。截至 2018 年 9 月末，各项存款达 269 亿元，较年初增加 24 亿元，其中，城区存款 111.86 亿元，较年初增加 8.89 亿元，增幅为 8.63%；农区存款 157.22 亿元，较年初增加 14.71 亿元，增幅为 10.32%；低成本存款（一年期以下及活期存款）余额为 144.14 亿元，占比 53.43%，较年初增长 3.79 亿元，增幅为 2.7%。

一、科学分类分层，打造"精准营销"基础工程

　　聊城农商银行位居聊城市城区，辖内农区、城区分布比较均衡。其中，农区有 66.7 万人、18 个乡镇、911 个村庄，以种养业、作坊加工为主；城区有 62 万人、263 个居民小区、10 个主要商圈、50 个（大小）市场、339 个主要街道、3.2 万个商户。根据客户分布，划分为农区、城区两大营销区域，坚持农区寸土不让、城区寸土不让；根据客户性质，将客户划分为机关单位、公司企业、个人零售三种基本类别，实行网格化管理，开展名单式营销；根据客户贡献度，划分为基础、高端、核心三个主要层次，依托家庭银行系统，开展精准营销。

　　（一）立足城乡深耕，巩固"市场基础"

　　紧盯新增市场占比，全面固守农区；对标城区平均增幅，全力拓展城区。注重存款增长点、增长结构分析，依托家庭银行建设，强化存款精准营销，切实提高市场份额。一是夯实基础营销。持续强化对"三农"、社区居民、沿街商户、专业市场和小微客户等基础客户的营销力度，落实网格管理，定期营销回访，密切关注客户资金动态，确保全流程跟踪、全方位覆盖。二是强化重点

---

① 作者系聊城农商银行党委书记、董事长。

营销。农区支行开展掐尖营销，持续强化镇政府驻地商户营销，重点关注方圆5公里村庄和金融覆盖面窄的行政村经营大户、致富带头人等高端客户，开展点对点营销，提高上门营销频次。城区支行强化对机关单位、财政账户、企业客户、拆迁征地户、重大建设项目的攻关，拉出清单、摸清门路、提前对接，做到底子清、情况明，全力提高主办率、中标率、归行率、留存率。目前，累计中标创业担保基金、社保卡开户、国库集中支付等财政账户22户，存款增长15亿元。三是紧盯节点营销。紧盯元旦、春节、中秋等传统节日，对务工返乡民工和商铺超市回笼资金，开展重点营销攻关，成功增长存款8亿元；紧盯季节性存款，针对种植大户、购销菜贩，提前制订营销方案，发动农金员、村两委，掌握信息、摸清底数、锁定目标，实现存款增长1.68亿元。四是实施策反营销。紧盯新增市场占比和平均增幅，重点分析对手资金来源，持续关注对手存款动态，深挖他行存量，实现客户"他行变我行"。2018年以来，农区累计策反营销他行客户2300户、7000万元，农区存量市场占有率达到了78.24%。五是发挥厅堂营销。重新定位厅堂功能，将网点厅堂作为维系客户、获取信息、提升体验、业务办结的平台，尤其是内勤柜员最直接了解客户的业务信息，营销具有明显的优势，将厅堂的角色从"业务办理"逐步向"产品推介、聚客获客"转变。通过开展"一句话营销"、存款有豪礼等活动，截至9月末，营业厅门市存款较年初增长2.48亿元。

（二）精准分类施策，夯实"客户基础"

为抢抓存款争取主动，针对不同类别、不同层次，制订不同的营销方案，着力提高"对公"和"低成本"占比。一是主攻机关事业单位。建立高层、团队、全员营销体系，对机关事业单位进行重点营销。高层主攻财政客户，为抢抓财政类客户，班子成员主动对接，加强与地方政府的沟通，积极协调市、区两级财政，争取多方支持。团队主抓高端客户，针对工商、两税、国土、医院等高端客户，组建涵盖班子成员、部室经理到支行行长、客户经理的营销团队，整合资源、锁定目标、集中攻关。例如，通过与区妇幼保健院进行战略合作，已开展代发工资、布设机具，代收水电、物业费、营业收入等捆绑业务，营销活期存款达4000多万元，并对部分他行账户进行了销户。借此模式，聊城市中医院、区社保局等一大批优质客户悉数归行。全员覆盖基础客户。对于基础客户，细分网格，实行名单式、认领营销，对认领攻关不到位的换人、换单位营销。截至9月末，全行新增开户1524户，带动存款增长4.6亿元。二是纵深营销公司企业。贯彻存贷款一体化营销理念，立足联动、链式、主办行营销模式，综合运用账户、产品、服务、费率优惠等方式，最大限度地实现资金归行。开展联动营销，将客户贷款利率与存款归行率有机联动，既增加了客户经理谈判的主动性，又提高了企业存款的积极性。推广链式营销，加强上下游客户拓展，对照客户资产负债表，逐一分析"应收账款""预付账款"等科目，挖掘客户重要合作伙伴和上下游客户，顺着客户资金链或经营链上溯或下追，实现"抓住一个点，带动一大片"，开展以户扩户，实现产业链资金在该行的"封闭运行"。深化主办营销，对辖区优质中小微企业客户，进行拉网式普查，制订专项营销方案，实现存贷款、支付结算、代收代付的主办。截至9月末，全行公司类存款较年初新增5.5亿元。三是全面营销个人客户。坚持抓大不放小，深度挖掘个人客户潜力，努力提高个人客户贡献度。关注生活热点，聚焦城乡居民吃、穿、住、用等生活刚需，持续关注餐饮、购物、购车、商场、娱乐、市民持卡消费、商户流动资金等热点，抓好有效客户拓展。捕捉关键信息，对农区务工人员返乡、个体工商户资金回笼、农副产品节前上市、年终土地分红等热点，全员行动，重点营销。深挖潜在客户，持续强化对聊城大学、聊城广播电视大学、技校、中小学、幼儿园等学校的营销覆盖，通过学校、学生切入学生家长群体。

二、密织渠道系统，打造"科技支撑"基础工程

持续完善资金组织的渠道体系、系统体系，优化金融服务水平，强化客户关系维护，增加存款自动增长占比，实现资金体内循环。

（一）聚焦生活刚需，完善"渠道基础"

加大资金组织渠道建设，聚焦收支两端，从资金源头和尽头密织渠道网络，让客户"不得不"与该行产生资金往来。一是围绕农民、社区居民、沿街商户、专业市场和小微业主等客群的吃穿住用行等基本需求，充分发挥渠道带动作用。二是通过代发工资、代收代付、补贴发放，增强上下游客户双向互动；通过消费场景，对接学校、医院、超市、餐饮、缴费等实现资金回笼；通过聚合支付，全面渗透小超市、社区医院、门诊等各类群体。三是先后推出"金融＋社区""金融＋园区""金融＋市场"等金融便利店模式；累计布设ATM、CRS机、POS机、农金通等机具设备1.1万台；网上银行、手机银行、网上支付等电子银行客户达到44.7万户，电子银行业务替代率达89%；形成了以物理网点为支撑、以自助网点和电子银行为补充的"圆锥式、多层次、全天候、无盲区"的新型服务渠道体系。目前，累计营销二维码、聚合支付客户2.85万户，银水通、银电通、银烟通等代收代付客户达到了7.1万户，实现存款增长1.1亿元。

（二）对接特殊需求，强化"系统基础"

本着"人无我有、人有我优"的原则，围绕客户的重点需求、关键问题，

通过研发专门系统，实现服务无缝对接，增强客户业务合作的主动性、积极性，让客户"自愿"与我行产生资金往来。近些年，围绕"业务营销、支付结算、后台管理"三大方向，先后自主研发了农村金融综合服务平台、公交 TC 卡闪付、收银宝、聚合支付、微信点餐、闪电贷等营销系统；社保、医保代缴，代收电话费、电视费、审车费、学费、取暖费、物业费等结算系统；上线了家庭银行营销管理、百日清收、固定资产管理、内部考试、事后监督、厅堂营销、信贷电子档案管理和积分兑换等管理系统；丰富了营销工具，提升了结算速度，改进了管理效能。例如，为解决聊城慧德中学电子缴费问题，我行自主研发上线了"银校一卡通"系统，免费为其布设机具，实现学费、住宿费、餐费的全面营销，上线以来，累计营销各类学校 321 个，存款 19423 万元多。为进一步强化与人社局的战略合作，我行自主研发了"微社保"人脸识别认证系统，实现了辖区退休职工信息全覆盖；并独家代理了辖区职工社保卡发放，涉及政府、学校、医院等 700 多个单位、1.4 万人。

（三）创新营销举措，优化"服务基础"

以业务创新、活动带动、考核激励体系为支撑，集中优势，强化管理，狠抓执行，进一步完善存款组织长效机制。一是立足做细，再造揽存流程。引导支行行长、客户经理和柜员，逐步实现从过去经营客户向维护客户的转变。要求农村支行客户经理按分管片区，上门了解农户、个体工商户的资金状况；公司类客户经理按行业划分，建立对客户资金流向的动态监测机制，及时有效上门揽存。同时，深入贯彻资产负债一体化营销理念，以贷款后资金回报率达到30% 作为标准，提高资金归社率、回报率。二是立足做优，强化重点维护。针对日趋激烈的竞争形势，我们及时调整思路，强化大客户维护意识，按照网格化管理要求，开展名单式营销，逐一列出明细清单，定期不定期沟通联系，将感情投入和优质服务紧密结合，积极巩固大客户。同时，对存款日均余额维持在 1000 万元的人员，在考核上、费用上给予重点倾斜。三是立足做广，全员营销计价。持续开展"扫街道、扫村庄，抢客户、抢市场"全员攻关活动，动员所有员工开展揽存，积极走出科室、走出柜台、走进市场、走向客户，深挖客户潜力。将考核起点设置到年前，提前着手客户储备，抢抓第一季度营销旺季，春天行动期间完成办事处任务的 259.2%，超额完成全年考核任务。

三、优化内部管理，打造"综合保障"基础工程

以目标管理、绩效考核、内部竞争和科学引导为工具，激发全员干事创业的信心决心，切实凝聚业务发展的内源动力。

（一）科学设定目标，优化"考核基础"

明确考核导向，优化考核举措，健全考核体系，向考核要存款。一是突出市场占比考核。为充分体现考核的合理性，发挥激励引导作用，对考核办法进行完善，采取"市场占有率增加为主，任务完成为辅"的考核方式，突出市场占有率指标考核，要求农信社对当年新增存款市场占有率达到80%以上的，即使未完成年度任务，也视同完成任务。通过有效考核，努力建立一种科学、合理、符合实际的考核机制，调动基层社工作积极性。二是强化业务等级考核。按照"公开、公平、公正，划分等级、拉开差距，工效量化、以绩取酬"的原则，将会计主管、内勤柜员、大堂经理、客户经理的岗位划分为若干等级。建立客户经理准入、退出机制，自身没有存款或吸收的存款额度较低的、连续考核落后的客户经理，将不得继续从事信贷岗位。截至9月末，全行客户经理人均揽存1756亿元，较年初增加591万元。三是加大费用一线倾斜力度。总行开辟专项营销费用，主要用于支行存款业务开拓，对凡是承诺的考核奖励准时兑现，为业务开拓提供强有力的后勤保障。同时，拓展费用与完成指标、质量相挂钩，有效调动一线人员揽存积极性。

（二）完善激励机制，夯实"团队基础"

一是考核激发员工潜力。开展评比竞赛，颁发红黄旗，对落后单位实行诫勉谈话、到总行宣誓表态。将考核与绩效挂钩，实行季度统计、公布、评比，营造浓厚的竞争氛围。开展全员营销计价，实行"多劳多酬"，营销能力强的员工可多拿工资，甚至可以享受中层副职待遇，树立"增加员工收入、提高员工福利就是节约成本"的理念，让员工"愿干、想干"。二是培训提高员工素质。明确了教育培训部门，优化了内训师队伍结构，将资金组织的先进经验、典型案例，形成PPT教学素材，在全行进行复制推广。坚持"引进来"和"走出去"，定期邀请外部优秀讲师，开展存款营销专题培训，定期组织人员外出学习，开阔眼界见识，丰富知识储备，让员工"能干、会干"。三是关爱增强员工认同。关注员工职业规划，研究制定《积分制管理办法》，设置岗位提升空间；强化"五小建设"，改善工作、生活环境；设置减压室，引导疏解员工压力；增加补充医疗保险，设立大病救助基金；让员工"安心地工作，舒心地生活，放心地养老"，工作上更有劲头，生活上更有奔头，切实增强归属感，让员工"实干、长干"。

（三）优化营销导向，提升"效能基础"

强化自办营销、厅堂营销，着力提升低成本存款占比，存款结构分布日趋合理。一是引导增加低成本存款。积极引导柜员、客户经理和农金员，鼓励储户多存一年以下定期存款，减少一年以上定期存款。同时，组织开展存款结构调整专项活动，对存款结构调整突出的支行进行奖励，向结构调整要效益，向细化管理要利润。截至 9 月末，一年期以下及活期存款为 73 亿元，较年初上升 2.16 亿元，占全部新增存款的 8.36% 。二是规范农金员协办存款。按照省联社的要求，持续推进"折换卡"活动，有效减轻柜面压力，利用农金员手续费杠杆，积极引导农金员强化对低成本存款的揽存，不断提高低成本资金比重。三是拓展自办及对公存款。将提升自办存款占比作为资金组织的首要工作来抓，全面强化自办营销、厅堂营销力度，借助家庭银行、零售银行建设，吸收农户、个体工商户、小微业主和机关事业单位人员的闲散资金，降低存款成本。扎实做好基本账户开户工作，对已在他行开立基本账户的实施策反营销；同时，加强与政府部门、企事业单位的沟通与协调，稳定财政资金和对公存款。

农商银行发展扫码支付的实践与探索

——以湖南炎陵农商银行为例

刘纳新 周佳乐[①]

2017 年 5 月，中国银联联合四十余家商业银行在北京共同宣布，正式推出银联云闪付二维码产品，持卡人通过银行 APP 可实现银联云闪付扫码支付。在移动互联网时代，农商银行传统的支付结算业务受到支付宝、财付通的不断冲击，面对不利的局面，农商银行应积极与银联合作，大力发展扫码支付，利用自身在县域市场的优势地位，拓展优质小微商户，培养用户新的支付习惯，在移动支付市场占据领先地位。

发展扫码支付是农商银行业务创新的重大机遇

中国银联扫码支付的安全性更好。扫码支付结算资金直接入账商户的银行卡，安全性更好、交易成本更低。一方面，相较于市场上其他的二维码支付方式，银联云闪付二维码产品采用支付标记化（Token）技术，安全级别较高；另一方面，若商家使用支付宝或财付通的扫码支付业务，要扣除一定的提现费用才能把资金转移到银行卡或对公账户内。而银联扫码支付可以直接到账银行卡，帮助商家节省提现费用。

中国银联扫码支付为商户经营管理提供了优质的平台。在账务管理方面，通过使用银联扫码支付，商户管理账务更加轻松和高效。以中国银联湖南分公司的 APP"天天掌柜"为例，商户登录"天天掌柜"后进入商家专属的操作界面，只需点击"扫码对账"，即可查看一定时期内的账务情况；若一个商户内有多个收银员，可以通过"收银员签到"这一功能进行管理。在营销管理方面，银联扫码支付平台为商户提供了丰富的促销活动，主要包括商家展示、优惠券发布系统、会员系统、积分兑换平台等，商户可结合实际制定优惠政策，借助银联的平台进行营销，达到拓展客户的目的。

银联扫码支付有利于农商银行推动信用卡业务的发展。支付宝和财付通等

---

① 作者单位为湖南炎陵农商银行。

受政策、技术和制度等方面的制约，不支持使用信用卡进行扫码支付，而银联扫码支付对信用卡提供了有力的支持。农商银行的信用卡业务推出时间较晚，在品牌和知名度上远远落后于大型商业银行。与银联合作扫码支付后，农商银行在推广信用卡时可将信用卡业务与扫码支付进行交叉营销，提升信用卡的市场占有率。

银联扫码支付有利于农商银行海外支付结算业务的发展。2016 年银联卡全球发行累计超过 60 亿张，银联卡全球受理网络已延伸到 160 个国家和地区。中国银联正在积极推动新加坡、泰国、印度尼西亚、韩国、澳大利亚等多个境内持卡人经常出行地区的二维码业务。目前，农商银行传统的跨境结算业务已无法满足客户的需求，通过与银联合作可以丰富农商银行跨境结算业务的产品线，使客户无须携带银行卡也能进行海外结算，进一步满足高净值客户的需求。

湖南炎陵农商银行发展扫码支付的实践与成效

湖南炎陵农商银行与中国银联湖南分公司合作，借助"天天掌柜"APP 这一移动支付平台，以建设"移动金融＋智慧生活"为中心，调整战略定位，打造智慧生活，在移动金融领域交出了满意的答卷。截至 2017 年末，该行银联扫码支付入网商户为 2004 户，活跃商户为 1960 户，累计交易笔数为 28.72 万笔，交易金额突破 1500 万元，累计交易金额、交易笔数、注册用户数、活跃用户数和活跃商户数均位居全省第一，且五个指标同比增长率均位列全省前三位，牢牢占据了县域移动金融阵地。

紧跟发展潮流，调整战略定位。一是统一全行思想。为使全行员工对扫码支付有深入的认识，该行多次邀请银联的专家开展培训，讲解扫码支付的先进技术、发展形势和营销策略等。并定期召开网点（部室）负责人和会计参加的内部业务培训，宣讲营销办法、奖惩机制和问题答疑，最终达到统一认识、共同努力的目的。二是完善规章制度。扫码支付业务启动后，该行制定下发了《湖南炎陵农村商业银行扫码支付业务管理办法（试行）》及《湖南炎陵农村商业银行移动金融集中推广营销方案》等，明确扫码支付业务的管理办法，建立奖惩机制，将营销任务分解到人、考核到人，激发全员营销的热情。三是营造舆论氛围。为使扫码支付迅速进入广大客户的视野，该行针对扫码支付这一新技术的特点，有的放矢，主攻"线上宣传"。一方面，充分利用"炎陵农商银行微信公众号"这一平台，积极尝试时下流行的宣传手法，根据营销方案的内容，结合当前的热点话题，撰写活动软文，借助 H5 页面进行互动式推广。另一方面，借力"朋友圈"开展线上宣传，全体员工同步更新头像、朋友圈的活动动态，并上传宣传图片，以全体员工为中心点，通过强大的社交圈，覆盖更大的客户群体，拓宽活动的影响力。

做实商户管理，形成资金沉淀。一是科学运营管理。商户的运营管理工作决定了扫码支付能否科学健康地发展下去，为抓好商户的运营维护工作，该行指定客户经理负责各自拓展的商户，对合作商户进行跟踪回访，指导商户学会交易查询、定期对账和店员管理等功能，监督商户合规经营，严厉查处利用扫码支付进行信用卡套现、虚拟交易套利的行为。针对学校、影院等大型合作伙伴，总行分管领导亲自上门沟通协调，解决合作中存在的问题，策划活动方案，并给予特殊的优惠。二是有针对性地拓展商户。商户产品的价格是商家选择结算方式的决定因素。对于建材、房地产、汽车 4S 店等商户，出售的产品价格高、频次低，传统的银联 POS 机仍是主流的结算方式，这些商户并不是该行发展"天天掌柜"扫码支付的重点对象。对餐饮、超市等商户而言，商品交易具有单笔金额低、交易频次高、交易数量大等特点，很适合扫码支付这样的结算方式，该行在拓展商户时有的放矢，把重点放在消费金额低、消费频次高的商户上，方便了客户的支付结算。三是有利于拓宽资金组织渠道。对湖南炎陵农商银行而言，推广"天天掌柜"扫码支付有两个好处：一方面，通过在"天天掌柜"APP 上加载社保、旅游和违章缴纳等应用，提升服务品质，增强客户黏性，"天天掌柜"APP 已成为该行今后发展的战略性产品；另一方面，有利于该行拓展超市、餐饮等账户，实现新业务跨越式发展。扫码支付业务的开展，开辟了与商户合作的新模式，有利于提高资金归行率，获得大量的低成本资金，数据显示，因拓展"天天掌柜"而新增的账户月平均余额已达 4500 万余元。

激发客户活力，培育用户习惯。一是激发客户使用"天天掌柜"扫码支付的热情，培养客户新的支付习惯，该行找准"高频消费"这个切入点，重点围绕"餐饮、电影和超市"等日常消费行为，推出具有吸引力的优惠活动。当客户使用"天天掌柜"扫码支付时，能够以较低的价格享受到优质的服务。在推广过程中，推出"一分钱吃早餐""四元钱看电影"活动，吸引了大量客户使用"天天掌柜"进行消费。截至 2017 年末，该行"天天掌柜"注册用户数为21943 户，活跃用户数为 11380 户，动户率约为 52%，表明用户对"天天掌柜"扫码支付的接受度较高。二是通过交叉营销实现多业务同步推进。推广扫码支付是一项系统工程，要树立交叉营销的思路，将扫码与日常经营工作结合起来。该行将扫码支付与电子银行、中间业务等充分结合起来，工作人员根据客户的需求，积极营销"天天掌柜"这一平台，为客户提供新的解决方案。例如，客户来到网点办理 ETC 业务时，柜面人员判断该客户为"有车一族"，向客户介绍"天天掌柜"的违章查询功能，引导客户使用这一平台；客户办理电费缴纳、社保缴纳时，柜面人员就详细介绍"天天掌柜"的生活缴费、社保缴费等功能，并引导客户在该平台上进行缴纳。通过同步推动扫码支付与常规业务，达到交叉营销、相互促进的目的。三是随着"天天掌柜"扫码支付逐渐受到市场认可，商家参与主动合作营销的意愿增强，该行审时度势，在互利共赢的基础上，筛选优质商家进行合作。在线下平台，该行先后与柏林家纺、创维电器等知名厂家沟通合作，推广以"扫码支付享优惠"为主题的活动，客户到实体店进行扫码支付，可以享受到工厂价的优惠。在线上平台，"天天掌柜"为商户提供了多种促销方式，主要包括商家展示、优惠券发布系统、会员系统、积分兑换平台等，商户可结合实际制定优惠政策，借助平台进行营销宣传，达到拓展客户的目的。

农商银行发展扫码支付面临的问题和挑战

客户的移动支付习惯较难改变。2014年以来，以支付宝和财付通为代表的第三方支付机构迅速铺开扫码支付业务，凭借各自在移动互联网领域的强大优势，通过多种补贴政策，打通线上扫码支付交易的支付场景，客户的移动支付习惯已基本形成。虽然农商银行通过创新营销拓展了大量新客户，但很难在较短时间内改变客户长期形成的移动支付习惯。

客户对银联扫码支付认知度较低。虽然银联与各大银行共同推出云闪付二维码产品，并开展了一系列推广活动。但是推广效果不够理想，客户对银联扫码支付的认识度较低。同时，商户使用银联扫码支付的积极性不够高，小额支付倾向于现金或微信支付，大额支付倾向于刷POS机支付，挫伤了客户的积极性，不利于农商银行拓展客户。

农商银行扫码支付业务面临潜在的合规风险。此前，不少人通过商户POS机虚拟交易进行套现，商户开通扫码支付后，仅需通过手机就能进行信用卡套现，比过去的套现方式更加快捷。通过扫描支付套现的金额小、灵活性强、不易监测，给监管带来巨大的挑战。

农商银行发展扫码支付的策略

大力拓展二维码支付的合作商户。商户的支持是农商银行发展扫码支付的基础，只有获得了广大小微商户的支持，才能拓展更多的持卡人客户。为提高商户的积极性，农商银行要制定具有比较优势的费率政策。针对支付宝、微信的提现手续费和银联的刷卡手续费，农商银行要结合当地实际，对二维码支付的费率给予一定的优惠或减免。农商银行的营业网点要以行长（主任）为组长，成立扫码支付营销小组，开展"地毯式"的营销活动，向商户宣传扫码支付的优势，争取商户的支持。在营销过程中，重点营销餐饮、超市和水果店等快消产品的商户，通过培育这部分商家，带动该区域的其他商户进行合作。农商银行还要做好商户的后续维护工作，要指定客户经理对二维码商户进行跟踪维护，指导商户学会交易查询、定期对账和店员管理等功能，对运营过程中存在的问题及时沟通和解决。

培养持卡人使用银联扫码支付的习惯。农商银行扫码支付的应用场景大多在线下，要结合县域经济实际，制定具有话题性、传播性、爆炸性的优惠活动，迅速引发客户对农商银行扫码支付的关注，从而达到"获客"的目的。

构建"手机银行＋生活服务＋扫码支付"的生态链，增强客户黏性。扫码支付作为移动支付的一种技术，必须嵌入在电商、社交和媒体等手机应用上，支付宝发展扫码支付的基础是电商，财付通发展扫码支付的基础是社交。对农商银行而言，生活服务的功能便是重要的突破点，要推动客户在支付结算时使用扫码支付，构建"手机银行＋生活服务＋扫码支付"的闭环。例如，可以专门设置生活圈类板块，该板块具有商旅服务、生活休闲、车友服务和区域特色等功能，为客户提供一揽子的移动互联网服务；在板块的醒目位置设立"特惠商户"专栏，提供合作商户的优惠信息，并提示客户使用扫码支付可享受优惠。客户使用手机银行的相关功能时，浏览到特惠商户信息，然后到商户内进行消费，进而用扫码支付进行结算，最终形成一个完整的移动支付链条。

互联网金融带给农村金融的
利好机遇与现实挑战

赵　爽[①]

随着社会的不断进步，我国经济水平和技术水平等各方面都得到了一定的提高。其中，发展最迅速的就是计算机技术和互联网技术。与此同时，依托互联网技术发展起来的大数据、云计算等技术也应运而生，并应用到了金融行业，影响着我国社会的发展。不可忽视的是，互联网金融的发展促进着我国经济水平的提高，同时给我国农村金融的发展带来了很大的机遇，但也带来了很大的挑战。

一、互联网金融的含义与模式

互联网金融主要应用了支付技术、云计算技术和社交网络、搜索引擎等互联网工具，通过网络进行交易，促进了各个行业的发展。

当前我国互联网金融的模式主要有：第三方支付平台模式、P2P网络小额信贷模式、基于大数据的金融服务平台模式、网络保险模式、众筹模式、金融理财产品网络销售等。

二、互联网金融对农村金融机构的冲击

（一）农村金融机构的成本提高

随着互联网金融的发展，农村金融机构的存款出现了流失现象，并且这一现象还在不断扩大，同时资金的筹措难度不断增大，这就使得农村金融的成本不断提高。以P2P网贷模式为例，自2013年以来，网贷平台开始发展起来，通过网络进行贷款交易的成交额逐年提高，同时网贷平台不断增多，这不利于金融机构的发展，尤其是对农村中小型金融机构有着十分重要的影响。

（二）中间业务收入降低

在互联网金融发展的过程中，大部分用户通过网络平台进行资金的交易，

---

①　作者单位为九台农商银行综合办公室。

这使得支付的份额逐步降低，金融机构的中间业务收入减少。中间业务收入在收益中的占比是银行业竞争力的体现，支付结算作为银行的基本服务，如果服务量减少，那么中间业务的收入也会减少。2013 年央行颁布了《银行卡收单业务管理办法》，并随后发放了一批支付业务许可证，促进了第三方支付公司的发展，这在很大程度上影响了金融机构的发展。

（三）贷款客户融资转向增多

银行贷款在利率上具有优势，但是由于在互联网金融借贷中大多是小型企业、私营业主或者个人，在进行资金借贷的过程中要求"短、频、快"，借贷者虽然付出的资金成本较高，但是能够满足其应急的需求。这就使得优质或者潜在的贷款客户资金转向发生了改变，使得农村金融机构的信贷市场份额面临着严峻的挑战。随着金融生态环境建设步伐的加快，互联网金融不断发展，利率化市场不断推进，互联网金融与商业银行贷款利率的差距不断缩小，这将不断促进贷款客户的流失，给农村中小金融机构的信贷市场带来影响。

三、互联网金融发展的弊端

（一）管理弱

当前互联网金融发展仍旧处于起步阶段，其管理弱体现在风控弱和监管弱两大方面。首先，互联网金融的风控弱，由于互联网金融没有接入人民银行征信系统，缺乏信用信息共享机制，没有银行的风控、合规和清收等金融机制，因此容易发生投资风险等问题，这也导致了一些网络金融平台的破产或服务的停止。其次，互联网金融的监管制度和相关法律还不够完善，缺乏行业规范和准入门槛的限制，行业面临着法律风险。

（二）风险大

互联网金融的风险大，首先体现在信用风险大，我国的信用体系还不够完善，互联网金融的相关法律也不够完整，使得互联网金融违约的成本低，由此引发的恶意骗贷或卷款跑路情况不胜枚举，特别是 P2P 网贷平台的准入门槛低，监督不足。其次，网络安全风险大。目前我国互联网的安全问题突出，金融网络犯罪问题也十分严重。不法分子利用非法手段入侵互联网金融系统，影响互联网金融的正常运作，从而给消费者的资金安全和个人信息安全带来威胁。

四、农村金融机构发展的优势

（一）实力优势

农村金融机构具有强大的资金优势，存款相较于各大金融企业具有巨大的优势，放贷资金雄厚，市场占有率也占到了各大金融机构的半数。互联网金融虽然发展迅猛，但是总资产和规模仍旧不及农村金融机构，农村金融机构在资金方面仍旧处于优势。

（二）网点优势

互联网金融发展十分迅速，但是其发展仍旧处于初级阶段，要想在短时期内完全代替物理网点是十分困难的，再加上客户个性化需求的存在，农村互联网发展需要一定的过程，使得农村居民对互联网金融的接受和使用必须经历一定的过程。而农村金融机构的物理网点众多，这在发展过程中也具有一定的优势。

（三）政策优势

在机构准入上，政府机构一向谨慎。农村金融机构作为金融类的弱势群体，在财政税收方面往往会得到国家的大力支持。同时，国家颁布了很多支持政策以促进农村中小金融机构的发展，这也给农村金融机构的发展带来了机遇。

五、互联网金融给农村金融机构带来的启示

（一）科学定位，扁平化管理

互联网金融的发展依托于大数据和云计算对客户的精准营销，因此，农村金融机构也应当吸取其中的经验，进行市场调研，通过充分的论证和科学的规划，对客户群体进行划分，根据客户的性质可以分为农民、农村个体工商户、农村小微企业、农村龙头企业、农民专业合作社等。根据客户的不同性质选择不同的客户群体类型进行机构定位，并根据不同客户群体类型的特点建立符合其特点的服务体系，使农村金融机构得到长足的发展。除此之外，还要设置合理的管理层次，根据自身业务流程的特点，满足客户的不同需求，设置合适的管理层次，同时减少不必要的管理级次，进行平面化作业，减少审批环节，提高服务效率和服务质量。

（二）推陈出新，便捷化结算

互联网金融的特点之一是支付的结算突破了地理空间的限制，对服务空间和服务手段进行了扩展。农村金融支付也应当吸取相关经验，借鉴互联网金融支付结算的优势，提高农村金融支付的效率。首先，农村金融机构应当进一步优化物理营业网点服务，实施农村信用社的便民取款服务点，加大 ATM、POS 机的布置力度，提高支付结算的便利性。其次，应当加大宣传力度，将网银服务推广到农村、企业和社区，让农村居民知道网银业务，能够使用网银业务，提高网银的使用频率。最后，实现与成熟电商的合作。农村金融机构与电商进

行合作，开发手机银行业务和电话银行业务，尽量做到操作简单、方便实用，使得农村居民愿意使用该业务进行结算。

（三）丰富产品，个性化服务

互联网金融能够实现传统金融的存款、贷款、汇款等服务，同时也能提供理财、信用重构等服务，并且提供了一系列具有特色的产品，受到了广大网民的青睐。农村金融机构也应当围绕客户特点开发具有吸引力的金融产品吸引客户的参与。首先，可以研发多种多样的金融产品，增加现有的产品种类，如理财类产品、代理类产品、缴费类产品，同时加大相关产品的推广力度，通过良好的信誉吸引客户。其次，根据农村的地域特点和金融需求等实际情况，对不同收入层次、职业群体、企业类别、消费特点、需求状况等进行量身定制，针对不同的客户群体设计具有特色的金融产品。最后，可以适当推出农村居民特色银行卡产品，丰富银行卡的功能，使银行卡成为农村居民消费过程中的重要工具。同时也可以推出一定的银行借记卡，使得农村居民都能够通过银行卡进行消费。

六、总结

在经济和技术不断发展的今天，互联网金融在消费渠道、业务形式、经营模式等方面将会进行不断的发展和创新，这对农村中小型金融机构会造成巨大的影响。在带来挑战的同时也会带来相应的发展机遇，农村中小金融企业有其发展的优势，在立足自身的同时，吸取互联网金融发展的相关经验，勇于创新，加强管理，做好服务，借助互联网金融的快速发展，突破地域限制，研发金融产品，促使农村金融机构不断发展。

附　　录

附录一

全国地方金融论坛办公室
金　融　时　报　社文件
中国地方金融研究院

地金论字〔2018〕10 号

关于公布中国地方金融（2017）"十佳支持'三农'银行、十佳支持小微企业银行、十佳科技创新银行、十佳成长性银行、十佳竞争力银行、十佳农村商业银行、十佳城市商业银行、十佳年度人物"的决定

各有关单位：

从 2017 年 12 月在全国开展中国地方金融 2017 "十佳支持'三农'银行、十佳支持小微企业银行、十佳科技创新银行、十佳成长性银行、十佳竞争力银行、十佳农村商业银行、十佳城市商业银行、十佳年度人物"评选活动以来，地方金融机构踊跃申报，申报单位所在地的有关机构、行业部门给予了大力支持，辽宁、吉林、江苏等省进行了统一组织。地方金融论坛办公室组织专家对申报单位进行了认真评选，并在《地方金融》杂志、金融界网、中国地方金融网等媒体进行了公示。

现将结果公布如下：

中国地方金融（2017）十佳支持"三农"银行

北京农商银行	富滇银行
兴化农商银行	托克托农商银行
凤城农商银行	抚远农商银行
锡林浩特农村合作银行	包头市东河金谷村镇银行
茂名电白长江村镇银行	乌审旗包商村镇银行

中国地方金融（2017）十佳支持小微企业银行

江南农商银行	自贡银行
重庆三峡银行	日照银行
路桥农商银行	乌苏农商银行
东海农商银行	大安农商银行
天津津南村镇银行	塔拉壕金谷村镇银行

中国地方金融（2017）十佳科技创新银行

长治银行	西安银行
沈阳农商银行	邳州农商银行
天津金城银行	沭阳农商银行
株洲农商银行	响水农商银行
昆山鹿城村镇银行	温岭联合村镇银行

中国地方金融（2017）十佳成长性银行

启东农商银行	弥勒农商银行
塔城农商银行	灌云农商银行
祁门农商银行	安丘农商银行
伊犁国民村镇银行	通辽金谷村镇银行
五河永泰村镇银行	九江共青村镇银行

中国地方金融（2017）十佳竞争力银行

长春农商银行	嘉兴银行
包商银行	哈尔滨农商银行
濮阳农商银行	子洲农商银行
江都农商银行	乐山三江农商银行
沭阳东吴村镇银行	青岛胶南海汇村镇银行

中国地方金融（2017）十佳农村商业商行

东莞农商银行	武汉农商银行
江阴农商银行	瑞丰农商银行
天山农商银行	张家港农商银行
南昌农商银行	黑河农商银行
南浔农商银行	聊城农商银行

中国地方金融（2017）十佳城市商业银行

苏州银行	广西北部湾银行
晋商银行	邯郸银行
乌海银行	朝阳银行
绵阳市商业银行	江苏长江商业银行
阳泉市商业银行	雅安市商业银行

中国地方金融（2017）十佳年度人物

广西北部湾银行董事长	罗　军
江南农商银行董事长	陆向阳
嘉兴银行董事长	夏林生
莱芜农商银行董事长	崔建强
泗阳农商银行董事长	朱彩涛
新疆塔城银监分局局长	郭春燕
海南大学经管学院教授	王丽娅
齐商村镇银行董事长	葛　涛
北川富民村镇银行行长	张树元
临沂信用资产交易中心董事长	汲　涛

特此公布！

全国地方金融论坛办公室　　　　金融时报社　　　　中国地方金融研究院

二〇一八年十一月十日

主题词：公布 2017　　　十佳银行　　　十佳人物　　　决定

抄报：中国人民银行　　　中国银保监会　　　国务院发展研究中心

打印：吴清华　　　校对：张宏伟　　　　　　共印：30 份

全国地方金融论坛办公室　　　　　　　2018 年 11 月 10 日

附录二

全国地方金融论坛办公室
金 融 时 报 社文件
中 国 地 方 金 融 研 究 院

地金论字〔2018〕9 号

关于表彰全国地方金融第二十二次论坛
"嘉兴银行杯、富滇银行杯、苏州银行杯、黑河农商银行杯"征文获奖作品和征文组织特别奖的决定

各有关单位：

全国地方金融论坛办公室从 2017 年 12 月开始，至 2018 年 9 月 30 日止，在《金融时报》、《地方金融》杂志、金融界网、中国地方金融网等媒体举办以"高质量 促发展——新时代地方金融为地方经济发展再立新功"为主题的征文活动，共收到应征文章 218 篇。地方金融论坛专家委员会组织初审、复审、终审评委会对征文进行了认真评选，评出一等奖 4 篇、二等奖 8 篇、三等奖 12 篇，征文组织特别奖 4 个。

现将评选结果公布如下：

嘉兴银行杯征文获奖名单

一等奖

《破解普惠金融难题 服务乡村振兴战略 以改革创新思维深入推进农业供给侧结构性改革》

作者：徐小建 王远　　　　　　　　　　单位：武汉农商银行

二等奖（2 篇）

《突出打好防范化解金融风险攻坚战的建议》

作者：郑志瑛　　　　　　　　　　　　单位：邯郸银行

《构建乡村振兴金融创新试验区　努力打造乡村振兴沂蒙新样板》

作者：厉建仁　　　　　　　　　　　　单位：山东省临沂市金融办

三等奖（3篇）

《新常态下农信消费金融创新实践与探索》

作者：金时江　张玲晓　　　　　　　　单位：路桥农商银行

《如何托起明天的太阳》

作者：周加琪　　　　　　　　　　　　单位：江都农商银行

《关于村镇银行业务转型与发展的思考》

作者：张树元　　　　　　　　　　　　单位：四川北川富民村镇银行

富滇银行杯征文获奖名单

一等奖

《以"三本三基"为主线，全力打造长三角区域具有核心竞争力的零售银行》

作者：夏林生　凌华　薛峰　　　　　　单位：嘉兴银行

二等奖（2篇）

《发挥企业党建在基层治理中的积极作用》

作者：吴川　　　　　　　　　　　　　单位：沈阳农商银行

《沿边金融支持跨境经济合作区设立策略研究》

作者：闫晓春　　　　　　　　　　　　单位：中国人民银行黑河中心支行

三等奖（3篇）

《农商银行绿色金融专营机构发展实践与思考》

作者：沈家骅　　　　　　　　　　　　单位：南浔农商银行

《引入投行思维，做客户融资顾问　实现银行向轻资产模式转型》

作者：甘斌　　　　　　　　　　　　　单位：大连银行上海分行

《关于农信社金融支持脱贫攻坚工作的几点思考》

作者：万玉松　　　　　　　　　　　　单位：弥勒农商银行

苏州银行杯征文获奖名单

一等奖

《互联网金融背景下的农商银行转型发展之路》

作者：安九龙　　　　　　　　　　　　单位：黑河农商银行

二等奖（2篇）

《深耕普惠金融　助力小微发展》

作者：何跃　　　　　　　　　　　　　　单位：自贡银行

《为乡村振兴注入金融活水》

作者：崔建强　　　　　　　　　　　　　单位：莱芜农商银行

三等奖（3 篇）

《农商银行助力乡村振兴战略的几点建议》

作者：张华　　　　　　　　　　　　　　单位：东海农商银行

《八年新跨越　启程百年村行梦》

作者：胡德军　　　　　　　　　　　　　单位：北屯国民村镇银行

《乡村振兴战略下商业银行服务"三农"发展的路径研究》

作者：李瞻东　丁坚　董永正　于回　　　单位：上海浦东发展银行萧山支行

黑河农商银行杯征文获奖名单

一等奖

《西部城商银行应大力支持乡村振兴》

作者：杨敏　　　　　　　　　　　　　　单位：富滇银行

二等奖（2 篇）

《助力乡村振兴战略　村镇银行责无旁贷》

作者：郑卫　　　　　　　　　　　　　　单位：沭阳东吴村镇银行

《严监管下地方银行高质量发展对策研究》

作者：姚姜军　岳传刚　　　　　　　　　单位：重庆三峡银行

三等奖（3 篇）

《金融服务乡村振兴战略实现路径探讨》

作者：李思亚　　　　　　　　　　　　　单位：乐山三江农商银行

《农商银行可持续发展的考量与突破》

作者：周海军　　　　　　　　　　　　　单位：桃源农商银行

《浅议严监管政策下村镇银行的可持续发展》

作者：闫芳　程成　　　　　　　　　　　单位：天津津南村镇银行

征文组织特别奖

嘉兴银行　富滇银行　苏州银行　黑河农商银行

经研究，决定对上述获奖作者和单位予以表彰，并在有关媒体公布；获奖作品将由中国金融出版社公开出版。

全国地方金融论坛办公室　　　金融时报社　　　中国地方金融研究院

二〇一八年十一月十日

主题词：地方金融　第二十二次论坛年会　论文　表彰　决定

抄　报：中国人民银行　　中国银保监会　　国务院发展研究中心

打　印：吴清华　　　　校对：张宏伟　　　　共印：20 份

全国地方金融论坛办公室　　　　　　　　2018 年 11 月 10 日

附录三

全国地方金融论坛办公室

地金论字〔2018〕11 号

关于确定全国地方金融第二十三次论坛（2019）年会承办单位的决定

各有关单位：

按照地方金融论坛年会的申办惯例，地方金融论坛办公室对提出申请承办 2019 年全国地方金融第二十三次论坛的江苏、内蒙古、浙江等地的 5 家金融机构进行了调研评估，决定由江南农商银行承办全国地方金融第二十三次论坛（2019）年会，初定于 2019 年 9 月下旬在常州举行。

请江南农商银行按照地方金融论坛年会方案和惯例，精心准备、认真组织，把全国地方金融第二十三次论坛（2019）年会办出特色和实效，进一步推动地方金融健康持续稳定发展。

全国地方金融论坛办公室

二〇一八年十一月十日

主题词：地方金融　第二十三次　年会承办　决定

抄报：中国人民银行　中国银保监会　国务院发展研究中心

主送：江南农商银行

抄送：金融时报社　中国地方金融研究院

打印：吴清华　校对：张宏伟　共印：12 份

附录四

全国地方金融第二十二次论坛
征文终审委员会名单

主　任：秦池江　中国地方金融研究院院长　　　教授
　　　　魏革军　中国金融出版社原社长　　　　研究员
委　员：（按姓氏笔画）
　　　　卫新江　中国人民大学　　　　　　　　教授
　　　　王华庆　金融时报理论部主任　　　　　高级记者
　　　　刘少军　中国政法大学　　　　　　　　教授
　　　　刘新昌　中国人民银行人事司　　　　　原巡视员
　　　　汤　烫　中国地方金融研究院副院长　　教授
　　　　何广文　中国农业大学金融系主任　　　教授
　　　　张宏伟　中国合作经济学会副秘书长
　　　　郝玉柱　北京物资学院　　　　　　　　院长

全国地方金融第二十二次论坛
征文初审、复审委员会名单

主　任：汤　烫　中国地方金融研究院副院长　　教授
委　员：刘　钊　中国金融出版社金融文化研训院院长、副编审
　　　　张宏伟　中国合作经济学会副秘书长
　　　　任日红　《地方金融》杂志常务副总编
　　　　林　霆　《江苏银行业》杂志执行主编
　　　　槐　静　金融界网副总编辑

附录五

全国地方金融论坛年会历程

次数	时间	地点	规模	到会领导专家	主题（内容）	组委会主席	主办	承办
第一次	1997年10月	湖南张家界	26个省份164名代表	陈瑞清、李刚挺、魏绪翰、汤烫	学习中央文件，改造全国城市信用社通汇联络网	汤烫	湖南财经学院、张家界市人民政府	地方金融杂志社
第二次	1998年3月	北京	16个省份115名代表	唐运祥、秦池江、汪文恺、龙德发、方磊等	研究地方金融概念和地方金融理论内涵，建立地方金融论坛机制，《城信通讯》更名为《地方金融》	汤烫	中国人民银行金融研究所、湖南省政府财贸办	大江城市信用社、台州路桥城市信用社
第三次（主论坛）	1999年4月	北京	27个省份192名代表	蒋正华、罗海藩、陈瑞清、赵海宽、秦池江、魏加宁、晓亮、汤烫、冯艾玲、徐耀中等	研究地方金融市场定位和发展趋势，决定将地方金融研究会筹委会改为全国地方金融研究协调组。这次会议被喻为中国地方金融发展的里程碑	秦池江	金融时报社、全国地方金融研究协调组	地方金融杂志社、中国人民大学成教学院
第三次（分论坛）	1999年11月	云南楚雄	17个省份120名代表	金融监管部门及云南省领导	研究城市信用社的出路与地方金融热点问题，确定全国地方金融研究协调组2000年度工作	魏加宁	金融时报社、全国地方金融研究协调组	昆明市商业银行
第四次	2000年5月	河北承德	17个省份110名代表	金融监管部门及河北省、湖南大学的领导	确定帮助城信社渡过难关的思路，给12位专家颁发湖南大学（地方金融研究所）特聘教授证书	秦池江何福魁	河北省综合经济工委、湖南大学	湖南大学地方金融研究所
第五次	2001年11月	北京	12个省份157名代表	蒋正华、金融监管部门有关领导	地方金融机构开展增资扩股和地方金融机构调研	汤烫	金融时报社、全国地方金融研究协调组	地方金融杂志社

次数	时间	地点	规模	到会领导专家	主题（内容）	组委会主席	主办	承办
第六次	2002 年 11 月	北京	13 个省份 153 名代表	全国工商联、教育部和金融监管部门的有关领导	研究中小企业融资和社会资金参股金融，调整全国地方金融研究协调组成员	汤烫	全国工商联、金融时报社、全国地方金融研究协调组	地方金融杂志社
第七次	2003 年 11 月	湖南长沙	17 个省份 350 名代表	蒋正华、甘霖、谢光球、时文朝、施爱萍、刘克利、张强、巴曙松、戴根有、江其务、汤烫等	金融创新与地方金融发展	谢光球 杨胜刚	湖南省政府地方金融证券领导小组办公室、湖南大学、金融时报社	长沙市商业银行
第八次	2004 年 9 月	河北廊坊	21 个省份 380 名代表	周正庆、苏宁、唐双宁、吴显国、王爱民、巴曙松、赖小民、许罗德、焦瑾璞、王松奇、汤烫、许健等	地方金融机构如何提高核心竞争力和金融服务质量，农村信用社交省级政府后的发展与监管，社会资金参与地方金融机构重组改造	夏斌	河北省政府金融办、国务院发展研究中心金融研究所	廊坊市商业银行
第九次	2005 年 11 月	北京（主会场）云南（分会场）	21 个省份 280 名代表	成思危、周正庆、吴晓灵、唐双宁、王松奇、赖小民、戴根有、许罗德、魏革军、杨再平、刘张君、汤烫、齐逢昌等	金融科技与金融产品创新，地方金融机构人才开发与培养培训，农村信用社改革成果巩固与发展，社会资本参股地方金融机构后的权利、义务与管理分配，民间金融的实际存在、有序运行与政府作为	秦池江	全国地方金融论坛办公室、金融时报社	新华联集团、地方金融杂志社
第十次	2006 年 12 月	浙江宁波	20 多个省份 200 多名代表	成思危、苏宁、唐双宁、王华庆、许罗德、刘张君、汪洋、杨再平、朱焕启、汤烫、秦池江、钟朋荣等	合作、创新、发展	杨再平	全国地方金融论坛办公室、宁波市政府、金融时报社	鄞州农村合作银行

次数	时间	地点	规模	到会领导专家	主题（内容）	组委会主席	主办	承办
第十一次	2007年11月	天津	29个省份200多名代表	成思危、李贵鲜、吴晓灵、蒋定之、唐双宁、崔津渡、许罗德、赖小民、刘张君、汪洋、杨再平、朱焕启、秦池江、王松奇、汤燫、武文元、汤敏等	和谐发展、社会责任	杨再平	天津市金融工作局、中国银行业协会、金融时报社、全国地方金融论坛办公室	天津农村商业银行
第十二次	2008年8月	内蒙古呼和浩特	29个省份400多名代表	陈宗兴、蒋正华、刘士余、王兆星、崔津渡、许罗德、韩志然、布小林、杨再平、陈瑞清、牛广明、汪洋、都本伟、魏革军、汤爱军、汤燫、秦池江等	深耕地方、做特做优	杨再平	内蒙古自治区金融办、呼和浩特市政府、中国银行业协会、金融时报社、全国地方金融论坛办公室	呼和浩特市商业银行
第十三次	2009年9月	辽宁大连	29个省份300多名代表	陈昌智、陈宗兴、许卫国、傅军、戴玉林、王红、许罗德、都本伟、杨再平、汪洋、魏革军、汤燫等	关注微小、潜心"三农"	杨再平	辽宁省人民政府、大连市人民政府、中国银联、中国银行业协会、金融时报社、全国地方金融论坛办公室	辽宁省农村信用联社、大连银行
第十四次	2010年11月	北京	29个省份300多名代表	陈昌智、陈宗兴、吉林、崔津渡、孙志刚、许罗德、谢多、杨再平、王占峰、王红、汪洋、都本伟、秦池江、魏革军、汤燫、杜晓山等	聚焦城乡、统筹发展、金融支持	杨再平	北京市金融工作局、中国银联、中国银行业协会、全国地方金融论坛办公室	北京农村商业银行

次数	时间	地点	规模	到会领导专家	主题（内容）	组委会主席	主办	承办
第十五次	2011年9月	江苏东海	29个省份400多名代表	陈宗兴、刘士余、周慕冰、唐双宁、史纪良、祝光耀、许罗德、汪洋、魏革军、杨再平、汤烫、秦池江、霍颖励、向东、张静、杨省世、关永健、齐逢昌、蒋永华等	在生态文明中互利共赢	杨再平	中国生态文明研究与促进会、江苏省政府金融办、中国银联、中国银行业协会、全国地方金融论坛办公室	江苏银行、江苏银行业协会、东海县人民政府
第十六次	2012年11月	安徽合肥	29个省份350多名代表	陈宗兴、杜金富、马德伦、唐双宁、詹夏来、陈树隆、杨再平、林建华、向东、陈剑波、周建春、陈琼、汤烫、秦池江、贾轶峰等	地方金融与地方经济共生共荣	杨再平	安徽省政府金融办、中国银行业协会、全国地方金融论坛办公室	徽商银行
第十七次	2013年12月	海南三亚	29个省份350多名代表	陈宗兴、马德伦、侯云春、祝光耀、王路、杨再平、张承惠、王松奇、汪洋、邓忠、沈继奔、汤烫、王年生、李永健、丁敏哲、宋文暄、李国平、黄隽、杜晓山等	经济转型与中小银行发展、海洋强国与金融支持、利率市场化对中小银行的影响及对策	汤烫	海南省政府金融办、金融时报社、全国地方金融论坛办公室、中国地方金融研究院	中国银地集团、万宁国民村镇银行

续表

次数	时间	地点	规模	到会领导专家	主题（内容）	组委会主席	主办	承办
第十八次	2014 年 4 月	山东临沂	29 个省份 360 多名代表	陈宗兴、马德伦、侯云春、王久祜、万存知、邢早忠、张少军、陈先运、杨再平、王松奇、汪洋、汤烫、李永健、左沛廷、沈继奔、翟广照、刘波、胡俊明、赵云龙等	市场新格局下中小银行应变能力	王松奇	山东省政府金融办、金融时报社、全国地方金融论坛办公室、中国地方金融研究院	临沂市人民政府
第十九次	2015 年 7 月	黑龙江黑河	29 个省份 360 多名代表	马德伦、侯云春、张承惠、邢早忠、汪洋、汤烫、翟广照、张恩亮、姚龙、邵赤平、张洪德、何广文等	新常态下中小银行国际合作——机会与路径	马德伦	黑龙江省政府金融办、金融时报社、全国地方金融论坛办公室、中国地方金融研究院	黑河农村商业银行
第二十次	2016 年 10 月	北京	29 个省份 500 多名代表	陈昌智、陈宗兴、李伟、马德伦、侯云春、向东、万存知、邢早忠、孙学工、倪光南、赖小民、温信祥、杨再平、魏革军、汪洋、汤烫、秦池江、赵永军、唐忠民、王年生、左沛廷等	不忘初心　继续前进加快金融供给侧结构性改革　支持经济结构调整与转型	汤烫	国家发展改革委（指导）、国务院发展研究中心（指导）、金融时报社、全国地方金融论坛办公室、中国地方金融研究院	北航培训中心

次数	时间	地点	规模	到会领导专家	主题（内容)	组委会主席	主办	承办
第二十一次	2017年11月	邯郸	27个省份300多名代表	陈昌智、陈宗兴、马德伦、蔡鄂生、侯云春、段惠军、邢早忠、潘光伟、杨再平、魏革军、张承惠、汤烫、焦瑾璞	金融回归本源　服务实体经济	汤　烫	金融时报社、全国地方金融论坛办公室、中国地方金融研究院、河北省城市商业银行合作组织	邯郸银行
第二十二次	2018年11月	海口	35个省份500多名代表	陈宗兴、沈丹阳、李扬、迟福林、邢早忠、周更强、杨再平、汤烫、唐忠民、齐逢昌、王年生、王丽娅、赫然等	高质量　促发展——新时代地方金融为地方经济发展再立新功	汤　烫	金融时报社、全国地方金融论坛办公室、中国地方金融研究院	海南银行

附录六

草根金融系列丛书目录

《草根金融的"炼狱"与"天堂"》

《草根金融的机遇与挑战》

《草根金融的和谐与责任》

《草根金融的深耕与细作》

《草根金融的微小与"三农"情结》

《草根金融：聚焦城乡　统筹发展》

《草根金融：在生态文明中互利共赢》

《草根金融与地方经济共生共荣》

《经济转型与中小银行发展》

《市场新格局下中小银行应变能力》

《经济新常态下中小银行发展与国际合作》

《草根金融：不忘初心　继续前进》

《草根金融：坚守本源　再立新功》

《草根金融：稳定力　强底气　向质量要未来》